当代中国高等教育改革口述史丛书（第一辑）
编委会

顾问

柳斌杰　第十二届全国人民代表大会教育科学文化卫生委员会主任委员
　　　　原国家新闻出版总署署长　国家版权局原局长
　　　　清华大学新闻与传播学院院长
章开沅　著名历史学家、教育家　华中师范大学原校长

主编

周洪宇　第十三届全国人民代表大会常务委员会委员
　　　　湖北省人民代表大会常务委员会副主任
　　　　中国教育学会副会长　华中师范大学教育学院教授

学术协调人

刘来兵（华中师范大学）

编委　（按姓氏拼音排序）

蔡三发（同济大学教授）　　　　　申国昌（华中师范大学教授）
操太圣（南京大学教授）　　　　　沈　红（华中科技大学教授）
陈洪捷（北京大学教授）　　　　　石中英（清华大学教授）
程方平（中国人民大学教授）　　　眭依凡（浙江大学教授）
程斯辉（武汉大学教授）　　　　　熊庆年（复旦大学教授）
杜成宪（华东师范大学教授）　　　熊贤君（深圳大学教授）
刘海峰（厦门大学教授）　　　　　徐　勇（北京师范大学教授）
陆根书（西安交通大学教授）　　　张传燧（湖南师范大学教授）
欧七斤（上海交通大学研究馆员）

湖北省学术著作出版专项资金资助项目

当代中国高等教育改革口述史丛书(第一辑)

顾问 柳斌杰 章开沅　　主编 周洪宇

教育口述史研究引论

周洪宇　刘来兵　著

华中科技大学出版社
http://www.hustp.com
中国·武汉

图书在版编目(CIP)数据

教育口述史研究引论/周洪宇,刘来兵著.—武汉:华中科技大学出版社,2020.5 (2024.5重印)

(当代中国高等教育改革口述史丛书.第一辑)

ISBN 978-7-5680-4779-1

Ⅰ.①教… Ⅱ.①周… ②刘… Ⅲ.①高等教育-教育史-研究-中国-现代 Ⅳ.①G649.29

中国版本图书馆 CIP 数据核字(2019)第 256937 号

教育口述史研究引论
Jiaoyu Koushu Shi Yanjiu Yinlun

周洪宇　刘来兵　著

策划编辑：	周晓方　杨　玲　周清涛
责任编辑：	章　红
封面设计：	原色设计
责任校对：	李　弋
责任监印：	周治超
出版发行：	华中科技大学出版社(中国·武汉)　电话：(027)81321913
	武汉市东湖新技术开发区华工科技园　邮编：430223
录　　排：	华中科技大学惠友文印中心
印　　刷：	湖北金港彩印有限公司
开　　本：	710mm×1000mm　1/16
印　　张：	19.25　插页：2
字　　数：	250 千字
版　　次：	2024 年 5 月第 1 版第 2 次印刷
定　　价：	168.00 元

本书若有印装质量问题,请向出版社营销中心调换
全国免费服务热线：400-6679-118　　竭诚为您服务
版权所有　侵权必究

总 序

一

"记忆的需要就是历史的需要。"[①]

历史是有目的的人的活动。这是自有人类记忆以来传统总是被口耳相传和文字记述的原因,也是今天学者们通过不同的历史课题探究过去的原始驱动。记述往往与客观现实有所偏差,使得部分历史学家不满足于从正统的史书和典籍中发现过去,热衷于从笔记、小说等私人叙述空间中寻找历史。在当代,越来越多的历史学者不再只是枯守故纸堆,而倾注时间走向更为广阔的生活空间,留心于观察、倾听、访谈,用声音和影像来保存历史,是为口述历史的实践。

20世纪80年代以来,中国处于一个前所未有的改革大时代,教育改革是社会变革的重要组成部分,并在一定程度上影响和推动了中国的社会变革。在这个过程中,涌现出一批思想解放、视野开阔、勇于改革、善于创新的高校校长,成为勇立时代潮头的弄潮儿。他们大都是中国高等教育改革的亲历者、参与者、组织者、实施者、推动者、见证者,他们或重教学改革或重科学研究,或重社会服务或重文化引领,或重国家需要或重大学自主,或重人文社科或重自然科学,或重行政改革或重教师作用,或重本科教学或重研究生发展,或重顶层设计或重基层创新,或重本土联盟或重国际合作,

---

[①] [法]皮埃尔·诺拉主编:《记忆之场:法国国民意识的文化社会史》,黄艳红等译,南京大学出版社2015年版。

以高等教育改革家之风范,从高等教育不同层面入手,披荆斩棘,大刀阔斧,为推动中国高等教育的改革和发展发挥了重要的奠基和垂范开拓作用。本套丛书以当代中国高等教育改革为主题,以当面访谈聆听20世纪80年代以来一批高等教育改革家的高等教育改革的亲身经历和体会,同时将这些一手资料整理成书,传于后人,具有重要性、必要性和紧迫性。

组织编写出版本丛书是一件很有意义的事情。现代口述历史先驱、英国历史学家保尔·汤普森(Paul Thompson)认为,口述历史的基本重要性在于给了孩子们、学生们,或者说年轻人,一个理解过去发生的事情的机会。2017年是恢复高考40周年,社会各界和人士通过不同的方式举行了纪念活动。恢复高考是国家的英明决策,于国于民都影响深远。那么,高考是如何恢复的?恢复之后大学的办学是如何逐步恢复并发展的?其中都离不开大学校长在此间的努力。本套丛书所邀请的校长便是这一重要历史活动的亲历者与主持者,他们能够提供作为历史参与者的视角与声音。2018年是改革开放40周年,教育作为社会系统中的重要组成部分,能反映社会整体变革的内容。1977年,邓小平在科学和教育工作座谈会上提出:"我们国家要赶上世界先进水平,从何着手呢?我想,要从科学和教育着手","不抓科学、教育,四个现代化就没有希望,就成为一句空话"。他明确把科教发展作为发展经济、建设现代化强国的先导,并将其摆在中国发展战略的首位。在教育系统中,高等教育的地位举足轻重,尤其是对于中断高考十年之久的国家来说,急需一批年富力强的青年骨干承担起建设现代化国家的重任。本丛书的出版对回顾过去40年来高等教育改革发展与社会经济变革具有重要意义,既是缅怀过去,也是总结现在,还能展望未来。

编撰出版本丛书为回顾中国特色社会主义高等教育制度发展历程提供口述历史资料很有必要。口述历史的必要性关涉的是历史本质、功能与意义的讨论。历史是什么?谁是历史的叙述者?怎样的档案资料才能呈现最客观的历史?在历史学的研究中,此类问题的解答通常被视为专业的缄默知识体系构建。口述历史研究者认为人民应该享有话语权,通过人民的声音,把历史交还给人民。正如意大利历史学者克罗齐所言,"一切历史都是当代史",口述历史的基本功能在于留存当代历史参与者的口述档案资料。收集口述历史资料的必要性在于:一是能提供档案资料的补充与印证,弥补档案资料中某些重大事件过程与细节的缺失;二是口述历史资料可以发挥历史研究和社会教育功能,那些重要历史事件的决策者、参与者通过口述历史能够提供更为丰富的历史细节,而对于一般公众来说,通过阅读这些口述资料更具有社会教育意义。本丛书是口述历史在当代高等教育研究领域的一次尝试。新中国成立以来,我国一直在探索建立中国特色社会主义教育制度,尤其是高等教育发展经历了起步、发展、挫折、中断、恢复、改革与腾飞的多样化的发展阶段,我国当代对教育改革发展历程的研究是当代教育史研究的重要组成部分。

本丛书编撰出版具有紧迫性。20世纪80年代以来,中国高等教育改革与发展经历了几个不同的发展阶段,不同时期均涌现出杰出的大学领导者。第一批引领高等教育改革的校长们有的已经辞世,大多已进入耄耋之年,本丛书的编撰有抢救性保护之意,是为这批勇立改革潮头的中国高等教育改革领军人物留下智慧以指导未来我国高等教育进一步改革创新。本丛书编撰的初衷之一便是考虑到曾担任华中工学院(现华中科技大学)党委书记兼院长的朱九思先生已年近百岁,为他整理完成口述史实属迫在眉睫。遗憾的是,我们在整理朱九思教育口述史的过程中,先生于2015年6月13日因病医治无效逝世,他指导的博士生、现为重庆工商大学副校长的陈运超教授在博士学位论文基础上,凭借朱九思先生生前谈话、师门集体回忆,以及朱九思先生系列著述,费时数年完成该书的整理工作。因而,当面访谈聆听20世纪80年代以来一批高等教育改革家的高等教育改革的亲身经历和体会,同时将这些一手资料整理成书,传于后人,已经成为一件具有重要意义和急迫的事情。

二

　　口述历史不同于学术著作,相比学术著作而言口述历史的读者受众更加广泛。我们在编撰本丛书的过程中,结合口述历史的特点考虑本丛书所追求的风格、特点和定位。

　　力求复原史实、保全史料、深化史学。要做好口述历史研究工作,应明确"历史"的三层含义,即客观的事实(史实)、主观的记载(史料)和主客观结合的研究(史学)。与传统的单纯以文献为依据进行的历史研究不同,口述史研究是史实、史料和史学三层历史的融合。口述者叙述的是史实,但首先是属于口述者自己认定的事实,还需要通过记载的史料去印证,整理者通过比对口述材料与文献材料也能得到最终的口述历史作品。口述历史必须恪守真实、客观、中立的基本原则,必须厘清访谈者与口述者之间的关系。左玉河教授认为历史研究者与历史当事人是口述历史研究的双重主体,但两者在口述访谈中充当的角色及所尽的职责是不同的。作为访谈者的历史研究者,是口述历史访谈的策划者和引导者;作为口述者的历史当事人,是口述历史访谈不可缺少的主角。口述历史访谈的过程,是访谈者与当事人通过口述访谈的方式共同回忆和书写某段历史的过程。本套口述史丛书力求做到以史为据、论从史出、史论结合、述多议精,求信、求实、求真,为后世存信史,为学术做积累,为改革指正路。

　　力求形式与本质的结合。口述历史作为一种史学实践在近年来颇为兴盛,源于社会大众对历史的关注热情显著增强。大众在获得一定的物质保障之后,会转向对精神、文化的追求以提升自身的素养,人们开始去关注历史的、过去的、传统的东西,而不只是当下的日常生活。口述历史能很好地满足大众对当代社会生活中某些重要事件的了解。这套口述史丛书,"口述"是形式,是特色,"历史"是本质,是根本。既要遵从口述的"形式"和"特色",更要坚持历史的"本质"

和"根本",使之与一般历史著作区别开来,具有口述历史的风格和追求。

力求口述文本鲜活、生动、可读。口述者有自己的语言风格,善述者引人入胜。作为大学领导者,卓越的演讲能力是其胜任领导职位的基本能力之一。然而,口述历史与平常的对话不一样,需要整理者在前期做好一定的准备,把要了解的内容提前告知口述者,口述者需要一定的时间去回忆,甚至是查阅资料去印证。对话的过程要尽可能做到问题有来由、事情有曲折、过程有细节、结果有悬念、语言口语化。问题有来由强调的是口述历史有自己的主题,是带着问题开展的研究工作,而不是日常生活中的漫谈。问题可以是整理者在前期准备的,也可以是口述者根据主题自我提出的。事情有曲折强调重要历史事件的发生发展均是螺旋式前进的,其过程大多循环反复,通过不懈的坚持与努力才能最终取得成功。过程有细节强调的是在事件的重要节点与关口,某些重要决策与行动使事件的发展方向发生根本性转变,在此结果之前所发生的细节过程仅仅是少数参与者才知晓的,而这也正是需要通过口述历史公之于众的。结果有悬念强调的是叙述能引人入胜,而不是故作惊悚,是增加可读性,使人们意识到任何一次成功的改革实践均是特定时期不同主体博弈的最终结果。语言口语化强调的是口述历史不是文本写作,是日常生活中口述者的自我呈现,这种表述更容易被大众所接受。

力求处理好共性与个性的关系。本套口述史丛书以当代中国高等教育改革为主题,每一位大学领导者均以个人主导大学改革为主题开展口述史的整理工作,每一本口述著作既要反映时代和改革的共性问题,也应体现传主的个别应对及其个性特征。共性指不同高校教育改革的普遍性质,个性指每一位大学领导者推进教育改革的特殊性质。教育是社会系统中的组成部分之一,教育改革离不开整体的社会变革系统的支持,也受制于一定时期的社会改革氛围。同一历史时期的不同高校的改革,所面临的时代和改革背景是一样的,具有共性的时代烙印。不同的大学领导者具有不同的改革思路与领导方式,即使在共性的改革背景下也会呈现出不同的改革实践。从纵向来看,不同时期的大学改革实践更是如此,因而,对每一位大学领导者的个性呈现是本丛书的特色所在。

力求处理好重点与非重点的关系。口述历史的叙事风格在追求可读性、鲜活性、生动性的同时,必然以付出较多的篇幅为代价,甚至是事无巨细的情节交代,在此过程中如何在有限的篇幅中呈现重点的内容,而不至于被其他非重点内容所掩盖,是本丛书在编撰时一直强调要处理好的问题。我们认为,重点不在于篇幅的"多",更是思考的"深",只有篇幅的"多"而没有思考的"深",那是"流水账",要避免写成"流水账",力争成为"沉思录"。而要成为"沉思录",需要做到"国际视野、中国特色、问题意识、改革导向"。国际视野是叙述中国高等教育改革的发生被置于国际高等教育发展趋势的观照之下。毋庸置疑,中国高等教育改革发展有自己的道路与模式,然而西方国家建设高等教育的经验应该成为我们建设中国特色社会主义高等教育制度的借鉴。中国特色是指我国高等教育改革是在中国特色社会主义教育制度内进行的,尽管有借鉴西方国家高等教育办学经验,但坚持社会主义办学方向是永不动摇的根本。问题意识是指以问题为中心论述大学改革的主要思考与举措,这些问题能反映大学改革的困境与突破以及决定未来走向,在推进大学改革这一过程中遇到哪些困难以及如何克服这些困难并有哪些经验和启示。改革导向是指这套口述历史丛书不是个人的生活史、活动史,而是以20世纪80年代以来中国大学改革为主线的口述史。在叙述的过程中要把个人生活史与改革史结合起来,个人的日常生活与后来的主持大学改革是有内在关联的。

应处理好经验与教训、正面与负面的关系。任何一项改革都不是一帆风顺的,其过程必然是反复曲折而最终达成的。20世纪80年代的中国高等教育经过拨乱反正后,在思想解放的大潮下获得快速发展,但在80年代末也遭受了西方势力侵蚀后的挫折,影响了一些大学改革的步伐,因而,该时期中国高等教育改革既有良好的经验,取得了积极的改革成效,也有深刻的教训。进入90年代尤其是21世纪之后,中国高等教育迎来理性的快速发展,逐步走向以中国特色的办学道路并入全球高等教育发展的轨道。因而,口述传主在对改革进行总结时应坚持客观理性的态度,认识到个体在整体中的作用是有限的,不宜只写传主如何"过五关斩六将",还要写其"走麦城",敢于自曝其短。这不仅反映历史的真实,体现人格的境界,而且也会给后人更多的启示。

力求处理好学校与个人的关系。一所大学改革的成功离不开校长的改革思路与实践以及协调各方关系的人格魅力,但不能完全归功于校长一人,与学校整体的改革环境也有密不可分的关系。正如曾任华中科技大学校长的中国科学院院士杨叔子所形容的,两者是"山"与"老虎"的关系,没有学校这座"山",就没有校长展示治校智慧与能力的舞台,所以说"山与虎为",而没有校长的治校智慧与能力,学校也难以实现跨越式发展,在这个意义上,可以说"虎壮山威"。两者不可或缺,相辅相成。因而,在口述的过程中,如何以大学领导者为核心,探讨学校在某个时期的整体发展环境,是很有必要的。

力求处理好大学自身办学规律与少数非学术、非教育因素但带有中国现阶段特征的关系。教育的发展离不开社会系统的支持,受政治、经济、文化的制约。大学发展同样如此,坚持社会主义办学方向,必须在社会主义制度内设计我国大学的改革方向。大学改革发展史,既有大学自身的办学规律,同时也要考虑到非教育因素、非学术因素的制约与影响。然而这部分的影响因素如何评判,不是短期内能够给予的,历史毕竟需要一定的时间才能看清背后的事实,这就要充分依靠传主和整理者的人生智慧。口述者应该谈出正能量,给人以温暖和力量,谈出未来,谈出希望。

三

本丛书最初的构想可以追溯到2008年初春,彼时刚好是恢复高考30周年,也是我们77级大学生30年前刚刚踏入大学校园的日子。犹记1978年3月初,我从湖北荆门姚河公社新华大队知青点取回行李,在家歇息几天后,便赴华中师范学院京山分院报到注册,正式成为华中师范学院历史系的一名新生,由此走上"知识改变命运"的人生之路。可以说,我个人命运的转折是以国家发展步入正轨为前提的,首先是整个民族发展的春天,其次才会有个人发展的春天。1978年这个特殊的年份,无论是对我个人而言,还是对中国来说,都是一个重要拐点,具有里程碑意义。作为77级大学生,自己又是从事中国教育史研究的学者,组织编撰出版一套反映中国高等教育改革口述史丛书的想法便涌上心头。2008年底,我在与新进入我门下攻读博士学位的刘来兵讨论他的博士学位论文选题时,与他交流了做大学校长口述史选题的想法,想借此机会推动当代中国高等教育改革口述史丛书的撰写工作。他在做了一番准备工作之后,随着个人研究兴趣的转移,改做教育史学理论研究,此事便搁置下来。2014年,我早年指导的硕士生、现在华中科技大学出版社工作的周晓方找到我,与我沟通策划组织出版丛书选题事宜。周晓方所在的华中科技大学作为全国高等教育改革重镇,系高等教育研究人才荟萃之地,在学术研究、人才培养方面已经形成独有的特色和优势,具备较高地位和重要影响。我立即想到将已搁置数年的中国高等教育改革口述史丛书交由该出版社出版是最佳选择,此事已是迫在眉睫,且刘来兵博士现已留在华中师范大学教育学院工作,可以协助我完成组织出版工作。周晓方编审向华中科技大学出版社汇报了本选题,得到出版社的大力支持,将本丛书列为重点出版支持计划,并于2015年获得湖北省出版基金的资助。

四

在选题确定之后,我们分头联系国内几所高校已经退下领导岗位的校长们,主要有华中科技大学前校长朱九思、杨叔子,华中师范大学前校长章开沅,厦门大学前校长潘懋元,湖南师范大学前校长张楚廷,西安交通大学前校长史维祥,北京大学前常务副校长王义遒等,他们作为本丛书第一辑的口述传主先行出版口述史,另有其他数位前高校校长也已参与到本口述史丛书出版工作中来,他们的口述史作为本丛书的第二辑也将陆续出版。他们对本丛书出版计划给予了充分的肯定与支持,尽管他们年事已高,但仍坚持著书立说,发表对中国教育的真知灼见。他们的智慧与思想无疑对今后中国高等教育发展起到启迪作用,他们的肯定与支持使我们信心倍增,促使我们更加坚定地、全力以赴地完成本套丛书的编撰与出版。

在得到这些具有时代大学改革鲜明特色的校长们的认可与支持之后,我们又分别与校长本人以及校长们的学生进行了单独的沟通交流,并逐一确立了各口述史著作的整理者。我利用在北京参加会议之机,与原国家新闻出版总署(现国家新闻出版广电总局)署长柳斌杰沟通本套高等教育改革口述史丛书的选题情况,邀请其担任丛书顾问,并联系全国各所大学的从事高等教育研究的学者担任本丛书的编委会成员。有关丛书的编写体例,前期我与策划编辑周晓方编审和编委会秘书长刘来兵副教授进行了多次讨论,第一辑出版计划确定后,我们又征求了各位校长及各位口述整理者对编写体例的意见。考虑到本丛书中校长们的身体状况各不相同,无法保证每一位校长都能完全以口述加整理的方式完成书稿著述工作,故根据具体情况具体组织编撰,总体上保持口述历史的风格即可。随后,我们积极申报各级出版基金资助项目,现已获得2015年湖北省学术著作出版基金资助项目,并为争取获得国家出版基金项目资助做积极准备。

2017年2月17日,为推进本丛书的撰写工作,统合在撰写过程中的不同意见,华中科技大学出版社专门组织召开当代中国高等教育改革口述史丛书(第一辑)审稿会。华中科技大学总会计师湛毅青教授、北京大学原常务副校长王义遒教授、华中科技大学教育科学研究院院长张应强教授,以及本丛书主要口述历史整理者来自华中科技大学、西安交通大学、厦门大学、同济大学、华中师范大学、重庆工商大学的专家学者相聚武汉,交流本丛书参与写作的具体情况,共同回顾与展望中国高等教育的改革发展。

与会的专家学者一致认为,策划出版当代中国高等教育改革口述史丛书,还原高等教育改革家在高等教育改革领域的思想理念、真知灼见、践行历程,给时代留下真实的记录,为后来改革提供有益经验,传承后世,具有前车之功。与此同时,在党的十九大即将召开之际,借中国高等教育发展的大好时机,对老一辈高等教育学家的高等教育改革理论与实践进行梳理,对中国高等教育发展进行回顾与展望,这对实现"推动一批高水平大学和学科进入世界一流行列或前列,提升我国高等教育综合实力和国际竞争力,培养一流人才,产出一流成果"的宏伟目标具有重大意义和推动借鉴价值。2017年10月,党的十九大报告中指出要优先发展教育事业,加快高等教育内涵式发展,推动一流高校与一流学科建设,加快我国迈入教育强国行列的步伐。这充分说明本丛书的选题与编撰出版非常契合当前国家大力发展高等教育事业的需要。2018年,时值改革开放40周年,我们推出本丛书,希望能为总结改革开放40年来中国特色社会主义高等教育建设提供历史的借鉴。

本丛书在编撰过程中得到了国内多所高校以及大学领导者的大力支持,尤其是各位愿意参与本丛书计划的老校长们,在此一并致谢。参与口述史整理工作的诸位学者与我们结成了当代中国高等教育改革口述史丛书编撰团队,他们敬业的精神、严谨的态度、深厚的学术底蕴为本丛书的出版提供了保证。华中师范大学教育学院刘来兵担任本丛书编委会秘书长,协助处理日常具体事务与联络工作,华中科技大学出版社策划编辑周晓方等老师为本丛书的出版给予了极大的支持和帮助,在此谨表示衷心感谢。

今年是中国改革开放40周年,仅以此套丛书的出版隆重纪念改革开放40周年,向40年来为中国高等教育改革发展创新做出过巨大贡献的先驱者、探索者致以崇高的敬礼!

2018 年元月
于武汉东湖之滨远望斋

前言
FOREWORD

记忆是活着的历史。"每一位长者的离世,都是一座图书馆的消失。"20世纪40年代现代意义的口述历史作为一种新的史学实践诞生之后,这种以收集历史见证者的口头声音为目的的历史重建活动已经使当代史学实践发生了显著改变,对社会精英的口头采访弥补了文献资料对历史过程与细节叙述的缺陷,为历史重建活动提供了个体记忆。

保尔·汤普逊在《过去的声音——口述史》中特别强调口述历史在教育中的应用,可能是基于培养专业的口述历史实践者的需要。欧美诸多国家的口述历史实践中,围绕学生与教师而实施的口述历史课题颇为广泛,为我国当前的口述历史在教育领域的应用提供了借鉴。本书以"教育口述史研究引论"为题,基本设想是为口述历史在我国教育领域中的应用提供理论观照与实践指导。我们认为,学校应作为教育口述史的主要阵地:一是学校中的师生是口述历史活动的发起者,从最初的高等学校师生逐渐扩散到基础教育领域,通过开设口述历史教育课程,培养学生口述历史采访的基本技巧,由此推动口述历史在家庭教育、社会教育的爆炸式增长;二是学校中的师生是口述历史活动的访谈对象。教育作为社会系统中的重要一环,关系到国家发展与民族未来。基础教育承担提升国民素质的基本职责,高等教育承担提升国家综合实力的重任。对基础教育领域中有代表性的校长、教师与学生群体开展口述历史活动将有助于聆听基础教育发展的真实声音,总结基础教育改革的历史经验。对高等教育领域中的杰出校长、知名学者、师生群体的口述历史研究,有助于总结高等教育办学经验,有助于在与口述者的访谈中了解到某一门学科、某一个领域、某一个事件发生发展的动态过程与历史细节,有助于通过生活化的讲述形成一种更容易被人们所接受的教育形式,这是一种心与心之间的对话,灵魂与灵魂之间的碰撞。我们认为,这种口头讲述的教育方式比教条式的文字说教更有教育影响力。我们期待着更多的人加入到教育口述历史实践中来,从采访身边的人做起。

本书由七个章节构成,在第一章中我们试图去探讨教育口述史的基本问题,包括教育口述史的内涵与形态、价值与功能、信度与伦理。第二章概述教育口述史的对象与领域,从教育人物、学校教育、家庭教育、社会教育、教育专题五个部分来总结当前的教育口述史实践。随着口述史学的深入发展必然还有新的领域出现。第三章探讨教育口述史的表现形式,目前主要以口述整理与教育自传为主体,随着新技术、新方法的出现,可能在未来还会有新的表现形式,无论何种形式都涉及教育口述史属于谁的历史这一基本问题,通过讨论教育口述史的本质力图提供这一问题的解释。第四章我们论述了教育口述史的路径与程序,作为专业的口述历史实践,设计课题、实施访谈、资料整理与出版是保持教育口述史专业水准的基本步骤。第五章对口述史与教育史学的未来进行展望。口述历史不仅作为一种方法有助于推动当代教育史学研究范式的变革,在将来也会形成教育口述史学科,为丰富教育史学科做出贡献,同时在信息技术不断发展的背景下,教育口述史的未来不可限量。第六章我们结合口述史学界对口述历史的实践规范提出了几条教育口述史实践的原则,并结合两个教育口述史的个案呈现教育口述史的表现形式,为开展教育口述史实践提供参考。第七章是数篇已经发表的口述史相关研究文献。

本书在写作过程中得到了参与"当代中国高等教育改革口述史丛书"的每位口述者和参与整理的诸位学者的支持,我们在探讨该丛书写作的过程中对有关口述历史的基本问题多次进行了交流,他们在开展口述历史实践中对相关问题的思考为本书的写作提供了智慧。感谢华中科技大学出版社周晓方女士为本书的出版提供的大力支持。本书是华中师范大学教育口述史研究团队成员密切合作的结果，孟理政、杨熔、冯露参与了初稿部分章节的撰写工作，同时收录了党波涛对章开沅先生的口述历史整理、黄亚栋对董宝良先生的口述历史整理等文献。全书由周洪宇设计写作思路与框架并统稿修订，刘来兵组织撰写并修改全书内容。本书是2013BOA130117、国家社会科学基金项目2016年教育学青年课题"中国教育学者群体的日常生活与学术研究(1949—1999)"(批准号:COA160167)的研究成果。

作　者
2018年5月于华中师范大学教育学院

目 录
CONTENTS

第一章 教育口述史的内涵、类型与作用 / 1

一、教育口述史的内涵与形态 / 2
二、教育口述史的价值与功能 / 15
三、教育口述史的信度与伦理 / 33

第二章 教育口述史的对象与领域 / 42

一、教育人物口述史 / 42
二、学校教育口述史 / 56
三、家庭教育口述史 / 68
四、社会教育口述史 / 72
五、教育专题口述史 / 80

第三章 教育口述史的形式与思考 / 94

一、口述教育 / 95
二、教育自传 / 106
三、谁的历史 / 114

第四章 教育口述史的路径与程序 / 123

一、教育口述史选题的确立 / 123
二、教育口述史访谈的开展 / 132
三、教育口述史资料的整理与出版 / 146

第五章 口述历史与教育史学的未来 / 156

一、教育口述史与教育史学科建设 / 157

二、信息技术与教育口述史的远景 / 169

三、教育口述史与教育变革 / 180

第六章　教育口述史的实践与个案 / 191

一、实践规范 / 192

二、章开沅:"我的中学" / 196

三、周洪宇:"我的大学" / 208

第七章　相关研究文献 / 242

一、湘版《陶行知全集》编辑出版前后 / 242

二、董宝良先生与湘版《陶行知全集》 / 249

三、周洪宇与教育口述史研究 / 265

参考文献 / 279

第一章

教育口述史的内涵、类型与作用

　　教育口述史是口述史与教育史结盟的产物。在文字出现之前，人类基本使用口述的形式记忆、讲述和传承历史，即便是文本历史出现之后，口述史仍然是历史研究的重要方式，直到兰克学派建立起科学、严谨的历史学之后，这种口述的研究方式才逐渐边缘化。在学校产生之前，教育活动主要是社会生产、生活当中对经验与知识的口耳相传。学校教育出现之后，教育具有了等级性，教育史就成了书写贵族的、精英的教育史。科学的教育史研究确立之后，教育史又成了思想的、制度的教育史，而缺失大众的、生活的教育史。在"关注当代"与"回归生活"的呼唤之下，口述史与教育史的结盟，有着十分重要的当代意义，它甚至在教育史学学科发展中扮演着关键角色，将为当代教育史研究带来生活的气息，从而最大限度地发挥教育史学的学科功能。从教育口述史研究的基本问题出发，思考其内涵与形态、价值与功能、信度与伦理，是为先行理解教育口述史研究这一学术实践本身。

一、教育口述史的内涵与形态

教育口述史作为一项颇受追捧的学术实践的兴起，与当代哲学实践的转向以及日常生活逐渐被纳入研究视野有关，口述史作为一种质性研究方法在传统的以文献分析为主要方法的教育史研究之外，焕发出强烈的生命力并有野蛮生长之势。教育口述史已然在很多族群、阶层和领域中呈现相当可观的成果，诸多实践表明，教育口述史正逐渐成长为一个专门的学术领域并有成为一门学科的趋势。在此背景下，教育口述史不仅仅只是一种学术现象，而要成为一个被审视的对象，即应放置在元研究的视野之下加以考察。那么，首先需要面对的基本问题是：什么是教育口述史？它是如何产生、发展并逐渐成为被普遍应用的活动的？

◆（一）教育口述史的内涵

先从什么是口述史说起。口述史（oral history）亦称口碑史学，这个术语最初由美国学者约瑟夫·古尔德（Joseph Gould）于1942年提出，之后被美国现代口述史学的奠基人、哥伦比亚大学的阿兰·内文斯（Allan Nevins）加以运用并推广。经过半个多世纪的发展，口述史在国际上已是一个专门学科，即以搜集和使用口头史料来研究历史的一种方法，或由此形成的一种历史研究方法的学科分支。

在当代被熟知的口述史学者是英国的保尔·汤普逊和美国学者唐纳德·里奇，他们分别撰写的《过去的声音——口述史》《大家来做口述历史：实务指南》在全球范围内有着显著影响力，是中国当代从事口述史工作的主要阅读书籍。保尔·汤普逊认为："口述历史是关于人们生活的询问和调查,包含着对他们口头故事的记录。"①唐纳德·里奇指出:"口述历史是以录音访谈(interview)的方式搜集口传记忆以及具有历史意义的个人观点。口述历史访谈指的是一位准备完善的访谈者(interviewer),向受访者(interviewee)提出问题,并且以录音或录影记录下彼此的问与答。访谈的录音(影)带经过制作抄本(transcribed)、摘要、列出索引这些程序后,储存在图书馆或档案馆。这些访谈记录可用于研究、摘节出版、广播或录影纪录片、博物馆展览、戏剧表演以及其他公开展示。记录、抄本、目录、图片和相关的纪录片资料也可以传到网上发表。口述历史不包括无特殊目的的随意录音,也不涵盖演讲录音、秘密窃听录音、个人录音日记。"②北京大学杨立文教授认为:"口述历史最基本的含意,是相对于文字资料而言,就是收集当事人或知情人的口头资料。它的基本方法就是调查访问,采用口述手记的方式收集资料,经与文字档案核实,整理成文字稿。"③中国社会科学院朱佳木研究员指出:"从广义上讲,所谓口述历史应当是指历史工作者利用人们对往事的口头回忆而写成的历史。在这个意义上,中国可以说是一个有着悠久口述史传统的国家。"④阮宝娣、祁庆富认为:"口述史学是一种历史的研究方法,是以调查访问的方式收集、保存和研究口头资料,是将历史与记忆的关系具象化和方法化,将历史对于记忆的依赖性引入历史研究的实践操作中。口述历史建立在回忆的基础上,它力图通过回忆来获得关于过去事件的丰富证据,从而记述回忆者自己的历史。"⑤中外学者有关口述史学

---

① Yang Li-Wen:《Oral History in China》,载《Oral History Society》,1987 年第 1 期,第 22 页。
② [美]唐纳德·里奇:《大家来做口述历史:实务指南(第二版)》,王芝芝、姚力译,当代中国出版社 2006 年版,第 2 页。
③ 北京大学历史系编:《北大史学》,北京大学出版社 1993 年版,第 120 页。
④ 王俊义、丁东主编:《口述历史(第 4 辑)》,中国社会科学出版社 2006 年版,第 3 页。
⑤ 阮宝娣、祁庆富:《关于羌族释比文化实地调查的收获和体会》,中国民俗学网,2010 年 1 月 29 日,http://www.chinesefolklore.org.cn/web/index.php? Page＝3＆NewsID＝6552。

的内涵阐述不胜枚举，上述的各种看法是从不同角度提出的、得到业界普遍认同的观点。

上述观点为我们理解与阐述教育口述史提供了基本参照。毋庸置疑，教育口述史是口述史家族中的成员，其口述内容与行为均发生在教育领域之内。教育口述史是通过自述、笔录、录音和录影等现代技术手段，记录教育历史事件当事人或者目击者的回忆而保存的史料。教育口述史不是简单的口述者与访谈人之间的对话，而是一种将自述、记录、整理和分析验证相结合的教育史研究方法。即通过事先做好充分准备的访谈，用录音设备收集当事人或知情者的口头资料，可以是个人的教育生活经历、学术成长历程、教育管理与改革实践，也可以是对他人、教育史的记忆以及个人理解，然后与文字档案相印证，整理成口述史文字稿。

◆（二）教育口述史的形态

教育口述史的实践与教育活动一样源远流长，从长时段来看，它主要有自然形态的教育口述史、自为形态的教育口述史和自觉形态的教育口述史。

◇ 1. 自然形态的教育口述史

"劳动创造了人本身。"马克思将劳动视为人的本质，是人猿揖别的象征。然而，仅仅有劳动并不能保证人能战胜其他生物种族，直到教育实践行为产生，人才真正成为人。"要改变一般的人的本性使它获得一定的劳动部门的技能和技巧，成为发达的和专门的劳动力，就要有一定的教育或训练。"[①]在古老的先民生活中，围坐在一团篝火旁听长者讲述祖辈流传下来的故事，这应是一个社群接受集体教育的时刻：从哪里来？遭遇怎样的族群变迁？积累了哪些生存技能和智

---

① 中共中央马克思恩格斯列宁斯大林著作编译局：《马克思恩格斯全集（第23卷）》，人民出版社1972年版，第195页。

慧？有哪些优秀的族群代表人物？面对天灾人祸应该如何有效地规避并战胜对手？诸如此类的经验传递构成教育的最初内容，也是教育口述史的自然形态，它伴随着人类学会用语言来沟通与交流的实践而产生。

自然形态的教育口述史尽管形式非常简单，但在文字产生之前一直承担着保存与记忆历史的功能，在人类社会的教育生活中扮演着极其重要的角色。口耳相传构成了自然形态教育口述史的基本形式，即使在文字产生之后，人类在书籍中撰写历史之际，对于先民的历史仍然以历代先贤留下的口训为主要参考，彼时并无确切的历史概念，对于历史往往无法与神话和传说进行明晰的切割。如中国第一部古典文集和历史文献《尚书》记载的《五子之歌》所述：

其一曰："皇祖有训，民可近，不可下，民惟邦本，本固邦宁。予视天下愚夫愚妇一能胜予，一人三失，怨岂在明，不见是图。予临兆民，懔乎若朽索之驭六马，为人上者，奈何不敬？"

其二曰："训有之，内作色荒，外作禽荒。甘酒嗜音，峻宇雕墙。有一于此，未或不亡。"

其三曰："惟彼陶唐，有此冀方。今失厥道，乱其纪纲，乃底灭亡。"

其四曰："明明我祖，万邦之君。有典有则，贻厥子孙。关石和钧，王府则有。荒坠厥绪，覆宗绝祀！"

其五曰："呜呼曷归？予怀之悲。万姓仇予，予将畴依？郁陶乎予心，颜厚有忸怩。弗慎厥德，虽悔可追？"[①]

此处反复提及的祖训从何而来？《尚书》编撰距离夏帝太康时代已有1200年的历史，仍能揭示太康失德，违背了尧舜禹三代"民惟邦本，本固邦宁"的祖训，摒弃"施之以德"的治国原则，埋下了被后羿与

---

① 《尚书·五子之歌》。

寒浞篡权的隐患。可见此处的"祖训"通过口述的形式历代相传,是治国理政的可靠经验。再如《吕氏春秋》记载:

> 夏后相启与有扈战于甘泽而不胜,六卿请复之。夏后相启曰:"不可,吾地不浅,吾民不寡,战而不胜,是吾德薄而教不善也。"于是乎处不重席,食不贰味,琴瑟不张,钟鼓不修,子女不饬,亲亲长长,尊贤使能,期年而有扈氏服。①

同样,面对1600多年前发生的故事,史家何以知悉这是夏后相启所言所为?必是历代口耳相传下来的经典德治与教化故事。教育口述史不仅存在于史前时代,而且广泛存在于人类自古及今的漫长历史生活进程中,只要有人类集体生活的地方,无论是帝王将相之家,还是市井阡陌之所,都能发现其存在的踪迹。在今天,围炉夜话的场景依然是家庭、族群以及团体间传递家风、族史和组织文化的重要途径,有关历史、人物、故事、事件、经验等在言语交流中慢慢聚合、扩散、升腾,这就是教育口述史。在每个人的日常生活中,教育无处无时不在,人人可做口述历史。

自然形态的教育口述史,是族群和代际的教育经验、知识与文化传递的重要手段,它承载了一个人、一个家庭、一个族群甚至一个国家有关教育活动的记忆。教育口述史启蒙了个体成长,培养了一个族群的文化基因,凝聚了一个国家的核心价值,是最基本、最自然也是最为丰富的精神资源。也正是因为它是自然形态的口述史,大多数情况下并未受到重视,在口述之后没有及时转化为文字加以保存,以至于书写的历史只是日常生活史中极其微小的构成,作为主体的人民的历史消逝在岁月的长河中。在人们乐于倾听而惰于记述的司空见惯中,自然形态的教育口述史往往随着讲述者的故去而随风飘散。

◇ 2. 自为形态的教育口述史

自为形态的教育口述史,是指人们有意识地从事教育口述史的采

---

① 《吕氏春秋·先己》。

撷和记录活动。与自然形态的教育口述史相比，自为形态的教育口述史将叙述的权利交给了叙述者本人，并有了访谈、记录、整理的程序，完成了从讲述与倾听到对话与记录、整理、出版的流程，对于历史记忆与保存、传承有重要意义。

作为有着5000年文明的大国，中华民族早在3000多年前便有了口述历史创作的实践。西周时期学校教育已经形成礼、乐、射、御、书、数的六艺教育，《诗经》《尚书》《礼记》《乐记》《周易》等著作陆续被创作，并成为贵族教育的经典教材。而此类著作在创作的过程中便采用了口述史的方法，如《诗经》作为中国第一部诗歌总集，其中"国风"篇中的大部分诗歌都是用诗歌形式唱诵和记录的口述历史。《礼记》也是如此，古籍曾言"礼失而求诸野"，说明周代有去民间采集人们言谈和对于前代礼俗记忆的有意识的采风活动。《礼记·玉藻》也有记载："动则左史书之，言则右史书之。"此处可见的是对君王的言行举止加以记录，也是中国历代帝王日常生活史的记述方式。到了春秋时期，礼崩乐坏，天子失官，学散四方，学术官守被打破，私学的兴起促进民间办学的兴起。孔子作为"至圣先师"，其大规模的办学实践确立了儒学在百家争鸣中的地位，并最终成为中国传统文化的核心基因。即便如此，他本人对待学术也是主张"述而不作"，我们可以理解为他善于言传，乐于与学生通过对话的方式完成教育实践活动。他推崇六艺教育，编订《诗》《书》《礼》《乐》《易》《春秋》作为学生必读教材，但仅《春秋》是他本人创作的，其他五本只是增删修订或作序。孔子去世之后，学生们为了纪念他，通过采访、整理的方式将孔子生前的教育理念以及与弟子们的对话结集出版，是为《论语》。可以说，《论语》是中国历史上第一部自为的教育口述史。在西方，《理想国》有着与《论语》同样崇高的地位，它是古希腊三贤之一的柏拉图以其师苏格拉底为主角，记叙他们一系列对话的文本。苏格拉底的教学以"产婆术"著称，是指其在与学生谈话的过程中，并不直截了当地把学生所应知道的知识告诉他们，而是通过讨论问答甚至辩论的方式来揭露对方认识中的矛盾,逐步引导学生自己得出正确答案的方法。苏格拉底的"产婆术"与孔子提倡的"不愤不启,不悱不发"的启发式教学有异曲同工之妙。《论语》《理想国》是东西方教育传统的思想源头,其出现是东西方社会有意识地进行教育口述史创作的开端。苏格拉底的另一位学生色诺芬是著名的历史学家,他先后出版《苏格拉底的答辩》《回忆苏格拉底》《居鲁士的教育》等著作,他在书中采用了记载演说辞的方法,试图通过历史人物自己的语言和行为来显示其性格。由于他与当时的许多风云人物都有交往,因此该书中的许多篇章带有回忆录的性质,留下了许多珍贵的第一手资料。这表明作为人类社会最为悠久的学科之一——历史学在其诞生之际,口述历史便作为重要的方法而得以应用。再比如中国古代最杰出的历史学家司马迁,在撰写《史记》之前,曾四处访问,请年长者述其见闻。其中较为典型的是《游侠列传》《刺客列传》等篇,多是在采集民间的口述历史资料基础上写作而成,如有关荆轲刺秦王的史料来源,"始公孙季功、董生与夏无且游,具知其事,为余道之如是。"[1]

自为形态的教育口述史伴随着历史写作而诞生,赓续数千年,在现代史学中也占有一席之地。1880年中国最早出版的画报——《画图新报》,其中有短文《采访学规》,转载英国人采访欧洲教育的消息,"英国遣人往欧洲各国采访小学塾之善法,访得英国所不及者有三:一、生徒在塾之年久,且日日到馆;二、塾师课读之时多;三、生徒有喜悦之容、无愁眉之态。惟唱诗一事,诸国不能专美,当以英国为最"[2]。该时期还有《益闻录》(1878年创办的中国第一份天主教报纸)、《湖北商务报》(1899年湖北官办的第一份报纸)等中国近代早期报刊时有刊登采访文章。而以自述为形式的文章多见于教会报纸,如《中国教会新报》(1868年由美国传教士林乐知创办,1874年改名为《万国

---

[1] 《史记·刺客列传》。
[2] 佚名:《采访学规》,载《画图新报》,1880年第1卷第1期,第28页。

公报》)等。20 世纪初的中国史学迎来了蓬勃发展的时期,西方史学思潮与东方史学传统的汇合使得实证主义史学、相对主义史学、唯物主义史学先后成为中国史学界的潮流。历史著作的大量出版满足了人们对于历史的探知欲。传记式回忆录的出现和日益流行拓展了史学范围,它是传统的口述历史向现代意义口述史学过渡的中间地带,尤其是委托他人撰写的、叙述他人历史的更接近口述历史作品。梁启超和胡适在此间有引领风尚之功,"梁、胡二君对传记以及自述均有极大的兴趣,且互相启迪。新型传记的鉴赏及写作,梁曾为胡引路;年谱体例的革新,胡则走在梁前头"①。此时期还流行日记的撰写与出版,胡适不仅出版了《四十自述》,还留有《胡适日记》,事无巨细地记载了自己的日常生活,堪称一部活历史,晚年还与唐德刚合作完成《胡适口述自传》。自定年谱和自传的风行极大地丰富了史学作品,并使普通人有了为自己代言的机会。浏览民国时期的期刊报纸和著作,自述论著比比皆是。但真正流行与传播广泛的多是社会名流的自传论著,这与社会对自传人物的价值认可有关。胡适劝写作自传的人,都是"做过一番事业的人",梁启超则言明"自撰谱谱中主人若果属伟大人物,则其价值诚不可量"②。在梁启超和胡适等人的推动下,20 世纪二三十年代,访谈和自述性质的传记式口述史作品已呈井喷之势。在教育史领域,代表性著作如教育史学家舒新城的自传体教育史——《我和教育:三十五年教育生活史(1893—1928)》,展示了自传体教育记忆史的风格。道德学社 1917 年创办杂志《道德学志》,至 1930 年开辟专栏,刊登自成立以来各界人士到道德学社的晤谈实录,以"访谈摘要"的形式公开发表,如其记载:

五年十二月二十九日,午后四时,有陕西督军署职官樊

---

① 陈平原:《中国现代学术之建立——以章太炎、胡适之为中心》,北京大学出版社 1998 年版,第 407 页。
② 陈平原:《中国现代学术之建立——以章太炎、胡适之为中心》,北京大学出版社 1998 年版,第 407 页。

君鼎别号清如来社访谈。由值日员汪君秉乾招待。互通姓名,茶毕之后,樊君问曰:"此次因公来京,顷于亚细亚报中,德识贵社简章,无任欣幸。盖以道德之不闻于世也久矣。兹特前来请问一切,希即指教。"汪君答曰:"阁下热心道德而来,不耻下问,敝社敢不详告,不过秉乾入学日浅,年纪又轻,智慧口齿均不资应对。如有不合之处,尚希斧正。"樊因问曰:"贵社以阐明圣学,敦崇道德,实行修身为宗旨。所谓圣学者,孔子之学乎?"答曰:"一端也。敝社所研究者,万教圣人之学也。"樊君愕然曰:"先生之言,不亦太欺人乎。吾观世人读一教之书,绝毕生之力,尚且不能解得其经中之一字一句,何况万教?先生之言,不亦太欺人乎?"汪君婉然而答曰:"请略述焉,万教圣人之经典之法门虽多,无非明道德二字,其乘教也,虽因时因地因人各有不同,亦无非道德二字之变化,教人易于实行之方法而已。万教圣人舍道德二外,无以立言,无以垂教。敝社集众思广众益,研究实行道德之方法即是研究万教圣人之学问,岂敢稍涉欺人之语。"①

这篇访谈录不仅交代了访谈时间、地点和人物,还有明确的主题,即围绕"道德教育如何实施"来展开。从《道德学志》公开发表的众多采访稿中可以窥见这种具有口述性质的教育访谈早在20世纪初便在中国产生,只不过由于技术的不发达,并未有留声机之类的作为访谈的记录工具,仍以笔记为主。1932年儿童书局出版的《寄志在小学教育者》一书中以书信的方式刊登了一篇以"校长口述的办学经验"为主题的口述文章,已经具有教育口述史的意蕴,"下午秋芳来坐谈,并说及他要升学事,我极力赞成。秋芳担任校长职务已经有六年,他聪明能干,所得到的经验真不少。我们于谈起中国现代教育方法的危险的时候,秋芳不觉一段一段的把他的办学经验说出来;把他

---

① 窦秉钧:《访谈摘要》,载《道德学志》,1930年第1期。

的意思归纳起来,可得下列数点"①。口述与教育访谈的兴起,作为一种新的研究方法开始关注教育活动中的人的主体性,有助于发挥教育活动中有影响力的知名人物在整个社会中的教育引领作用。民国时期的一些报纸刊物,对于教育访谈专栏的开辟,一方面在某种程度上说是以名人作为卖点,另一方面也说明该时期的中国教育学已经具有独立的自我发展意识,不再只是对外国教育的翻译与介绍,教育学人已经开始注意借助媒介发出自己的声音。

◇ 3. 自觉形态的教育口述史

现代意义上的口述史是伴随着录音设备的出现才开始正式诞生的。现代设备为自觉形态的教育口述史的诞生提供了技术的支持。自觉形态的教育口述史,是指人们借助于多媒体声像设备有意识地从事教育口述史的采撷和记录活动。马克思将实践主体即人的本质特性确定为"自由自觉的活动",人的这种"自觉"或"有意识"的特性,表现为人的活动是有目的和有意义追求的,是富有创造性和建设性的。借助于多媒体声像设备,人的活动能得以长时间的保存,这就为甄别口述史留下了空间,克服了以往口述历史因为口述者记忆与叙述的不客观而造成历史非客观性的缺点。

这种新的技术通过可供记录的访谈而保存记忆被应用在自觉的教育口述史实践中。它推动着 20 世纪初传记类作品的进一步发展,最明显的改变在于,传记作者与采访对象之间有一个互动的过程,而不仅仅是关于某个人生活的信息。采访对象的记忆,可以帮助、引导一位传记作者穿越现存的文献证据的迷宫。这些"活的文献"将会给传记带来生机和活力。然而这并不是说口述历史可以代替书面记录。事实上,这是对书面记录的补充。使用口述历史采集方法的传记作者可以证明,当口述历史与书面材料结合使用时,它们是最有用的。有趣的是,当书面文件和口头资料之间出现分歧时,并不总是像

---

① 梁士杰:《寄志在小学教育者》,儿童书局 1932 年版,第 116 页。

许多人认为的那样,口头来源的资料是可信的。事实上,口述历史可以帮助人们从新的角度来解释书面文件和记录。

1948年,哥伦比亚大学设立了世界上第一个口述历史研究室——"哥伦比亚大学口述史研究室"(2011年更名为哥伦比亚大学口述历史中心),标志着现代口述史学的产生。从1960年至1966年,全美相继建立了90个研究口述历史的专门机构,"在美国各州,收藏口述历史资料的博物馆、图书馆随处可见。美国之外,欧美许多国家和地区建立了相应的机构,专事口述史工作。英国、加拿大、法国、德国,都有全国性的口述历史组织,出版了形形色色的口述历史杂志和书籍"[1]。国外最早做中国口述史研究的是美国历史学家韦慕庭(C. Martin Wilbur),由他统筹并亲自参与,带领美籍华人夏莲荫、唐德刚、周明德等学者,先后为寓居美国的16位民国人物录制了生平口述记录,为民国历史保存了一段鲜活的记忆。[2] 这一口述史访谈计划从1958年一直延续到1980年才完成。哥伦比亚大学口述史研究室的建立和开展的系列实践活动使其成为世界口述历史研究的重镇。

20世纪60年代,现代口述史学从美国向其他地区扩散。1987年,英国牛津成立了"国际口述历史协会",并获得了长足的发展。当代中国口述史写作在毛泽东号召由人民来写"村史""家史""厂史"和"战史"的"四史"运动中获得一定程度的发展,我国于1958—1960年出版了《星星之火,可以燎原》《红旗飘飘》这两套共17卷收录了老红军和老干部口述记录的革命史丛书。该时期有影响的口述史活动还有对太平天国、义和团、辛亥革命等事件实地的调查和研究。其中华中师范学院(今华中师范大学)在1961年组织实施了辛亥革命口述历史研究,访谈了300余位老人,留存1200次采访资料。及至20世

---

[1] [英]保尔·汤普逊:《过去的声音——口述史》,覃方明等译,辽宁教育出版社2000年版,转引自赖晓兰:《试论口述成果在博物馆中的运用——以马王堆汉墓口述史为例》,载《湖南省博物馆馆刊(第9辑)》,岳麓书社2012年版,第661页。

[2] 陈刚:《韦慕庭的中国口述史研究》,载《档案与建设》,2011年第2期。

纪80年代,口述的研究方法在国内学术界开始受到关注和重视。最早涉及教育口述史研究的,是20世纪80年代北京大学张寄谦教授对曾经在西南联大生活过的当事人进行的采访,并进行了口述史记录工作。尽管由于缺少经费的支持,本次口述史工作没有取得预期的效果,但是张寄谦教授先后完成多部关于西南联大的研究著作,如1999年北京大学出版社出版的《中国教育史上的一次创举——西南联合大学湘黔滇旅行团记实》、2010年新星出版社出版的《联大往事》等。

系统的教育口述史研究在当代中国可以追溯到20世纪90年代初。1992年,北京大学中外妇女儿童问题研究中心承担国家"八五"哲学社会科学规划重点课题"农村女童教育现状、问题及对策研究",对我国甘肃、宁夏、青海三省(自治区)女童教育现状展开调查,形成《创造平等:中国西北女童教育口述史》(民族出版社1995年版)的研究成果。该著作收集了49项教育口述史研究的整理文本,其中有校长、教师、教育行政人员、教育研究者、村民以及学生等不同群体的口述,全面、具体地再现了我国西北三省(自治区)女童教育的现状和问题,该课题研究报告提交联合国教科文组织并参加学术会议,引起社会较大的关注。1995年起,齐红深在开展日本侵华教育史研究的过程中,发起并主持了日本侵华殖民地教育亲历者调查,为其主持国家"十五"规划课题"日本侵华殖民地教育口述历史调查与研究"提供了前期基础。该口述调查一共搜集到1200件日本侵华教育亲历者的口述史料,先后形成的成果有《见证日本侵华殖民教育》(辽海出版社2005年版)、《流亡:抗战时期东北流亡学生口述》(大象出版社2008年版)等。

21世纪以降,教育口述史的实践方兴未艾,甚至掀起一股热潮。不仅出版了系列的教育口述史研究丛书,还有专门的集刊论文、教育口述史理论研究成果问世,使得自觉形态的教育口述史逐步形成。2007年由北京师范大学出版社出版了《顾明远教育口述史》《潘懋元教育口述史》等,这套教育口述史系列丛书汇集了国内不同教育学科有显著影响力学者的口述材料。这套丛书除上述两种外,还有《王炳照口述史》《黄济口述史》《卢乐山口述历史:我与幼儿教育》《吴式颖口述史》《林崇德口述历史》《特殊教育和我:朴永馨口述史》等。与此相类似的教育口述史还有《叶瑞祥教育口述史》(大众文艺出版社2012年版)、《回望八十年:鲁洁教育口述史》(教育科学出版社2014年版)。北京师范大学于述胜教授2013年、2015年度分别组织出版了《中国教育口述史》辑刊,刊载了郭齐家、田正平、傅统先、陈信泰、陶愚川、罗列等的口述史。华东师范大学组织出版的《丽娃记忆:华东师大口述实录(第一辑)》选取27位学者作为口述采访对象,也是高等学校学者进行教育口述访谈的作品。该时期具有教育口述史性质的主要代表著作还有《交通大学西迁亲历者口述史》(西安交通大学出版社2016年版)、《假话全不说,真话不全说:季羡林口述史》(红旗出版社2016年版)、《学路回眸:河南大学外语学院学科发展口述史》(河南大学出版社2016年版)、《金女大校友口述史》(南京师范大学出版社2015年版)、《清华记忆:清华大学老校友口述历史》(清华大学出版社2011年版)、《清华口述史》(中国文史出版社2014年版)、《我的教师之路:中日中小学教师口述史》(教育科学出版社2014年版)、《西北地区少数民族教育发展口述史研究》(科学出版社2014年版)、《舞蹈旅程的记忆:一位中国民族民间舞教育者的口述史》(中央民族大学出版社2013年版)、《讲述:北京师范大学大师名家口述史》(光明日报出版社2012年版)、《记忆:北大考古口述史》(北京大学出版社2012年版)、《那三届:77、78、79级大学生的中国记忆》(中国对外翻译出版有限公司2014年版)等。教育口述史作为一种学术实践的出现并广泛应用,源于教育史学从抽象的教育思想史、教育制度史的现代化叙事向具体的、鲜活的日常教育生活史叙述的学术转向。人们更加关注教育场域中所发生的教育行为的过程、教育活动中的人的具体实践与日常生活,这是属于基层的历史,真正属于人民的教育史。

总之,无论是自为形态的还是自觉形态的教育口述史,都是当代教育史中的重要组成部分,它们打破了以往只是由历史学者书写历史的窠臼。让所有教育历史的参与者一起发出声音,提供不同教育历史参与者的视角,共同呈现不同时期的教育变革过程与日常教育生活,是教育口述史的基本意蕴。

二、教育口述史的价值与功能

探讨教育口述史的价值与功能问题,应放置在"历史是什么"这一基本问题之下来考量。马克思指出,"历史是有目的的人的活动"。从本质上来说,客观的历史是活动,而活动发生之后便转化为"信息",有关"信息"的记录、传播与解释便构成人们所读到、听到的新的历史。"口述历史的应用既是一个过程,也是一种产品。"[①] 从信息制造与传播的过程来看,教育口述史与基于文献的教育史研究具有同样的功能,从价值上来说,教育口述史能提供教育历史参与者发声的机会,是其得以存在的重要价值所在。尽管让历史当事人自己述说历史,存在一定的记忆偏差以及讲述者个人主观性影响历史客观性等问题;但讲述者能提供诸多教育事件、教育决策、教育实践中的细节与过程,却是传统的教育史研究所无法提供的。探讨教育口述史的价值与功能,有助于进一步认识口述历史在当代教育研究中的应用价值。

◆ **(一) 教育口述史的价值**

教育口述史最广为人知的价值在于为文字史料提供补充。然而,

---

① Jan Vansina：Tradition as History. University of Wisconsin Press,1985：3.

随着当代新社会史研究的滥觞,教育口述史正成为推动教育史学多元发展的重要力量,尤其是带来教育活动史、日常生活史、教育群体史乃至更为广阔的社会思想史研究领域的拓展,在当代教育史学学科建设和研究范式转型中发挥愈来愈重要的作用。史学永远"在路上",它通过当下书写的方式回望过去,修建通往未来的道路,每一位历史参与者、历史学者都是这条没有尽头道路上的过客。我们无法预知未来,也无法改变过去,唯有活在当下,去创造历史、书写历史,为延伸未来之路尽一份作为历史参与人的责任。

◇ 1. 呈现教育生活

教育口述史的兴起基于当代教育史学者对于教育史研究自身的反思与追问。一般而言,教育史研究依托于查阅档案资料,进而进行演绎归纳形成研究成果,以求探寻过去的历史事实。然而,这种依托于官方的档案资料就一定是真实而符合历史原貌的事实吗?官方的档案资料是基于官方意志制订与推进实施的方案,或是以官方立场撰写的教育史,虽具有一定的历史真实性,但隐藏在历史之中曲折的、鲜活的教育生活是很难体现出来的。事实上,每个人的成长都是在教育生活中获得基本知识与技能、价值取向与人生观感,然而,当我们阅读官方教育档案与各类教育学术著作的时候,试问有多少能引发感同身受的教育生活经验?显然,一份教育历史资料、一部教育史学著作、一个时代的教育进程并不只是官方的教育档案、精英的教育思想以及颁布的教育条例制度。那些被遗忘的教育事件、被忽略的教育声音、生动的教育实践生活,也是值得去记录、去分析的教育生活世界。正如保尔·汤普逊所言:"更根本的是,访谈还意味着教育制度与生活世界之间的界限,专家与普通公众之间的界限。历史学家开始学习访谈了:他们之所以要拜人为师,是因为人们来自不同的社会阶级,或者所受的教育比较少,或者年纪比较大,他们可能更了解更多的事情。"①从这个意义上说,教育口述史不仅仅是恢复过去的工具,还应该被视为一种不被遗忘、不被忽略,反映教育生活世界声音的策略。教育口述史提供给研究者的,不止是一种社会记忆或是过去的声音,还应是当代人重建扭曲的、忽略的、遗忘的教育生活世界的机会,可让人从官方的历史叙述、学术性历史研究之外寻找具体的、生动的教育生活叙事。

呈现具体的教育生活,不同于一般的文字史料,口语化的呈现更多地会讲述事件的经过,而非事件本身。教育口述史的价值既在于作为口述史料对于传统文字史料的突破,更在于提供这一史料的过程。同时它对口述历史的叙述者提出一定的口述语言技巧的要求,可以说一个善于讲述故事的口述者所提供的史料更切合教育口述史的史料要求。"故事"(story)在东方与西方的历史叙述中有着同样的地位。在中国传统释义中,"故事"是文学体裁的一种,侧重于事件发展过程的描述,强调情节的生动性和连贯性,记录和传播着一定社会的文化传统和价值观念,引导着社会性格的形成。在西方的语境中,口头讲故事是分享故事的最早方法。在大多数人的童年时期,故事被用来指导他们正确的行为,他们通过故事了解文化历史,形成公共身份和价值观。正如美国南佛罗里达大学加乐思克(Valerie J. Janesick)教授所言:口述历史的力量就是讲故事的力量。因为口述历史捕捉了一个人或一群人的生活经历,当那些处在社会边缘的人的故事被叙述之后,社会公正的目标便会更加明确。口述历史为局外人和被遗忘的人讲述他们的故事提供一种可能路径。②在学校教育之外,来自家庭和社群中有着丰富生活经历的有威望的长者,所分享的故事在儿童教育中扮演着十分重要的角色,他们懂得如何塑造一

---

① [英]保尔·汤普逊:《过去的声音——口述史》,覃方明等译,辽宁教育出版社2000年版,第12页。
② Valerie J. Janesick: Oral History for the Qualitative Researcher: Choreographing the Story, Guilford Publications, 2010:1.

个真实的故事来达到教育自己后辈的目的,即使有些故事并不是他们本人身上所发生的。如《抹杀不了的罪证:日本侵华教育口述史》一书收录了44位日本侵华教育亲历者的口述资料,以历史亲历者的立场再现日本在侵华期间妄图通过教育奴化中国人民的过程。其中一位受访者夏德远这样描述1935年前后的日本侵华教育:"日寇为了实行奴化教育,还规定了一套礼仪节文,规定所有节日集会和其他重要集会,会序的第一项都是'诏书捧读',所读的就是《回銮训民诏书》,听者都要恭敬严肃,不得稍有懈怠。还规定每天朝会,都要举行'帝宫遥拜',首先面向东方立正,听到口令,鞠躬遥拜,完后,默祷三分钟。规定3月1日是'建国节',5月2日是'访日回銮宣诏训民节',昭和天皇的生日叫'天长节',还有一些其他节日。这些节日都要庆祝,庆祝时要求师生衣帽整齐,手执'日、满两国国旗'。凡庆祝时都要呼万岁,每呼必是'大日本帝国万岁','大满洲帝国万岁',一呼就是两个,不能单呼一个。"①从这段口述文字并结合该时期的文档资料来看,尽管这是采访对象在时隔半个世纪后的记忆叙事,仍然与当时的事实基本吻合,反映出日本在占领中国期间实行的是彻底的殖民奴化教育,它警醒中国人时刻牢记"勿忘国耻、复兴中华"。通过口述的路径寻找历史参与的个体,从微观、基层的视角提供民间的声音,通过声音、话语、影像这种活的资料来建构历史,正是当代全球范围内史学研究兴起的一种新势力。因而,口述历史作为一种历史的证据已经产生传统的文献史料所无法比拟的影响,正如保尔·汤普逊所言:"当历史学家们从一段距离之外去研究历史的行动者时,他们对这些行动者的生活、观点和行动的刻画将总是要冒进行错误描述,将历史学家自己的经历和想象投影到对象之上的风险:一种学术形式的虚构。口头证据,通过将研究的'客体'转化为'主体',有利于

---

① 齐红深主编:《抹杀不了的罪证:日本侵华教育口述史》,人民教育出版社2005年版,第141-142页。

一种不仅更丰富、更生动和更令人伤心的,而且更真实的历史的形成。"①这就是为什么我们要去进行有关少数民族女童教育口述史研究、有关日本侵华教育口述史研究等工作的原因,这些历史的主体人物所经历的磨难远比文字资料的叙述更为深重。

◇ 2. 转移历史重心

社会史的勃兴推动着历史学包括教育史学研究范式的转换,其主要表现之一是研究重心的下移。在以文献为主的传统史学研究中,史学家很难寻找到普通民众的踪迹,即使有心要让一般的民众走上历史的前台,也无从着手。其根源在于以精英、英雄、帝王将相为目标的史料编撰立场将民众排斥在文献之外:"历史本身是复杂、多元的,它不应该只有一种声音,但历史上能够掌握话语霸权的,却总是官方和有特权者,当然也都是男性,他们将自己的声音凌驾于、笼罩于其他声音之上,让人们以为只有他们才能构成历史。"②20世纪初,当以考据、训诂为主要方法的传统史学与西方的实证主义、相对主义史学汇合在中国史学界之时,梁启超等先行者便高呼"史界革命",称"二十四史是帝王之家谱",试图从基层、民众的角度开拓历史研究新天地。顾颉刚也指出:"要打破以贵族为中心的历史,打破以圣贤文化为固定的生活方式的历史,而要揭发全民众的历史。"③然而,缺乏史料是这种新研究的最大障碍。"民众文化方面的材料,那真是缺乏极了,我们要研究它,向哪个学术机关去索取材料呢?别人既不能帮助我们,所以非我们自己去下手收集不可。"④彼时,西方人类学研究进入中国,人类学始终关注的便是最基层的民众,顾颉刚等在北京大学曾建立有民俗调查会和歌谣调查会,后在中山大学建立民俗学会,

---

① [英]保尔·汤普逊:《过去的声音——口述史》,覃方明等译,辽宁教育出版社2000年版,第124页。
② 定宜庄:《最后的记忆——十六位旗人妇女的口述历史(前言)》,中国广播电视出版社1999年版,第5页。
③ 顾颉刚:《圣贤文化与民众文化》,载《民俗》,1928年第5期。
④ 顾颉刚:《圣贤文化与民众文化》,载《民俗》,1928年第5期。

这种活动推动了社会史的形成与发展。人类学中的田野调查被引入到历史研究之中,一部分学者走出书斋,将口述历史作为一种新的收集基层的、民众的历史的方法。20世纪二三十年代的中国教育史研究,也在这种学术空气的影响下从教育思想、教育制度的研究转向教育行动的研究。"一方面固然也由于文献的资料之缺少……他方面实因编者站于支配者之立场,误认有组织的教育制度即特定的为国家机关所统制的教育是教育,而把完成那支持社会生活——非支配生活——的人间行动之教育忘怀或被遮视之故。"[①]20世纪五六十年代,毛泽东主席号召由人民来写"村史""家史""厂史"和"战史"的"四史",产生了一批口述史的成果。20世纪80年代,教育思想史、教育制度史是教育史研究的主要范式。20世纪90年代末,有关教育史学科危机的讨论标志着教育史学科自我意识的提升,并寻求新的研究范式。以往教育史学总是将教育史上的精英人物作为研究重点,研究的史料也是来自精英人物把持的官方文献,研究成果亦是针对高层次精英而设计的,与一般民众有着较大的距离。[②] 21世纪以来,教育史学研究重心的下移成为共识,一些新的研究领域不断被拓展,如教育活动史、教育生活史、教育身体史、教育群体史、区域教育史等,教育史研究正进入多元并进的新时期。

教育是以人的活动为中心的实践行为,教育实践活动中的人理应成为教育史研究的主要对象,然而长期以来,在传统的史料编撰立场下,真正的教育主体——教师、学生,乃至绝大多数的教育管理者都被排除在被叙述的对象之外,这显然有违教育史学的本真。回归真实的教育生活世界,让教育实践活动中的主体享有发声的机会,丰富教育历史应有的面貌,已是当代教育史学科建设的现实课题。"要深入研究教育历史的日常问题与民间问题,就必须注意收集存在于民

---

① 杨贤江:《杨贤江教育文集》,教育科学出版社1982年版,第326-327页。
② 申国昌、周洪宇:《全球化视野下的教育史学新走向》,载《教育研究》2009年第3期。

间和民众当中的教育史料,注意挖掘那些非官方记录和口述史料。教育史学研究应当重视来自民间的信件、日记、传记、小报、杂志、歌词、民谣、绘画、剪纸、文具、教具、访谈记录、口述史料等,真正实现史料取之于民、成果用之于民的终极目标。只有教育史学研究的史料实现民间化,才能最后做到研究成果的民间化。"[1]

即使当代的教育史学者们已经意识到这种转变的重要性,当他们试图去研究历史上的教师、学生时,也因缺乏资料而作罢。因而,从根源上转变史料编撰立场,应从教育史学者自身做起,走出书斋,带上访谈提纲、录音机、摄像机等多媒体设备,寻访教育实践活动中的普通教师、学生、校长、家长、教育管理者,听取他们的声音,为当代乃至后世的教育史研究提供尽可能多的来自基层、大众、民间的史料。这需要从根本上转移历史的重心,正如保尔·汤普逊所指出的:"对许多种类的历史而言,口述史意味着历史重心的转移。只有这样,教育史学家才会像关注教师和行政人员的问题那样,关注孩子们和学生们的各种经历。"[2]在美国哥伦比亚大学口述史研究室的影响下,全球范围内众多研究机构纷纷开启口述历史资料的搜集活动。在学生口述史这一领域,在中国影响较大的是齐红深编著的《流亡:抗战时期东北流亡学生口述》。台湾中研院近代史研究所编写的由九州出版社出版的《海校学生口述历史》《海校学生口述历史 2》,也是颇受学界推崇的优秀口述史作品。迄今为止台湾中研院已经采写和出版了数百种口述历史资料,《海校学生口述历史》和《海校学生口述历史 2》是其中的精选集。台湾中研院近代史研究所的学者们制定了严格的口述史操作规范,并进行采访和撰写,使类似史料层面的"回忆录"和

---

[1] 周洪宇:《创新与建设:教育史学的重建》,华中科技大学出版社 2016 年版,第 62-63 页。
[2] [英]保尔·汤普逊:《过去的声音——口述史》,覃方明等译,辽宁教育出版社 2000 年版,第 7 页。

"纪实",上升为可供专业人员研究的"口述历史"①。另外,《轰然作响的记忆:中学生的口述实录》《长大不容易:现代中学生口述实录》等文学纪实类作品也将中学生作为历史的主角,关注他们的日常生活与情感世界。我们可以看到,关注孩子们和学生们的各种经历,在口述历史学者看来具有与关注教育行政管理人员同样的价值,但是在我们的教育史研究中,这样的学生生活依旧是缺位的。这些可能只是极其普通的教育实践,反映的也只是众多教师与学生日常生活中的小小片段,它不符合历史研究中宏大叙事的传统。然而,微观叙事所提供的零碎片段能够为小人物研究提供参考是毋庸置疑的,我们所需要做的,就是真正地转移研究的重心,如下面这位"坏学生"的口述描写:

> 汤老师这人吧,怎么说呢,她不会给人讲大道理,她这个人挺讲实际的。比如说她送给我一个日记本,她在日记本第一页给我写上:
>
> 随着时间的推移,没有什么不能改变的,何况一个人身上的缺点、毛病呢?只要你有恒心和毅力,相信你一定能改掉它们,成为德智体全面发展的好学生。记住:人生就像一本书,愚蠢的人随手翻阅它,聪明的人用心阅读它,因为他知道这本书只能读一次。衷心希望你珍惜青春好时光,努力学习,在明年的中考中取得好成绩。也愿你、我成为知心朋友。
>
> 你的老师、朋友:汤京
>
> 当时我拿到这日记本以后,我就想哭,因为我从一年级开始到现在,从来没有老师送过我东西,更没有老师给我讲这么一段话,我说:"谢谢您送我日记本,我将永远记住这一

---

① 张力、吴守成、曾金兰访问;张力、曾金兰记录:《海校学生口述历史》,九州出版社2013年版,出版说明。

天。"我记得是初三刚开学一个月,是 10 月。①

研究重心的转移意味着立场的变化,从中心到边缘、从精英到大众、从上层到基层,社会史研究对普通人、底层的关注极大地扩展了历史的广度,这种整体取向的史学观拓展了史学研究关注的视野,而真正的价值在于提供了一种更加全面的历史风貌。上面引述的关于学生口述史的意义究竟何在?采访者表述了这位"坏学生"的母亲所表达的观点,可以理解口述史的价值:"她一直想把自己和孩子的感觉讲出来,没有别的意思,只是想通过亲身经历说明一个道理:应该让人品和学识最好的人来当老师,因为这关系到一个孩子的一生。"这样一位"曾经是一个几乎要对孩子绝望的母亲"在她的孩子迎来一位真正关注他的老师的时候,一切都改变了。这是从学生和家长的角度来看,什么是好老师的标准,这是一种民间的声音,却直指好教师标准的本质。

当我们去阅读这样的口述文本的时候,作为专业的研究人员,一开始会感觉到不适应。然而,当我们转换身份,以一位普通的读者身份进入到文本之中时,会发现这就是真实的教育生活世界。对于专业的研究人员来说,转换固有的思维定式、接受通俗化的文本,在教育思想史、教育制度史之外关注日常教育生活,从口述历史文本中重新发现教育历史,是建设当代中国教育史的重要内容之一。对于教育口述史来说,在起步阶段,可能更多的是得到专业人员的认可,把口述史料当做与档案文献史料同样重要的研究资料。

◇ 3. 重构社会记忆

在口述历史研究作为一种专业的学术实践诞生之初,是被当做记忆史研究的范畴,甚至被视为挑战公共记忆的秘密通道。"来自人类感知的每一种历史资料来源都是主观的,但是只有口头资料来源容

---

① 姜莹、律竹主编:《长大不容易:现代中学生口述实录》,北京少年儿童出版社 1999 年版,第 3-4 页。

许我们向这一主观性提出挑战:去拆开一层层记忆,向后挖掘到记忆的深处,希望达到隐藏的真理。如果是这样的话,那么为什么不把握住我们那在历史学家中独一无二的机遇,让我们的被访者放松躺在床上,并且像精神分析家一样,轻叩他们的下意识,抽出他们最深层的秘密?"①在口述历史学家们的推动之下,口述历史撕开了公共历史专业化堡垒的口子,使得非专业人士乃至任何一位普通民众都可以发出声音。在这种高歌猛进的现实面前,借助于自媒体时代的来临,"人人都是自己的历史学家"成为一种口号已是理所当然。口述历史在特定的背景下崛起,在 20 世纪 60 年代的学术氛围中获得许多实践机会,用来解释口述历史价值的修辞被冠以"揭露未知的故事"而向那些不为人知的世界发出声音。然而,在历史学的学术王国中,有研究者认为,"实际上,这是一种暴露或证据而没有其他可用的地方"②,二者之间的对抗也就此拉开,其中究竟发生了怎样的分歧?个体记忆、经验为何就不能构成历史?有学者提出这样的思考:"使之成为一种揭露或证据的形式在经验成为记忆的过程中究竟发了什么?在经验成为历史的过程中发生了什么?随着一个强烈的集体经验时代的到来,过去的时代已经过去了,记忆与历史归纳的关系是什么?"③没有人能给予这些问题以正面的学术回应,有人提出以公共历史来重新定义历史,试图迫使学院派屈服与接受。他们认为,公共历史就是一个竞技的市场,口述历史与记忆研究可以在这里完美地共存。当口述历史学者在为以提供个人记忆进入公共历史而欢呼时,记忆研究者却主动撇清二者之间的关系。"作为研究和写作领域,口述历史和记忆研究已经有了非常不同的史学轨迹……而且,虽然口

---

① [英]保尔·汤普逊:《过去的声音——口述史》,覃方明等译,辽宁教育出版社 2000 年版,第 184 页。

② Paula Hamilton, Linda Shopes. Oral History and Public Memories. Philadelphia:Temple university press,2008:8.

③ Robert Perks, Alistair Thomson. The Oral History Reader·Introduction. London:Routledge,2016:4.

述历史是一个成熟的领域,但它的起源和多样化的做法是其持续被学院派边缘化的原因所在,正如他们被草根阶层所热情拥抱一样,所有这些都是为了将口述历史从记忆研究中排除。"[①]然而,随着公众对历史的需要不断增长,口述历史在当下却获得极大的发展,这是学院派史学家所始料不及的。在市场的驱动之下,口述历史因为自身所具有的易进入性成为公共历史学者们广泛使用的工具。它能够接触到数量众多的观众,并且轻松呈现出多个观点而不需要表达立场,同时为公共历史学者试图呈现的故事提供丰富的色彩与生活细节。经过半个多世纪的发展,事实证明,口述历史是一个强大的工具,用于发现、探索和评价历史:人们如何理解过去,如何连接个人经验与社会背景,如何让过去成为现在的一部分,如何使用口述历史来解释他们的生活和周围的世界。个体的记忆因此成为口述历史的主题和来源,口述历史学家开始在他们的历史分析和口述历史采访实践中使用一系列令人振奋的方法:语言、叙述、文化、精神分析和人类学。

  口述历史为个体和集体的教育记忆呈现提供了工具。近年来,随着记忆史研究的兴起,教育口述史所具有的呈现教育记忆的价值使得教育口述史与教育记忆史在公共教育史这个场域相遇。我们可以这样来理解教育记忆史以及它与个体记忆、集体记忆、教育口述史之间的关系:"教育记忆史是专门研究教育参与者对于过往的教育人物、活动、事件等的个体记忆和集体记忆。所以,教育记忆史首先要研究教育参与者的个体记忆,这一研究的载体也就是所谓的'记忆之场',多以日记、回忆录、口述材料等方式呈现,通过对上述材料的爬梳整理尽可能重现教育历史的现场。其次,教育记忆史要研究教育活动中的集体记忆,这一研究的载体多以教科书、考试、课堂教学等方式存在于集体的记忆当中,通过对集体记忆中的教育行为的考察,

---

① Paula Hamilton, Linda Shopes. Oral History and Public Memories. Philadelphia: Temple university press, 2008: 8.

分析上述教育活动对构建社会记忆、公共记忆的价值，甚至于其在国民意识形成中的深层次影响作用。"①此间，"记忆之场"是一个核心概念，源自法国年鉴学派晚近的一位代表人物皮埃尔·诺拉（Pierre Nora）。20世纪80年代中期，他组织百余位研究人员，积十年之功编写出版了三部七卷本的《记忆之场：法国国民意识的文化社会史》，他的主要贡献是创造了"记忆之场"一词，他认为教科书、档案馆、老兵协会、遗嘱等等都因为承载了某种记忆而成为记忆的载体，也就是所谓的"记忆之场"。诺拉在其《记忆与历史之间：场所问题》一文中以《两个孩子的环法之旅》这一儿童课本为例，阐述了它在1877年因为教育部长的推行而成为法国民众的集体记忆，而随着时间推移，数代法国人的这一读物逐步消失难以寻觅，从而从集体记忆中消失，成为法国民众的历史记忆。百年之后的法国因工业化经济危机促使民众再次寻找自己的农业历史，这样一来《两个孩子的环法之旅》得以重印而回到了民众视野当中，再度成为法国的集体记忆。② 在西方史学界，法国历史学家们在19世纪末20世纪初有关记忆研究的学术实践，使得记忆成为理解人类行为的重要观念。其中法国学者莫里斯·哈布瓦赫（Maurice Halbwachs）是第一位系统使用记忆概念的学者，其贡献是在1925年出版的奠基性著作《论集体记忆》中开创了集体记忆理论。他与年鉴学派的早期代表人物马克·布洛赫（Marc Bloch）一道确立了社会群体与集体记忆之间的联系。雅克·勒高夫（Jacques Le Goff）同样是一位享誉国际的法国历史学家，年鉴学派继布罗代尔之后的第三代重要代表人物。他在《历史与记忆》一书中探讨了"历史""记忆"等主题，尤其是在对记忆的阐述中他列出集体记忆的序列：没有文字社会的记忆—史前从口头到文字的记忆—中古时

---

① 刘大伟、周洪宇：《教育记忆史：教育史研究的新领域》，载《现代大学教育》，2018年第1期。
② ［法］皮埃尔·诺拉主编：《记忆之场：法国国民意识的文化社会史》，黄艳红译，南京大学出版社2015年版，第22页。

代口头和文字并存时代的记忆—从17世纪至今文字记忆的进步—记忆的泛滥。他认为口头记忆与文字记忆在很长一段时期内是保持着平衡的,然而文字记忆的力量逐渐上升,随着印刷术的出现而逐渐掌握了集体记忆的话语权,文字记忆只在课堂教学与日常生活中存在。但随着信息技术的发展,信息传播的手段实现了自由化之后,个体记忆开始向集体记忆发起挑战。由于认识到记忆是集体身份认同的核心要素之一,对记忆权利的争夺也日渐激烈。国家的节日、民族的语言、国家档案馆与博物馆、国家公祭日的设立,以及对公众的开放、口述史的再生、历史研究的深入等,都显示记忆在生活中的重要性。[①] 皮埃尔·诺拉的《记忆之场:法国国民意识的文化社会史》是年鉴学派有关记忆与历史研究的延续,并引导了当代记忆史研究的潮流。

记忆理论的发展为口述历史工作提供了理论基础。教育口述史以采集教育领域有关学校、教师、学生的记忆为主要工作,通过个体记忆与集体记忆共同构建社会记忆。为什么需要教育记忆,在后现代主义者看来,记忆与历史是如下一种关系:"记忆"代表着人类过去所有被抑制、被忽视和被压制的东西,从而依其性质从来没能进入被集体认知和承认的公共领域——这一直都是传统意义上"历史"的正当领域。[②] 这也是口述历史不被专业的历史学家接受的原因所在,他们认为口述历史都是主观产物。然而随着记忆理论的发展,个体记忆应被放置在集体记忆的大背景下去考察,二者可以互为补充。如某位教育人物呈现了口述史之后,整理者在编撰的过程中,应该先行做过文献研究加以考证,公开出版之后又成为学术界研究的资料,专业的教育史研究人员可以通过口述史料与该时期其他史料相比对、印证,进而去证明该口述史料的真实性。在得到充分的证明之后,口述史料所蕴含的过程性、鲜活性、生动性的个人记忆便为社会记忆的

[①] 张伦:《雅克·勒高夫:〈历史与记忆〉》,载《中国学术》,2001年第4期。
[②] Frank R. Ankersmit. The Postmodernist "Privatization" of the Past, Historical Representation, Stanford:Stanford University Press,2001:154.

丰富提供了重要参考。

◆ (二) 教育口述史的功能

教育口述史的主要价值是提供史料,以个体的历史参与者身份叙述教育历史事件、行为等实践活动,同时带来教育史研究重心的下移,丰富教育史领域的内容。然而,我们在讨论教育口述史的功能时,不宜过分夸大,教育口述史不具备书写历史的能力,要求其承担书写完整历史的任务是不现实的。教育口述史的性质是从个体的角度叙述教育经历与见闻,它不可能要求口述者在叙述之前做系统研究。从学术与社会功能的角度来看,教育口述史的功能有如下几个。

◇ 1. 保存与解释教育史

教育口述史的史料有两类:一类是传述史料,另一类是忆述史料。所谓传述史料,是指通过口耳相传的形式长期留传下来的史料。在教育领域,历史上有诸多有关学校教学、教育思想家的口头传说以及民间故事,大多无法追溯其源头、辨识其真伪,但因其具有积极的教育价值,长期存在于家庭教育与社会教育之中。所谓忆述史料,是指当事人、目击者对教育活动的口头叙述。如《论语》便是至圣先师孔子去世后其弟子们忆述的结集。自现代意义上的口述史诞生以来,多数名人在口述历史的作品中均有对其教育生涯的叙述,如胡适在《胡适口述自传》中多处忆述其父亲的书院教育生活,他本人大学时期在康奈尔大学、哥伦比亚大学的学生生活等。忆述史料是教育口述史的主要构成,在当代教育口述史的实践中,主要致力于忆述史料的搜集整理工作,它的表现形式为个人叙述、访谈叙述、他人忆述等,为保存鲜活的教育生活提供重要的历史价值。

教育口述史最主要的功能是保存与诠释教育发生发展的历史。正如有学者所指出的:"历史的信息,最重要的载体,一是记录历史的档案,一是亲历者的记忆。口述史的主要价值是史料,从亲历者、当事人、知情者那里了解历史的真相,认识历史的本来面目。"①尽管学界对教育口述史料的客观性仍有质疑,但从已经公开出版的教育口述史作品来看,这样的担心是多余的,恰恰相反,口述史料的"在场性""生活性""精神性"特征可以更好地发挥"存史"与"释史"功能。所谓"存史"指的是口述资料包括录音、影像、自述等具有保存历史资料的功能,为当代教育史与未来教育史研究提供更加丰富的资料,进而实现保存历史的目的。所谓"释史"指的是当事人通过口述历史还原历史事件的过程、细节,甚至更正文献资料因为某种需要而故意遗漏、篡改的历史事实。这就是历史研究中常说的,历史研究需要时间的长度才能发现历史的真相。

"在场性",是指口述者作为历史的亲历者、见证者,他们就是历史的"活文献",是"无价之宝",不能"眼睁睁地看其流失"。他们如实地述说自己的教育经历,能最直观地显示国家的教育方针、政策,以及教师的教学如何在个体身上实现,实现到何种程度。"生活性",是指教育的历史也是个人生活史的一部分,可以用生活化的语言来表述历史。人民教育家陶行知提倡"生活教育",不仅体现在教育与生活打成一片,而且体现在他那生活化的语言,那是人人都能读懂的教育。"精神性",是指口述者自己讲述一些背后的故事,不仅告诉我们做了什么,还告诉我们为什么这么做,现在又是怎么看当初的决定,这些隐藏深处的精神历程对于我们解释某个事件和口述者的行为有直接的参考价值。②

◇ **2. 形成参与教育史学**

口述历史在教育史学实践中的应用有助于推动教育史研究者更多地参与教育历史生活,提升教育史学的参与品质。当代著名历史

---

① 程中原:《再谈有关口述史的一些问题》,当代上海研究所编:《口述历史的理论与实务——来自海峡两岸的探讨》,上海人民出版社2007年版,第61页。
② 刘来兵:《视域融合与历史构境——中国教育史学实践范式研究》,华中科技大学出版社2013年版。

学家章开沅教授在史学界多次呼吁提升史学的参与性,他认为:"历史学家如要积极参与现实生活,首先必须积极参与历史生活,因为历史学家的最高天职就是研究人类的历史生活,不如此他就不成其为历史学家。但前后两种参与含义不尽相同,如果用相近的英语词汇来表达,前者或可用 participate,意即参加,亦即亲身实践;后者或可用 enter,意即进入,亦即感悟贴近。"①关于历史学作用以及历史学家如何发挥历史的作用,不止于是历史学科自身的基本问题,也是社会对历史学科的基本追问。正如法国年鉴学派的先驱马克·布洛赫所指出的:"历史学以人类的活动为特定的现象,它思接千载,视通万里,千姿百态,令人销魂,因此它比其他学科更能激发人们的想象力。"在充分肯定了历史学的价值与地位之后,他接着指出:"历史学所要掌握的正是人类,做不到这一点,充其量只是博学的把戏而已。优秀的史学家犹如神话中的巨人,他善于捕捉人类的踪迹,人,才是他追寻的目标。"②因而,无论是历史学还是历史学家,人的活动与活动的人是其关注的中心。参与史学在本质上是一种以"理解"的态度来对待历史,理解就是活着的人对过去所做的解释,回到历史现场去感悟过去的人与事,使当下的视域与过去的视域发生融合,进而构建新的历史生活。

教育作为人类生活的重要构成,更应成为教育史研究的重要对象,然而在传统的教育史学实践中,思想史、制度史等宏大叙事占据主导地位,原本鲜活的教育生活世界被高度抽象化,不仅无法呈现多样化的教育生活世界,还使得教育史学者在这种研究范式的规训下埋首故纸堆中检索文献而忽略了教育改革实际。参与史学为教育史关注教育实际提供了理论视域,教育史学者不仅要参与历史生活,更要参与现实生活,从生活中发现研究课题,从历史中发掘经验,更好

---

① 章开沅:《参与的史学与史学的参与论纲》,载《江汉论坛》,2001年第1期。
② [法]马克·布洛赫:《历史学家的技艺》,张和声、程郁译,上海社会科学院出版社1992年版,第23页。

地服务于当代的教育改革实践。教育口述史可以将教育史学工作者从书斋中解放出来，更好地参与、服务与享受生活。传统的教育史研究者埋首于浩瀚的史料，可谓是"穷经皓首"。口述史需要他们走出书斋，与当事人进行晤谈。既为未来保存此时不做以后将费更多的精力去研究也未必能发现的第一手史料，又让自己所做的历史研究有机会观照现实，最重要的是能体验到书斋之外的生活。

◇ 3. 构建公共教育史学

"公共史学"（public history）是当代美国史学研究的一个新领域。20世纪70年代中期，美国史学界遭遇了一场空前的危机：传统史学博士培养过多，许多史学博士完成学业之后，无法在大学里找到合适的教职而被迫改行脱离了史学界。公共史学的创始人罗伯特·凯利（Robert Kelley）与韦斯利·约翰逊（Wesley Johnson）率先在加州大学圣塔芭芭拉分校开始了公共史学研究生项目的试验。通过这个试验项目，凯利和约翰逊摸索出了一些培养公共史学研究生的新方法，并在1978年《公共历史学家》的创刊号上，凯利第一次公开使用了"public history"（公共史学）的概念，对其做了如下定义：

> 用最简单的话来说，公共史学指的是历史学家的就业（方式）和在学术体制外——如在政府部门、私有企业、媒体、地方历史协会和博物馆，甚至于在其他私有领域中——（所使用的）史学方法。公共历史学家无时不在工作，他们凭借自己的专业特长而成为"公共进程"（public process）的一部分。当某个问题需要解决，一项政策需要制定，以及资源的使用或行动的方向需要更有效的规划时，历史学家会应召而来，这就是公共历史学家。[①]

如今公共史学在美国已经作为一门学科获得极大的发展，而在追

[①] 王希：《谁拥有历史——美国公共史学的起源、发展与挑战》，载《历史研究》，2010年第3期。

溯其源头的实践时,研究者指出20世纪美国历史上规模最大的一次"公共史学"实践是1936—1938年进行的前奴隶口述史项目。美国公共史学发展的真正推动力是20世纪60年代的民权运动和新社会史学,新社会史强调"自下而上"的研究方法与公共史学要求史学研究的"公共参与"的追求不谋而合。① 可以看到,口述史在公共史学实践中起到了开拓的重要作用。而当代中国的公共史学实践几乎与此同时,那就是20世纪五六十年代毛泽东号召由人民来写"村史""家史""厂史"和"战史"的"四史"运动,出版了《星星之火,可以燎原》《红旗飘飘》这两套丛书共17卷,收录了老红军和老干部口述的革命史。该时期有影响的口述史活动还有对太平天国、义和团、辛亥革命等事件实地的调查和研究。口述史在当代中国公共史学的构建中也愈发重要,教育史作为历史学中的一个分支,理应考虑在应用教育口述史的同时逐步构建公共教育史学。

公共教育史学是指教育史学者凭借自己的专业特长而进入社会公共事务或私人服务之中,包括与政府、企业、事业、学校、民间等领域的合作,以满足社会对教育史需要为主要目的。社会需要是教育史学持续发展的源泉和动力,意味着教育史学在不断提升理论品性的同时,要注意发展自身的实践品性。允许甚至鼓励一部分教育史学者进入公共领域,在推动社会公共进程中发挥作用,尤其是为国家教育决策咨询提供专业服务。口述史在公共领域发挥社会服务功能表现在以下的两个方面。第一,口述史料可以与官方史料形成互补,为教育政策的制定提供民间的声音,更好地服务现实。如果一项教育政策出台之前能先听听民间的声音,听听教师、学生的意见,或许会更成熟、更具有操作性。第二,口述作品以第一人称的视角讲述故事,融教育于生活之中,极富现实性和鲜活性,读来通俗易懂,具有大

---

① 王希:《把史学还给人民——关于创建"公共史学"学科的若干想法》,载《史学理论研究》,2014年第4期。

众教育的功能。口述史的教育功能还体现在它不是冰冷的"说教",这些感性的教育生活故事和理性的人生思考让我们在身临其境中"自得"一份真意。

三、教育口述史的信度与伦理

教育口述史在实践中饱受叙事真实性、可靠性的质疑,这与口述者在口述过程中或多或少地存在叙述信息不真实、不准确有关。由于叙述者在对过去的记忆叙述中,叙述者的记忆、立场、理解等在讲述过程中的表现均是不可控制的变量,因而口述历史资料的信度是口述整理者们所要面对的最为棘手的问题。也正是这一点,传统的教育史学者对口述历史采取轻视甚至排斥的态度,口述历史工作者应有勇气来面对这一问题,将口述历史作为质性研究方法之一讨论它的信度与伦理问题是有必要的。

◆ (一) 教育口述史的信度

口述史作为一种方法的运用,是作为定性纵向研究(qualitative longitudinal research)中的一个重要构成而被广泛讨论的。定性纵向研究又称为田野研究或实地研究,常使用的方法主要有访谈法、观察法、档案记录法、口述历史法、焦点团体法,以及运用视觉影像资料、个人经验体悟资料等。定性研究的对象是文件资料,分析与诠释构成其基本方法,正如英国社会学家肯·普卢默(Ken Plummer)所指出的:"世界上挤满了人类的个人文件。人们在日常生活中会写日记、收发信件、摘录文字、拍照、制作备忘录、撰写自传、建设个人网站、信手涂鸦、出版回忆录、撰写个人生平、留下自杀笔记、拍摄视频日记、在墓碑上写下纪念文字、拍摄电影、画画、制作录像带并尝试记录他们的个人梦想。数以百万计的人将所有这些个人生活的表达抛向了世界,任何关心寻求它们的人都会对此感兴趣。"[1]这些有关生活的文件正展现出无与伦比的价值,它为理解这个世界提供了更加细微、具体的材料。社会传记作者和口述历史学家擅长挖掘上述各种文件的证据,将生活和时代的图像复合拼凑起来。文件如何被搜集、分析和应用,已经超越了作为研究的信度本身,还将伦理这一维度带入其中。

信度(reliability),又称可靠性,通常与效度(validity)一起作为衡量研究质量的两项重要指标。与量化研究可以通过采取同样的方法对同一对象重复进行测量,通过对比测量结果的一致性与稳定性来获得信度不同,口述历史中的信度与记忆有关。从心理学的专业视角来看,讨论记忆有两点必须考虑:首先,人类的记忆有多可靠;其次,它有多有效。此处,可靠性可以被定义为一个人在多个不同场合讲同一个故事的一致性。另一方面,有效性是指一个人对该事件的叙述与其他来源材料(如档案、日记、信件或其他人的口头报告)对该事件叙述之间的一致性程度。为了证明记忆的可靠性,曾任美国口述历史协会主席的艾莉丝·霍夫曼(Alice M. Hoffman)用十年的时间对她的丈夫霍华德·霍夫曼(Howard S. Hoffman)(二战士兵,心理学家)进行追踪研究,他们在1990年出版的研究论著《记忆档案:一名士兵对第二次世界大战的回忆》堪称记忆史、口述史研究的经典之作。在艾莉丝与其丈夫的研究中,他们得出结论:在人类记忆的范围内,可以可靠且准确地恢复过去的事件,并放大和扩大现有的书面记录。在人的记忆中有一部分记忆被称为自传体记忆,它非常稳定、永久,在很大程度上是不可变的,因而可以被称为"档案"。[2] 类似的研

---

[1] Ken Plummer. Documents of Life 2: An Invitation to A Critical Humanism, SAGE Publications 2000:17.

[2] Alice M. Hoffman, Howard S. Hoffman. Reliability and Validity in Oral History: The Case for Memory. Today's Speech, 1974(1):124.

究证明了记忆的可靠性,为口述历史的开展提供了科学的基础。然而,口述历史中存在不真实的信息也是不可否认的。即使如艾莉丝·霍夫曼所言及的记忆可以被归为档案,那么这种"自传体记忆"的形成本身是怎样的过程?其中是否存在"虚假记忆"或"不可靠的叙述"?又如何鉴别与规避虚假记忆与不可靠的叙述?

首先,虚假记忆是信息在自动组合时产生的不真实的回忆。古希腊哲学家柏拉图将记忆比喻为一块蜡板,上面可以留下印记或者编码,随后存储下来,以便我们今后提取这些印记。编码、存储与提取成了今天人们有关记忆的基本构成。现代心理学的研究者认为,记忆是一个选择性、解释性的过程。记忆不仅仅是被动地储存信息,在学习和存储新的信息后,会对其进行选择、解释,并将不同的信息互相整合,从而更好地学习和记住这些信息。个体的记忆是自己的建构或是对所发生的事情的重构。① 那么,记忆的形成过程反映出叙述者不可能全息成像式地回忆过去,而是编码再加工的过程,此间容易产生不真实的信息,甚至是虚假信息。需要说明的是,不是口述者有意制造不真实的信息,而是由于受访人的生理机能衰退、记忆受损、自我保护本能、心理无意识、社会公众记忆、社会意识形态、理解能力与理解方法、表述能力及表述方法等原因所导致的。②

既然虚假信息产生的原因极其多样,因而,在开展教育口述史工作的过程中,当受访者出现机能性的言不由衷时,应予以充分的理解,并通过后期查阅相关资料去确认口述中出现的每一个人物名称、时间和地点,因为记忆可能对于这些细节并不能予以足够的重视,而只是关注事件本身。受访者自我保护的本能也能对叙述信息的真实性产生干扰,会对某些在他看来不利的信息进行选择性的遗忘与陈述,而把对他有利的事情予以放大,这就是为什么回忆录、自传多是

---

① 黄希庭:《心理学导论》,人民教育出版社2007年版,第369页。
② 陈墨:《口述历史门径(实务手册)》,人民出版社2013年版,第261页。

对个人光辉一生的总结，而少有对个人过失的坦诚交代。在整理教育口述史的过程中要采取审慎态度对待此类事件，如采访某些有过失的教育事件时，既需要受访者还原历史的真相，同时又要考虑到受访者的感受。

其次，不可靠的叙述是来自于不可靠的叙事者的叙述。不可靠的叙事者是指叙述可信度受到质疑的叙述者。韦恩·C. 布思（Wayne C. Booth）是最早以读者为中心去界定不可靠叙事者的，他以叙事者的言论是否符合或违反常规为由来界定叙事者是否可靠。他在论著中指出："当叙事者按照作品的规范（即作者的规范）行动时，我称之为可靠的叙事者，反之，为不可靠的叙事者。"[1]然而，这种过分依赖规范与伦理的概念界定遭受到后来者的质疑与批评，彼得·J. 拉宾诺维茨（Peter J. Rabinowitz）认为：不可靠的叙事者不仅仅是一个"不说真话"的叙事者；相反的，一个不可靠的叙事者是一个口出谎言、隐藏信息，对叙事对象下了错误判断的人，也就是说，他们的言论可能是真实的，但并不是依据现实世界或原始观众的标准，而是依据他自己的叙述标准。[2]

尽管不可靠的叙事者是作为分析的对象出现在文学等作品中，但为口述史的开展提供了重要参考，即当教育口述史实践中遭遇不可靠的叙事者，同样对口述史的信度产生负面影响。从现实来看，那些具有一定叙事技巧的人可能更善于叙述，也许不是谎言，或许有故意隐藏信息，也有可能会歪曲捏造事实。那么，怎样才能获得可靠的叙述？按照布思的界定，当叙事功能独立于人物功能运作时，叙述是权威而可靠的，也就是需要隐去作者，确保叙述的独立性。然而这一点对于教育口述史实践来说有一定的难度，因为口述史正是以第一人称为主的叙述方式，叙述者便是历史当事人、参与者。从这个层面来

---

[1] Wayne C. Booth. The Rhetoric of Fiction. University of Chicago Press，1961：158-159.
[2] Peter J. Rabinowitz. Truth in Fiction：A Reexamination of Audiences. Critical Inquiry 4，no. 1，1977：121-141.

说,第三人称的口述历史作品借助整理者之口,以及整理者在其中所进行的对叙述的鉴别、勘误工作之后,可以在一定程度上保证叙述的可靠性。

无论是虚假记忆,还是不可靠的叙述,都对教育口述史的信度产生影响。口述史料是理解历史的证据,且不是传统的文字证据,而是实施者或知情人提供的口头证据。这与法庭要求证人提供证词具有一定的相似性,然而我们不可能像法官那样要求证人在陈述前宣誓所提供的每一句证词都是事实,没有任何的遗漏、偏袒。口述历史的过程是一种记忆的唤醒与陈述,它借助当事人、参与者帮助我们更好地了解过去。我们需要尊重口述者,也需要尊重历史。

对于保证教育口述史的信度而言,需要做好以下几项基本工作。第一,做好口述前后的准备工作。不要害怕不真实信息,要有教育史学专业工作者的基本功,即做好相关史料的阅读工作,了解口述者生活的社会背景、同时代其他人的口述材料,尽可能地占有材料,并做好比对工作。第二,增加口述访谈的问题密度与细节。这样做可能会避免某些可能存在的口述者自己创造"事实",要求对细节的展示不仅会唤醒口述者对历史细节的追忆,也可能会打破口述者原有的记忆保护壁垒,得到更加真实的记忆。第三,设置一些重复性的问题。测试信度的基本方法就是让口述者对同一事件在不同时间、地点进行重复。谎言或不真实的信息在重复的问题解答中会因答案的不一致而不攻自破。

◆(二)教育口述史的伦理

明确伦理道德与法律责任是确保教育口述史走向规范的基本保障。口述历史作为一种方法、一门技艺,是人与人之间的一场对话。它强调的是叙述者在教育历史叙事中的个体性、主观性、生动性,所以口述历史作品的可读性很强,但也正突出了其个体性、主观性、生动性,教育口述史从制作到出版以及出版后可能会出现一些伦理与法律问题。当口述者在谈论他本人的教育生平与经历时,做到忠实地呈现是没有问题的,而一旦涉及对他人、教育事件的论述时,即使是很小的事情,也可能会出现极大的反弹。明确教育口述史工作中的伦理与法律问题,有助于更好地保护口述者、涉事者和口述作品。

何为教育口述史的伦理与法律？口述史研究中已经将此作为专题加以讨论。杨祥银在其专著《美国现代口述史学研究》中专章论述了美国在口述史学的伦理与法律这一领域所做的工作,并指出在当代中国口述史学火爆发展的今天,要充分考虑到口述史学的规范建设。他认为,口述史学的伦理问题主要指口述历史访谈与记录、整理与编辑、保存与传播,以及解释与应用等过程中不同关系体之间的一系列权利与责任。而口述史学的法律问题主要包括著作权、诽谤、隐私权侵犯、法律授权协议书（legal release agreements）、对于口述历史资料设限的法律挑战、伦理审查委员会（institutional review boards）审查机制、口述历史资料网络传播与使用的法律风险与口述历史资料能否作为法院审理相关案件的合法证据等。① 具体而言,它主要包括：①研究者（访谈者）与主办（赞助、保存）机构对受访者（叙述者）的责任；②研究者（访谈者）与主办（赞助、保存）机构之间的相互责任；③研究者（访谈者）与主办（赞助、保存）机构对专业本身的责任；④研究者（访谈者）与主办（赞助、保存）机构对公众的责任。有学者将这些责任进一步具体化为一系列伦理议题,比如知情同意、匿名与保密承诺、对关系与名誉的可能性伤害、不平等的权力关系、对叙述者与其他人的有害信息的公布、对研究成果的诚实呈现以及在委托服务中对于访谈者的保护,等等。②

从美国口述史有关伦理与法律建设的进程来看,随着口述历史工

---

① 燕舞：《杨祥银："记忆的不可靠性"可能是一种财富》,经济观察网,http://www.eeo.com.cn/2014/1018/267532.shtml,2014 年 10 月 18 日。
② 《访谈 杨祥银：口述历史发展,组织化与制度化建设最重要》,澎湃新闻网,https://www.thepaper.cn/newsDetail_forward_1689381,2017 年 5 月 26 日。

作的深入，不可避免地要涉及对口述作品及其相关人员的限制与保护。从本质上看，这是公共史学对个人空间的进入，也就是说，一方面公众对历史的需求日益增长，个体的日常生活成为公众满足历史好奇心的记忆之场；另一方面，个体通过口述历史将个体的经历与观感呈现在公众面前，完成了个体在社会记忆保存中的职能，同时也冒有将私人空间放在公共场域中让读者加以评判的风险。记忆的不可靠性、叙述的不客观性是这种风险存在的根本原因，可以说是无法规避的。因而，建立一种公众与个人都能接受的伦理道德准则与法律规范体系，对于口述历史工作的开展是极其必要的。教育口述历史工作的开展同样如此，即在实施教育口述历史工作的过程中，要充分考虑到权利与义务、法律与责任问题，尽可能地规避因为公开教育口述史的资料而带来的伦理责任、权利纠纷甚至违法行为的发生。

由于教育口述史研究工作在当前尚处于起步阶段，有关伦理道德与法律规范还未有明确规定，但作为口述史研究的成员之一，理应以口述史的伦理道德与法律规范为指导开展工作，现将吉林省档案信息网发布的口述历史工作规范转述如下。[①]

◇ 1. 道德伦理

第一，口述历史访谈者必须具备史学工作者的基本道德操守。尊重历史，实事求是，求真唯实，独立思考；尊重同行的劳动成果，形成良好的同行交流、合作风气；不唯名利，正确处理好义利观；尊重他人，尊重隐私；不虚夸，不诽谤；积极关注社会影响，对社会尽责任。

第二，访谈者对于受访者应尽的责任。必须告知受访者该口述计划的目的和程序以及预期用途；必须告知受访者该口述项目过程中双方的责任和权益；必须告知受访者该项目可能涉及的相关法律问题，签署法律授权书或相关法律约定；必须告知受访者口述过程中可

[①] 赵双、杨丽娇：《口述历史工作规范》，吉林省档案信息网，http://jilinda.gov.cn/G_NR_W.jsp?urltype=news.NewsContentUrl&wbtreeid=1018&wbnewsid=1409，2016年3月22日。

能出现的危害第三者的情况,如涉及诽谤、侵犯隐私等。

第三,访谈者对于公众应尽的责任。访谈者、受访者都应本着向公众负责的态度;在依照相关协议约定公开时,保持口述资料的客观完整,也可依照相关协议暂时不公开;公开后访谈者和受访者按照协议共同对口述资料的真实性负责。

第四,访谈者对于赞助者应尽的责任。访谈者在接受赞助机构或委托机构的委托任务时,在坚持学术客观性的基础上,应该充分尊重赞助机构或委托机构的要求,尤其是必须履行双方签署的合作协议。

◇ 2. 法律规范

第一,遵守法律,以双方约定为前提,厘清口述成果的著作权。明确约定,分清责任,订立法律授权书;协议书须进行公证,或者由律师签证;访谈者不擅改、不擅自发表口述资料,不违背双方事先的约定。

第二,遵守道德,以法律为准绳,避免口述访谈对第三者的诽谤。访谈者秉承客观公正的学术道德准则,不妄评价,不乱评价;尊重历史,尊重他人。访谈者把握口述访谈的进行细节,必要时提醒受访者口述过程中可能造成的对第三方的诽谤。

第三,尊重人格,以公民权利为依据,尊重避讳,谨防侵犯他人隐私权。尊重民俗、民族以及宗教传统,尤其是相关避讳的观念习惯。熟悉我国《民法通则》等相关法律中关于公民隐私权的法律条文。尊重习惯,遵守法律,不侮辱、不丑化他人,不随便宣扬他人隐私。

◇ 3. 访谈规程

访谈规程如下:

第一,搜集、查阅、整理有关访谈计划所涉及的有关资料;

第二,编写访谈提纲,设计访谈问题;

第三,提前将访谈提纲送达受访者;

第四,访谈小组在出发前检查访谈所用设备。

关于建立口述史访谈小组：建立2～3人的口述史工作团队，并进行必要的培训；访谈小组应具备进行访谈的基本设备，如录音笔、摄像机、照相机等，以及纸张和笔记本等。

关于访谈提纲的制定：以项目小组为单位，加强互相协作。

访谈提纲一般包括：受访对象基本情况，包括家世、籍贯等；与访谈主题有关的时代、社会背景问题；根据访谈选题设计具体的问题；关于"时间""地点""数字"等具体细节问题。

◇ 4. 资料处置

第一，关于口述资料的编辑、整理：以尊重受访者口述原始资料、不删改、不添加为原则；对音像资料的转录和现场记录稿进行整理；对口述资料进行考订，文字稿添加部分以注释的形式出现。

第二，关于口述资料的保存、归档：按照相关档案技术规范要求对口述资料进行保存归档；文字稿一般一式三份，都应有访谈者和受访者的认可签字；对所有口述资料进行编目、索引和建档；对于音像资料还要定期检查，注意防潮，必要时还要定期翻录。

第三，关于口述资料的发表、公开：以事先约定和法律协议为依据，注意版权问题。口述史公开的形式：书刊发表出版；音像制品出版；网络上传；广播电视媒体播放；档案馆、图书馆查阅等。

第二章

教育口述史的对象与领域

教育口述史因所关注的领域不同而呈现多样化特征。从教育口述史的研究对象来看,可以分为以教育人物为对象的口述历史和以教育载体为对象的口述历史。从实施教育的场域来看,可以分为学校教育口述史、家庭教育口述史与社会教育口述史。此外,教育口述史关注教育中的典型事件或特殊群体,形成了相应的教育专题口述史,尚有更丰富的研究领域亟待未来拓展。

一、教育人物口述史

教育人物是一种笼统的称谓,包括所有参与教育实践活动中的主体,他们是教育活动的发起者、参与者、改革者、评判者。因而他们也是教育口述史最主要的关注对象,从当前的教育口述史实践来看,教育人物的口述史构成了口述史作品的主要部分。依据对口述历史的多重理解,教育人物口述史也包含多重理解方式。从研究范围看,广义的教育人物口述史是指对参与教育实践活动中的人,通过访谈或自述方式收集其对教育的回忆,进行整理和研究的过程。狭义的教育人物口述史,专指对教育工作者开展的教育口述历史收集、整理和研究的过程。从研究内容看,广义的教育人物口述史包括口述历史采集、整理、研究的全过程。狭义的教育人物口述史仅对其口述历史进行采集与整理,缺少研究的部分。从结果呈现看,已经出现了对话录形式(口述内容与采访者共存)与个人口述自传形式。

教育人物的诞生,从大的范围看是社会的产物,但社会中绝大多数为普通教育人物,而其中的重点教育人物都集中在学校。同理,家庭中大多数也是普通教育人物,其中的重点教育人物也集中在学校,因此教育人物口述史的视域就集中在学校。学校之间存在层级不同、学科不同的区别,就学校层级可分为高等教育、中等教育、初等教育、学前教育。学校内部存在职务不同的区别,大体可分为校长、普通教师、一般教育行政人员等。既然学校集中了重点教育人物,那么重点教育人物口述史便是研究学校教育领域中的知名人物。普通教育人物在学校、社会、家庭都有分布,显得非常宽泛。从当前教育口述史作为起步阶段的成果来看,教育人物口述史的研究主要集中在学校教育场域,特别是高等教育作为教育口述史研究者的发起地,首先关注的是身边知名教育学者,因而教育人物口述史在当前甚至可以认为是学校教育人物口述史、高等教育人物口述史。

通过分析教育人物口述史的内在结构,可以发现对教育人物口述史进行分类是极其繁杂的事项。一方面需要结合目前研究的现状,突出重点教育人物口述史,另一方面也试图适应历史研究视野下移的诉求,因而对教育人物口述史采用归类专题的形式,可以大致分为学科人物口述史、校长口述史、中小学教师口述史等。学生口述史应也成为一个专类,目前一般是作为其他各类人物口述史中对学生时代教育生活的回忆,故暂未单列一个专题来加以讨论。

◆ （一）学科人物口述史

学科人物口述史研究是指通过访谈方式，收集对高等教育学科发展具有重要贡献的教育工作者的口述资料，并对口述资料进行整理与研究的过程。研究学科人物口述史，有助于了解学科发展的历史脉络，为学科史、生活史研究奠定基础。我国目前高等教育学科分为十三个学科门类。目前对学科人物口述史研究中，教育学科人物口述史与教育口述史具有最为贴近的关系，因而教育学科人物口述史几乎是目前学科人物口述史中研究成果最为丰富的部分，因而单独列出探讨学科人物口述史的发展问题。对于其他学科，由于篇幅所限，仅笼统地称为其他学科人物口述史，并选取代表性人物进行阐述。

◇ 1. 教育学科人物口述史

教育学科人物口述史是对教育学科建设具有重大贡献或长期从事教育学研究的学者所做的口述历史。通过研究这些教育学科人物，从而了解教育学科的发展状况，积累教育智慧，促进教育学科发展。教育学科人物口述史的成果与教育学科在高校中的重要程度呈正相关关系。我国教育学科主要集中在以教师教育（师范教育）为主的高等学校，代表性的院校为北京师范大学、华东师范大学、华中师范大学、东北师范大学、西南大学、陕西师范大学、南京师范大学、西北师范大学、华南师范大学等，此外北京大学、清华大学、浙江大学、厦门大学等全国知名重点大学的教育学科中也涌现出大批的知名教育学者。其中北京师范大学、华东师范大学既是师范高校的领头羊，也是国内教育学科的执牛耳者。这两所高校教育学名家辈出，也非常重视对教育学名家开展口述资料的收集、整理与出版发行工作。

北京师范大学目前已经出版"教育口述史系列"丛书，该套丛书选取了众多教育学科名家开展口述历史研究工作（如表1所示），该套丛书包含教育学科名家从出生、少年、求学、工作、生活的完整历程,突出表现其在教育学科研究与人才培养方面的成就。通过该丛书的前言可知,在丛书编写过程中受访者与采访者之间有较为频繁的互动,并由双方协作整理资料。该丛书体例采用个人口述自传形式。

表1 北京师范大学"教育口述史系列"丛书基本情况

丛 书 名	书 名	出版时间
教育口述史系列	顾明远教育口述史	2007
	潘懋元教育口述史	2007
	黄济口述史	2010
	林崇德口述历史	2010
	王炳照口述史	2010
	卢乐山口述历史:我与幼儿教育	2012
	吴式颖口述史	2015
	章开沅口述自传	2015
	特殊教育和我:朴永馨口述史	2017

北京师范大学于述胜教授以"中国教育口述史"为名,组织编写了《中国教育口述史》(辑刊),截至2018年4月共出版了第一、二辑。《中国教育口述史(第一辑)》采用小篇幅,并围绕主题展开访谈,访谈对象包括北京师范大学郭齐家教授、浙江大学田正平教授、曲阜师范大学陈信泰教授。另外,傅统先教授、陶愚川教授由于生前没有留下口述资料,由其同仁陆有权教授、陈信泰教授回忆整理成文。陈信泰教授在回忆同仁陶愚川教授时,认为陶教授:

> 别看他不修边幅,但在曲阜师范学院教外语,很快就把学生吸引住了,因为他能讲出东西来。学生对他崇拜到什么程度呢?他在前面走,一批学生就跟在后面学他走路。……陶先生这个钱也不要,那个钱也不要,连出书的稿费也不要。……于是,我就出个主意:成立陶愚川教育基金,用来奖励我校在教育学教学、科研方面有成绩者。陶先生也很赞成,基

金会就成立起来了。这笔基金一直用到现在。①

这位"奇怪"且博学多才的教授,其本人的著述以及相关的资料也非常少,笔者也是从教师的口头讲述中得知。如果没有陈信泰教授为其"申辩",并将其事迹记录下来,那么陶教授的历史便就此终结。这也反映出教育人物口述史在发掘教育人物的生命本真、理解教育人物生命意义方面的重要价值。

《中国教育口述史(第二辑)——罗列教授亲历新闻教育往事回忆》则以中国人民大学罗列教授为主要访谈对象,并由对中国人民大学新闻教育工作的回忆构成,也是属于对在学科建设中发挥奠基与开拓作用的人物的教育口述史研究。

华东师范大学也在教育学科人物口述史方面做出一定的努力。2015年出版的《丽娃记忆:华东师大口述实录》选取27位学者作为口述对象,孙培青教授以对教育学科发展具有突出贡献而入选其中,在访谈中他被问及为何成为一名教育研究者时,他回忆起求学的一次经历:

> 学院为教育系的本科生开了三个专题讲座,都有导师专门讲解专题,讲完专题之后要求我们写研究报告……。由于最后这一年的学习我比较投入,所以这几个专题报告我都比较勤奋,结果这三个报告最终的评议我都是五分。可以说,就是这三个五分的报告激发了我对科研的兴趣,也培养我初步的科研能力。②

孙教授从兴趣出发,走上研究教育之路,从而将一位教育学大家的形象与普通人的价值选择融为一体,使后进者认识到教育学科大家也是贴近生活的芸芸众生,从而拉近了彼此的距离,使其形象更加日常化、生活化。2016年,华东师范大学出版了《丽娃记忆:华东师大

---

① 于述胜主编:《中国教育口述史(第一辑)》,重庆大学出版社2011年版,第227-231页。

② 汤涛主编:《丽娃记忆:华东师大口述实录》,上海三联书店2015年版,第234页。

口述实录（第二辑）》，将华东师范大学教育史学科的"五虎上将"之一、专注于秦汉教育史研究的大家——江铭教授的口述资料选入其中，从而成为华东师范大学乃至于整个中华民族自我认识与集体记忆的重要组成部分。

以上三套书构成目前教育学科人物口述史的主体，为研究教育学科发展、教育人物活动提供了鲜活的史料。此外，地方师范院校也出版了教育学科人物口述史，但尚未形成系列丛书。2012 年韩山师范学院组织出版《叶瑞祥教育口述史》，该书从求学、从教着手，表现了叶瑞祥教授与教育密不可分的关系，并且从其求学经历可一窥新中国成立初期的中等师范教育状况：

> 全面向苏联学习，教育是"全盘苏化"，强调"德智体美劳，五育并重"，在这些背景下，我在韩师三年的学习是接受了全面发展教育。……老师对学生的要求很严格。比如要求学生写作文要老老实实地写，不能弄虚作假。生物老师要求我们对植物的观察都是很细致的。音乐老师要求每人都要试唱。考试是单独考的，避免有人滥竽充数。[①]

叶教授的口述历史，呈现了一个普通师范院校教育学科建设者的形象。虽然重点师范院校的教育学者更加容易得到重视，但普通师范院校也未尝没有贡献卓著的教育学者。教育学科口述史目前限于精力、财力等，只能暂时将注意力集中于教育学科大家、名家，但并不意味着不关注普通教育学科工作者，相反普通教育学科工作者的科研状况、心理历程也许更接近教育学科发展的历史真实。

◇ 2. 其他学科人物口述史

其他学科人物口述史，是除教育学科人物之外的学科人物口述史的统称。此处限于篇幅不得已而为之，但在实际的学科人物口述史

---

① 叶瑞祥口述，吴晓玲、吴芳芳整理：《叶瑞祥教育口述史》，大众文艺出版社 2012 年版，第 2-5 页。

研究中,结合我国目前的学科划分,其他学科人物口述史完全可以成为独立的学科人物口述史,诸如历史学科人物口述史、物理学科人物口述史……当其他学科人物口述史实现真正分化时,学科人物口述史也将会得到极大的发展。目前其他学科人物口述史已经取得一定成果,并形成了系列丛书。

"老科学家学术成长资料采集工程"丛书的编撰工作应该是当代中国有关学科人物口述史工作最有影响力的实践。2009年中国科协向国务院报送的《老科学家学术成长历史资料亟待抢救》受到高度重视。有关领导责成中国科协牵头,联合相关部门共同组织实施老科学家学术成长资料采集工程。这个专门采集老科学家学术成长资料的工程于2010年正式启动。"采集工程"是一项抢救性工程,旨在通过口述访谈、实物采集、录音录像等方法,把反映老科学家学术成长历程的关键事件、重要节点、师承关系等方面的资料保存下来,为深入研究科技人才成长规律、宣传优秀科技人物提供第一手素材。截至2017年12月,已有约480位老科学家接受采集,全国220家单位超过3000位工作人员投入采集工作,采集整理并入藏资料22万余件,其中包括实物近9万件、高清视频5249小时、音频6042小时,为中国现代科技史积累了丰富宝贵的原始资料。[①] 该工程出版成果已逾百,对于研究当代中国科技史、科学家群体史、学科史具有重要意义。如陈学溶是中国现代气象学发展变迁的亲历者与见证者,尤其对中国现代气象事业的早期史迹了解全面而深入,生前被誉为"中国现代气象学史活字典"。陈先生于98岁高龄时接受"老科学家学术成长资料采集工程"的采集工作,与中国科技史领域的学者合作,回忆自己青年时代进入中国气象学领域孜孜求学,此后辗转南北为国家气象事业鞠躬尽瘁,晚年开启中国气象学史研究等人生经历,以其

---

① 张晶晶:《老科学家学术成长资料采集工程:保存珍贵活历史》,载《中国科学报》2017年12月22日,第2版。

在中国气象学界的亲历亲闻与所思所想,为我们留下了20世纪中国民族振兴、科技进步的宝贵历史记忆。①

"20世纪中国科学口述史"丛书尝试选取自然科学领域中的代表人物进行口述访谈,并整理成册,出版发行。这些访谈对象中也曾有受教与施教的经历,但与教育学科人物相比,施教的生涯相对短暂,但作为学科人物口述史的一部分,对于开展相应学科的教育历史研究无疑具有重要帮助。其中天文史学家席泽宗先生的《席泽宗口述自传》,书中回忆其指导研究生的方法:

> 我个人十分推崇胡适所说的"勤、谨、和、缓"的做学问的方法、态度。指导研究生时,通过言传身教,我实际也要求他们这样做。……同时,我认为做学问不能死读书,要多关心身旁的事,要把其他事与自己的研究联系起来。有的人虽然看书很多,但不能融会贯通,触类旁通,也未必能获得成功。因此,我常常对我的研究生说:"处处留心即学问"。②

丛书中的《黄培云口述自传》对黄培云院士做了访谈,作为黄院士的学生——中南大学吕海波教授回忆了黄院士当时的教学场景:

> 我们上课的时候,教室很小,坐在前排的同学可以看见老师的备课本。那时的一堂课是50分钟,黄院长通常一堂课讲45分钟,剩下5分钟我们提问。而我们提问时,发现他备课本上已经没有新的东西了,坐在前排的同学能够看到他翻到有文字的最后一页,后面就是空白页了。也就是说,他既要翻译又要备课还要处理行政,没有时间准备充足后再来给我们上课。当时就是这样的情况,任务很紧急,老师们自己也是在边教边学。③

---

① 王丽媛:《作为历史的科学家记忆——读〈我的气象生涯:陈学溶百岁自述〉》,载《中国科学报》2018年3月26日,第8版。
② 席泽宗口述,郭金海访问整理:《席泽宗口述自传》,湖南教育出版社2011年版,第241页。
③ 黄培云口述,郑艳整理:《黄培云口述自传》,湖南教育出版社2011年版,第203页。

通过这两位自然科学领域学者的口述历史,一方面可以深入了解其个人的成长历程,也能够一窥相关学科发展的历史,还能够通过对比了解不同学科人才培养方式的差异。但需要指出的是,这套丛书的访谈对象主要是中国科学院院士,因而对于我国自然科学的发展状况的反映不一定全面,并且自然科学本身就是极为笼统的概念,因而根据学科分类进行口述历史资料的采集与整理会比较恰当。

"上海市文史档案馆口述历史丛书"作为另一部较为宏大的口述历史丛书,主要以原上海文史馆馆员为对象,采访对象包括绘画、收藏、教育领域的专家学者。其中复旦大学陈绛教授回忆其于1994年退休时针对历史系学生就业问题,提出"扩大学生的知识面,加强基础知识和技能训练(如电脑操作)……课程设置与教学工作,要多在培养通才方面下功夫"[①]。由此可见,陈教授在互联网技术引入我国之初,就已经意识到其巨大的生命力,并且很早就意识到高等教育中的通才培养问题。

台湾地区20世纪80年代开始陆续出版"中研院近代史研究所口述历史系列"丛书,该丛书的视野相对比较开阔,访谈的对象包括台湾地区军事、政治、文化各领域的知名人物,其中属于其他学科人物范畴的包括台湾师范大学刘真先生、贾馥茗先生以及中研院近代史研究所郭廷以先生。这套丛书的最大价值在于为我国的口述历史研究提供了一种范例,并且能够为中国近代史研究提供不同的视角与史料支持。

除了系列丛书外,部分高校也出版了学科人物口述史著作。华中科技大学2005年出版《口述历史——华中科技大学女博导之流金岁月》、清华大学于2008年出版《李方桂先生口述史》、复旦大学于2012年出版《师道 口述历史中的复旦名师文化》,这些著作以个人或以专题形式,选取独特的视角开展学科人物研究,极大地丰富了学科人

---

① 陈绛口述,郭志坤整理:《陈绛口述历史》,上海书店出版社2016年版,第91页。

物口述史的研究范式。

◆ (二) 校长口述史

校长口述史是教育口述史研究中的重要组成部分,甚至应发挥其在教育口述史研究中的引领作用。校长在学校发展中的作用毋庸置疑,一位好的校长能改变一所学校。近代中国高等教育发展的历史已经显示出大学校长在学校治理中的卓越影响。大学校长也是教育史研究中的重要领域,相关研究成果层出不穷。如《中国著名大学校长书系》将近代中国十位具有显著影响力的大学校长列为研究对象,包括北京大学校长蔡元培、清华大学校长梅贻琦、南开大学校长张伯苓、浙江大学校长竺可桢、东南大学校长郭秉文、南洋大学校长唐文治、复旦公学校长马相伯、辅仁大学校长陈垣、金陵大学校长陈裕光、金陵女子大学校长吴贻芳,展现了近代中国大学校长的群像,同时还有像陶行知、陈鹤琴、胡适、梁漱溟、晏阳初、邰爽秋、金海观等大批的校长们都是具有丰富教育思想与实践的教育家。遗憾的是,这些校长们的研究多是以文献研究为主,尽管他们留下了日记、笔记、自传等涉及个人生活史领域的著作,但由于缺少访谈,他们在治理学校过程中的生动鲜活的故事与曲折反复的过程并未能留存于世。新中国建立以来70年的时间里,我国的教育改革发展成效举世瞩目,在各级各类学校中,涌现出了大批杰出的教育领导者,校长是这些教育领导者的主要构成。当前我国正朝着实现"两个一百年"的奋斗目标迈进,教育部长陈宝生在展望未来中国教育发展时指出,2049年建国一百周年的时候,中国教育将稳稳地立于世界教育的中心,引领世界教育发展的潮流;中国将成为世界上人们最向往的留学目的国;对世界教育发展的规则,中国有更大的发言权;中国版的教材、汉语发音的教材,将走向世界。① 因而,开展校长口述史研究不仅有助于回顾过去近 70 年来中国教育改革发展的历史,也有助于为当前和今后一段时间教育改革发展提供经验。

校长口述史的实践在当前已有一定的尝试,大多是个别学校或校长自发组织的个别研究,还没有形成一种学术研究的潮流。从已经出版的成果来看,针对大学校长开展口述历史研究的文章,大多以"某某大学校长口述实录"为题,如《"吾爱吾师,吾更爱真理"——中国科学院院士、复旦大学原校长杨福家口述实录》,讲述杨福家校长的求学以及担任校长的经历。独立出版的口述史书籍在前文已略做交代,但均未以校长主持教育改革为主题,大多数都以个人口述自传生平的形式,将治校经历穿插其中。最有代表性的是华中师范大学原校长、著名历史学家章开沅先生的《章开沅口述自传》(章开沅口述、彭剑整理,北京师范大学出版社 2015 年版),学界称之为"历史学家的口述历史",足见其在口述史领域的影响力,正如《光明日报》专文介绍章开沅与此书:作为当代中国著名历史学家与教育家,章开沅从 20 世纪 40 年代即开始走上历史舞台,历经金陵大学、中原大学、华中大学与华中师范大学,与国内外学术界有着广泛而深入的交流;他还在教学上颇有建树,培养了一大批杰出的历史学者,这些经历都是宝贵的历史财富。章开沅一生历经世变,阅尽沧桑,其丰富阅历,不但能补正史之阙,也能为对民国以来历史感兴趣的读者提供很多掌故,还能以长者的智慧予人以启迪。该书由章开沅口述,尽量保持历史原貌,呈现了晚近中国学术史、教育史与中外文化交流史中的不少生动历史细节,娓娓道来,于不经意间,让读者领略近百年历史剧变。书中收入诸多珍贵图片,既有历史价值,又颇具可读性。② 其中专章论述了章开沅在执掌华中师范大学时的工作,从中可以看出这

---

① 陈宝生:《落实好十九大精神 办好人民满意教育》,载《中国教育报》2017 年 10 月 23 日,第 1 版。
② 1月光明书榜:《章开沅口述自传》,载《光明日报》2016 年 1 月 19 日,第 11 版。

位在当时大胆改革高等教育的校长的个人魄力与独特魅力。

台湾地区中研院近代史研究所出版的《刘真先生访问记录》,讲述其在台湾师范大学担任校长期间对学校采取的建设举措,也反映出大学校长推动学校改革的关键举措:

> 我到师院后,第一要务就是聘请最好的教授以满足学生的求知欲。像陈大齐、梁实秋、杨亮功、刘季洪、田培林……师范学院有十个系,我到校后调动了九个系的系主任。我认为系主任最重要,有了好的系主任,才能聘到好的教授。同时,我觉得师院是以培养师资为主,教授除了要有学问外,亦须具有高尚的品德与丰富的教学经验。①

通过刘真先生的口述回忆录,可以看到其对台湾师范大学大刀阔斧的改革以及治校理念,这比传统单纯文字记述,更能够为后学者借鉴与采纳。

因而,专门组织出版高等教育改革口述史在当前的口述史工作中尤为必要。华中科技大学出版社组织出版"当代中国高等教育改革口述史丛书",便是这方面的努力。目前第一辑计划出版朱九思、章开沅、杨叔子、张楚廷、潘懋元、王义遒、史维祥七位校长的口述史,通过这些校长的口述历史来见证新中国成立之后,特别是改革开放以来,我国一些代表性高校在高等教育改革中的具体举措,并反映当时整个中国高等教育的发展概况,增强社会以及公众对我国高等教育的理解,为当前以及未来高等教育深化改革提供知名校长们的见解。

校长口述史除了大学校长口述史,还应当包括中等职业学校、中小学校长口述史,特别需要对历史悠久、办学成绩优良的中小学校长开展口述历史采集与整理工作。尤其是在全国有显著影响力的高级中学,如中国人民大学附属中学、河北衡水中学、上海中学、北京市第

---

① 刘真口述,胡国台等整理:《刘真先生访问记录》,中研院近代史研究所1993年版,第59页。

四中学、长沙市长郡中学、华中师范大学第一附属中学、华东师范大学第二附属中学、北京师范大学附属实验中学、北京大学附属中学、东北师范大学附属中学、北京市十一学校、长沙市雅礼中学等。这些学校不仅培养的学生在高考中成绩优良,也多是注重学生全面发展的典型学校,为高等学府输送了大批的优秀学子,深得社会公众认可。总结这些知名学校的办学经验,有助于形成中国基础教育改革的基本经验,为中国教育向全球输出发出知名中学校长的声音。遗憾的是,有关中小学校校长的口述史研究少之又少,有巨大的空间亟待口述历史工作者去探索。

中等师范学校作为新中国成立后提升基础教育质量的主导者,不仅为我国培养了大量优秀的基础教育师资,还为高等教育输送了成批的优秀人才。尽管当前中等师范教育在我国已经成为历史,但农村师资不足、师资质量与需求不匹配甚至下滑一直是当前各级师资培养不可回避的问题。为了从历史中汲取解决当前问题的经验,需要重视中等师范学校校长口述史的研究,同时也能够对我国中等师范学校的发展历史做阶段性的历史评价。

◆ (三) 中小学教师口述史

中小学教师是基础教育活动的直接实施者,是我国教师群体中参与教育实践活动数量最多的人员。这一群体在一线教育教学实践中积累了大量经验,也见证了学校的变化发展。对该群体进行口述资料的整理,对了解我国中小学教育教学发展、了解中小学教师群体的心理状态具有重要意义。相对于学科人物、校长,中小学教师是最可能被忽视的群体,他们中间有一大批默默耕耘在教育第一线、只求奉献无问回报的师德楷模,是中国数千年教师形象的继承者。通过对有高尚师德、有仁爱之心、有渊博学识、有理想情操的一线中小学教师群体的口述采访,有助于提升教师地位和弘扬尊师重教的优良传统。

目前出版的关于中小学教师口述史的书籍很少，《我的教师之路——中日中小学教师口述史》选取了我国西江苗寨、边疆小城、乡村等不同地域的 6 位教师和 5 位日本中小学教师作为访谈对象，呈现了两国基层教师的人生经历、职业生涯及教育反思。《中小学教师的三十个口述故事》，由杭州师范大学陈兆肆指导该校 30 位历史师范专业本科生，利用寒暑假的时间，对 30 位基层中小学教师（大多业已退休，最高年龄者为 80 岁）进行口述采访，以了解采访对象受教与施教的人生历程。[①] 这些都对中小学教师口述史研究进行了积极有益的尝试，教师群体的生活状态被越来越多的人关注，这也是教育人物口述史中最能够体现历史研究视野下移的部分。

虽然目前教育人物口述史研究的重心仍在著名教育学者、教育大家、知名校长，但可以看到这种研究视野也在逐渐下移，开始关注普通一线教师的个人教育口述史和学生群体教育口述史。这与整个历史研究的大背景有密切关系。传统历史研究强调宏大叙事，因而关注的焦点高高在上，殊不知宏大背后的细微之处，或许才是历史渐变的根源。同时，历史研究也开始关注边缘群体、少数群体，尤其是社会史在当代的迅速崛起为口述历史研究提供了理论与路径。

通过对学科人物、校长、中小学教师这三类教育人物口述史领域的梳理，从总体上可以看出，教育人物口述史目前还处于起步阶段，无论从访谈对象还是学科建构，抑或是成果呈现方面，都有待提升。就学科人物口述史而言，教育学科口述史相对完善，但采访对象有待于进一步扩展；教育学科人物口述史要打破校际壁垒，开展全国性的教育学科口述史的收集与整理研究工作。而其他学科人物口述史，也亟待分门别类，形成相应的学科人物口述史，开展全国性的工作，同时注重地域特色。校长口述史研究集中于高校校长，对中小学校长关注不够，而曾经在我国一度辉煌的中等师范学校的校长的口述

---

① 陈兆肆编著：《中小学教师的三十个口述故事》，人民出版社 2014 年版，前言。

资料近乎空白。从关注边缘群体出发,对特殊学校校长的口述资料也需要关注。中小学教师口述史发展更加缓慢,需要尽快跟进,从优秀教师入手开展教育口述史资料收集与整理工作。教育人物口述史研究意义显著,却实践不足,需要加强教育口述史工作的宣传力度,尤其是需要专业的教育史学工作者投身到这一学术实践中来,去到教育人物群体中晤谈,从他们的口述中获取活的文献。

二、学校教育口述史

学校教育口述史是指对当前各级各类学校及其改革发展过程的整体或局部进行回忆的口述历史,包括学校课程与教学改革、机构变迁、人才流动、设施增减等。根据教育层次的不同,分为高等教育口述史与基础教育口述史。

◆ (一) 高等教育口述史

高等学校是接受过专业训练的学者的聚集地,不仅有教育口述史研究的发起者与执行者,也是教育口述史研究的主要领域。我国当前的高等教育从建制上可以划分为高等院校与科研院所,同时我国高等教育在民国时期也有过辉煌的办学经历,不少口述作品是对该时期高等教育发展历史的回忆。

◇ 1. 高等院校口述史

高等院校是我国高等教育的主要构成部分,因而研究高等教育口述史,就不可避免从研究高等院校口述史出发。目前大多数高校已经出版了校史,但其中存在的问题在于空疏的文字,使读者无法感受当时鲜活的历史。随着教育口述史的崛起,校史的编撰也逐渐重视口述史料的挖掘,为高等院校口述史的发展提供了良好的契机。

抗战时期为保存教育火种,大批高校内迁。西南联大作为内迁高校的缩影,由北京大学、清华大学和南开大学联合组建,在抗战时期培养了大批人才,为新中国成立初期的各项建设事业提供重要的人才支持,成为我国高等教育的一座丰碑。许多西南联大的校友自觉或不自觉地怀念这段时光,出现大量包含西南联大日常生活、教育教学场景的口述史。何兆武先生在其《上学记》中对西南联大的生活进行详尽的回忆:

> 联大有个大图书馆,每个系也有自己的图书馆,这在战争期间是很难得的。所有图书馆全部开架,学生可以自由进书库,愿意看什么书就看什么书,待上一整天也没人管。有的书看着名字不错就拿出来翻翻,如果觉得没意思,又给搁回去,有的非常感兴趣就借出来,如同浸泡在书的海洋里,那种享受真是美好极了。①

对西南联大的回忆,也会有其他不同的看法。鲁溪(可能为化名)作为当时西南联大的助教,在回忆这段经历时认为:

> 所谓读书,战争期间外国的图书杂志不易运进来,校中原有的书报又因迁校而损失了许多,以致参考书非常缺乏。……至于旁听功课,最初一二年还听了一二课,但是后来好像教授们也耐不下这种贫乏情形,便相继离校出国,各奔前程了。剩下来的少数教授,便连本科的必修科也忙不过来,自无余暇再开研究课了,于是助教们便找不到课听。②

通过两种不同的声音,能够对西南联大的成就做出较为客观的评价,这也与历史研究中的相互佐证相符合。由于这类学校普遍办学时间较短,因而这类口述史对学校发展历史进程的叙述较为集中,有

---

① 何兆武口述,文靖撰写:《上学记(修订版)》,生活·读书·新知三联书店 2008 年版,第 120-121 页。
② 西南联大《除夕副刊》主编:《联大八年》,新星出版社 2013 年版,第 75 页。

助于了解学校发展的全貌,成为学校校史的重要组成部分,《消逝的燕京》《永远的鲁艺》即在此类。但绝大多数高等教育口述史仅将学校教育经历作为其口述史中的一部分进行论述,形成以个人而非以学校发展为主体的口述史。

民国时期的教会大学在推动中国教育近代化的过程中也发挥了重要作用。新中国成立后,通过高等院校的改制,部分教会大学成为新中国新型高校的重要组成部分,对教会大学的口述史研究也在一些高校中展开。如金陵女子大学,作为当时蜚声海内外的著名大学,1915年正式成立并招生,1951年与金陵大学合并为公立金陵大学,次年高校院系调整中在旧址建立南京师范学院。《金女大校友口述史》为纪念金陵女子大学建校100周年而作,集中表现了各界校友对金陵女子大学学习生活的缅怀。其中杰出校友梅若兰女士认为:

> 金女大实行导师制,每八人有一个导师,告诉你如何选课。有两个"姐姐",帮你把床理好,行李用车推来……在成都时我营养不及格,发通知让我每天中午10点到一个地方吃营养餐,好吃又不要钱,吃到体重合格为止。……(那时)学生也少,工作做得很细,衣钵相传是做得到的。(我对学校)有说不出的留恋,终身受益。①

通过金陵女子大学可以了解我国在特定时期女子教育的实施情况,同时也引导后人反思金陵女子大学何以成为神话。其中的缘故不外乎强烈地冲击了男尊女卑的观念,以往对女子读书存在各种偏见,但金陵女子大学培养出来的学生都很优秀,活跃在社会的各个领域。再者,金陵女子大学作为教会大学,诞生了第一位华人女校长,使女子的社会地位得到进一步的提升,同时对当时的收回教育权运动也具有鼓舞作用。

再如文华大学,1903年由美国圣公会(大美圣公会)传教士创立。

---

① 钱焕琦主编:《金女大校友口述史》,南京师范大学出版社2015年版,第333页。

1924年文华大学与武昌博文书院、汉口博学书院大学部合并成立华中大学。1929年由多所教会学校重建新的华中大学。1952年华中大学被撤销,与私立中华大学、广西大学湖北教育学院、南昌大学、华南师范学院、平原师范学院、海南师范高等专科学校合并组建华中高等师范学校,后更名为华中师范学院,现华中师范大学。抗日战争期间,华中大学曾辗转于桂林、大理等地办学。《华大往事——口述实录》中,校友张保贞曾经回忆其随华中大学西迁,在大理喜洲期间的学习生活:

> 1939年在桂质廷教授的带领下,全部女生从桂林出发,借道越南河内首批到达喜洲,得到当地四大家族(严、董、尹、杨)和其他喜洲友好同胞的接待,他们让出祠堂、住房、寺庙(大悲寺)等,使华大师生得到了安心执教、学习和生活之地。①

华中大学,作为华中师范大学前身之一,是当时配合抗战需要内迁的高校之一,并且还有许多历史的见证者,可以通过口述回忆这段鲜活的历史,从而有效地补充了校史的有关内容,也为抗战时期的高等教育研究提供史料。但作为华中师范大学的开端——文华大学,因为年代久远,无法获取相关口述资料。

当前出版的高等学院口述史相关的论著,多是对新中国成立以来的高校办学情况的回忆。为了纪念华北大学(中国人民大学前身)成立55周年,中国人民大学出版社2003年出版的《华实录:华北大学回忆文集》,共收录稿件166篇,约82万字,对华北大学的校史进行了记录,并对收录的校史资料进行归纳、分类和探讨,其中不少是由长者口述,由整理者协助完成。清华大学出版社2011年出版的《清华记忆:清华大学老校友口述历史》,荟萃了26位清华大学老校友的口述访谈,历时四年完成,集中体现了清华大学的百年发展与变革,

---

① 张建平主编:《华大往事——口述实录》,武汉出版社2017版,第51-52页。

内容涉及老校友对国立清华大学、西南联大、新清华建设等各个阶段的亲历及反思,汇集成为百年清华记忆,对于研究清华大学的校史具有重要历史价值。2012年光明日报出版社出版的《讲述:北京师范大学大师名家口述史》,是《北京师范大学校报》"讲述"专栏的结集,该报一直注重大师名家口述历史的收集整理工作,用十余年的时间刊载十余位大师名家的口述史,总字数达60万,可谓成果突出。该口述史收集了启功、顾明远、何兹全、刘家和、陶大镛、黄会林、绍武、黄祖洽、王梓坤、孙儒泳、杨敏如、郑敏、王世强、张静如、王富仁、周桂钿、赵铮等17位大家的口述历史,从多学科、多人物的角度再现了北京师范大学百余年的办学风貌。天津大学出版社2015年出版的《我们从北洋走来——北洋大学校友口述录》,是天津大学为纪念建校120周年对100多位校友的口述访谈与回忆的结集,该书通过校友们的亲身经历,讲述、回忆在北洋大学的学习生活,展现中国近代第一所大学——北洋大学的办学成就,抢救性地收集、整理、挖掘北洋大学校友口述资料、图文资料,丰富了北洋大学校史研究,也为近现代中国高等教育史研究提供了口述史料。上海大学出版社2017年出版的《泮池倾听——上海大学口述实录》,汇集上海大学档案馆采访毛杏云、方梦之、叶志明、周邦新、夏南、钱乃荣、徐龙宝、徐得名、黄宏嘉、程昌钧等十位教授(研究员)的录音、视频、文字对话稿、整理稿及相关照片、实物等资料。西安交通大学出版社2016年出版的《交通大学西迁亲历者口述史 1、2》,通过对几十位交通大学西迁亲历者的口述访谈,再现了新中国成立初期国家在以交通大学为首的高等教育合理布局和科学发展方面的重要决策与实践。正如西安交通大学档案馆馆长贾箭鸣所指出的:"口述史贵在存真,口述的价值在于还原现场,在于更加真切看到人与事,并从中探寻事物发展的规律。这两册口述史图文并茂,娓娓道来,行文质朴,以大量鲜活的事例、脍炙人口的故事和波澜起伏的心路历程,展开了交通大学西迁的历史画卷,深化了我们对于西迁人、西迁精神和西迁道路的认识。我们从中体会到,'胸怀大局,无私奉献,弘扬传统,艰苦创业',正是西迁群体的生动写照,是他们用实际行动乃至毕生努力创造出的丰厚精神财富。这笔精神财富弥足珍贵,来之不易,凸现了社会主义核心价值观,揭示了一流大学的真谛,是实现西安交大使命与愿景的不二法门。今天志在接续薪火勇攀高峰的人们,应该记住西迁前辈的事迹,记住这 16 个字,并赋予其鲜明的时代内涵。"[1]这一观点代表了所有同类大学口述校史的声音。校史研究建立以人为中心的研究模式是对历史与人的尊重的体现,通过学校发展的亲历者回忆学校发展中的方方面面,尤其是对一些重要发展节点以及具体细节的口述回忆,能最直观呈现学校改革发展的过程,同时这些前辈校友们的亲身讲述,无疑能为当代在校大学生以及历届校友传递精神的力量。

◇ 2. 院系所、学科发展口述史

高等院校不仅作为一个整体而存在,其内部也包含众多的二级学院、科系、研究所等机构。在高等院校之外,还存在一些独立的科研院所,如中国科学院水生生物研究所。针对这些院系所,或因历史悠久,或因成绩辉煌,或因纪念,出现一批专注于院系所发展历程的口述历史。尤其是新中国成立以来,我国高等教育经历过初期的高校院系布局调整以及 21 世纪前后的大学合并潮,很多高校、科研院所、系科的历史背景较为复杂,因而也出现一些老牌综合性大学以院系所和学科史为主题的口述历史作品。

《浙江大学新闻传播学科发展口述史》收录近 20 位作者的口述史,他们是浙江大学新闻传播学科中的第一、第二、第三代的师生。他们口述的内容不仅涉及新闻系本身,还涉及了学校的历史,甚至涉及浙江省新闻事业、全国新闻教育的内容,对研究浙江大学新闻传播学科乃至我国新闻学科发展历史有较大的史料价值。《甲子峥嵘弦

---

[1] 房立民主编:《交通大学西迁亲历者口述史1》,西安交通大学出版社 2016 年版,前言。

歌而行——浙江大学信息与电子工程学院60周年院史文集》,通过老照片和回忆文章梳理记录浙江大学信息与电子工程学院的建设、发展历史,以及校友在校的学习体会和专业工作经历,展示该学院在科研、育人等方面的历史过程与文化特征。

天津大学精密仪器与光电子工程学院文化建设丛书《口述精仪(第1辑、第2辑)》,通过采访该学院不同时期、不同学科、不同岗位的院友代表,聆听他们讲述的精仪历史,记录他们的精仪精神,感受他们的精仪情怀。丛书编者认为:这些院友代表,多年学习、生活、工作在精仪学院,为学院发展贡献了青春与热血。他们与遍布全球的所有精仪人一起,践行并传承了"实事求是、精益求精"的学院精神,在致力于服务国家、服务学校的过程中,实现了精仪学院从无到有、从弱到强,直至今日成为汇聚全球学术精英和一流学子的"国家重点学科""国家重点实验室""全国教育系统先进集体""国家教育体制改革试点学院"。通过他们的讲述,我们似乎清晰地看到一辈又一辈精仪人,为了祖国的强盛、社会的发展、人民的幸福,刻苦钻研、追求卓越、孜孜以求、精益求精,书写了一部催人奋进、令人崇敬的奋斗史![1]

2015年是中国农业大学社会学系建系20周年。为了记录其发展历史,总结学科建设的经验,社会学系搜集和整理了该系20年发展的文字资料和口述资料,出版《守望与回望:中国农业大学社会学系口述历史》,作为学生专业认知和学术训练可以依据的重要文献。此书汇集了正在或曾经在社会学系工作的19位老师的口述文本。这既是中国农业大学社会学专业的学科史,也是一个教学与研究机构的学术思想史,更是师生为此投入情感和心血的人生史。它全面展示了中国农业大学社会学系近20年来的关注主题和研究特色,系

---

[1] 《口述精仪》编委会主编:《口述精仪(第1辑)》,天津大学出版社2015年版,封底页。

统地梳理了社会学专业的发展历程。①

台湾地区王聿均先生曾对"中央研究院"近代史研究所初创时的场景进行回忆:

> 近代史研究所筹备处刚成立时,没有地方办公,最早是向台湾大学商借图书馆的顶楼办公,此处原为"中英文教基金会"余屋。……1955年10月,近史所搬到南港,那时候中研院只有史语所的一栋两层楼作为研究室,一共有四个单位(即史语所、数学所、近史所和民族所)的同仁在一起办公,非常拥挤,我和两位同仁挤在同一间研究室,甚至连参考书都没有地方放置。②

这段口述回忆记录了研究所初创时的困窘状态,今昔对比可以更加深刻地理解创业之艰难,对于凝聚力量、鼓舞士气无疑是有帮助的。除了对研究所的回忆以外,还有对学科发展历史的口述回忆。北京大学外国语言文学最早可追溯到成立于1862年的京师同文馆,在漫长的历史发展过程,一批优秀如朱光潜、曹靖华、冯至等教授曾在此任教,为我国培养了一大批优秀的外语人才,也为我国外语教学和研究做出重要贡献。北京大学法语系桂裕芳教授在访谈中曾回忆1952年其所在系调整前后的情况:

> 北大法语师资最强是那个时候,但是工作也很难做,清华的一套教学方法与北大的一套不是合拍的,并且那么多名师在一起,工作比较难做,工资待遇什么的很难摆平……我一开始是跟吴达元做助教,他上课我就坐在后面听。他讲语法,讲完以后给学生布置作业,我来改。改完以后,他看一

---

① 朱启臻主编:《守望与回望:中国农业大学社会学系口述历史》,社会科学文献出版社2015年版,封底页。
② 陈仪深、黄克武等访问:《南港学风——郭廷以和中研院近史所的故事》,九州出版社2013年版,第33页。

遍,看改得对不对,那个时候就是这样,老教员带新教员。①

通过桂裕芳教授的回忆,不仅能够了解北京大学外国语言文学专业的发展状况,而且对于了解新中国成立初期的高校院系调整、高校师资培养等问题都有一定帮助。此外《南大百年物理——口述史》则回顾南京大学物理学科的百年历史以及辉煌的成就。《学路回眸:河南大学外语学院学科发展口述史》用文字与影像等各种方式保存吴雪莉等老一辈教育者在河南大学外语学科建设中的贡献,对传统学院文化精神具有重要引领价值。这些院系所发展口述史,对于提升学科的知名度,唤醒学生的认同感,无疑具有重大帮助。

◆ (二) 基础教育口述史

基础教育是除高等教育之外的其他各级各类教育的统称。基础教育按照层级可以划分为中等教育、初等教育、学前教育;按照内容可以划分为职业教育、师范教育、特殊教育。因而基础教育口述史涵盖内容比较宽泛。作为校史的补充,任何学校都应当重视口述历史资料的收集,但从实施的可行性出发,又必须重视在基础教育方面发挥过突出贡献的学校。结合目前我国基础教育口述史的发展情况,可以将其划分为若干研究主题,开展基础教育口述史研究。

◇ 1. 中小学校口述史

中小学校承担着我国基础教育的重任,为我国基础教育的发展奠定了基础。随着教育理念的更新、教育实践的变化,中小学校园文化建设愈加重要,了解学校历史,无疑会增加学生的认同感、归属感,因而也是校园文化建设不可缺少的一环。中小学生对图片、影像资料的偏爱,为中小学口述史的发展产生了助力。

上海市进才中学由爱国台胞叶根林先生无偿捐资兴建,并于

---

① 王东亮主编:《学路回望——北京大学外国语言文学学科史访谈录》,北京大学出版社2008年版,第65页。

2016 年推出该校建校 10 周年发展口述史。该校校史完整呈现了学校创建、创办、成长和发展的历程,"为进才中学积累了珍贵史料,为浦东发展书写了精彩一页,为魅力上海增添了城市记忆,还为两岸交流留下了难忘佳话。"① 除了这类具有特殊意义的学校之外,我国还有大量具有优秀历史传统的中学、办学成绩优良的学校,需要去开展口述历史研究。

华中师范大学章开沅先生也在其口述自传中回忆其在上小学时的场景:

> 武汉的老师很威严,都带着教鞭。教鞭是竹子做的,前端还用铁皮包裹起来。在讲台上一敲,"啪啪"直响,敲山震虎,令人生畏。不但敲桌子,还经常接触肢体。……(芜湖)襄垣小学的艺术氛围比较浓厚……因为有各种文艺活动,在襄垣小学上学感觉很愉快,不用整天担心手心被打肿。②

通过章开沅先生的回忆,可以了解我国小学初建的教学状况,并从中可以知晓当时的教学形式、教师与学生的关系,从而对上述问题具有更加深刻的理解。在小学产生之前,我国传统的初级教育形式主要为私塾,并且在很长一段时间私塾与小学并行,直到 20 世纪五六十年代私塾才完全消失。因而研究私塾,对于了解我国早期的初等教育具有很大的帮助。目前对私塾生活的回忆也有一些,但欠缺系统性,有待于整理。

◇ 2. 特殊学校口述史

特殊学校在此处具有两层含义:一方面是指针对特殊人群的学校,即身心有缺陷人群或智力超常人群;另一方面是指军事类、公安类等院校。2015 年教育年鉴显示,目前我国有针对特殊人群的学校

---

① 赵国弟主编:《两岸同胞共同文化追求的见证——上海市进才中学口述历史》,复旦大学出版社 2016 年版,序言。

② 章开沅口述,彭剑整理:《章开沅口述自传》,北京师范大学出版社 2015 年版,第 13-14 页。

约 2000 所①,这其中包含一些历史比较悠久、成绩比较显著的学校。南京市聋人学校,创建于 1927 年,是我国第一所国立特殊教育学校,形成聋人从小学、初中、职业高中和普通高中,以及对学生全面实施康复、教育、职业技术培训的完整体系。但尚未有有关该校的口述史,是我国特殊教育的一大损失。针对智力超常人群,中国科技大学于 1978 年正式开办少年班,截止到 2008 年,少年班(包括零零班)共毕业学生 1793 人,其中大多数人已经成为社会各界的中坚力量。②少年班的办学模式为我国办学方式的创新提供重要的思考和借鉴,并且这些毕业学生对其求学经历的回忆也有待于收集。

军事类、公安类院校往往只能看到公开的信息,很难得知曾经生活于其中的师生对学校有哪些情感。中研院近代史研究所采访了三位曾在马尾海军学校求学的学生,了解海军学生的日常生活。其中一位受访者徐学海先生描述当时的海军学校生活:

> 在校没有寒暑假,礼拜天早上要校阅,检查服装,铜扣必须用牙粉刷得亮晶晶,这是唯一可以表现我们精神的地方。校阅完毕还要查看内务。……我在海校记了不少过,几乎濒临开除边缘。那时海军对开除学生并没有任何安排,任由其自生自灭。……这是我觉得学校做得比较苛刻的地方。③

◇ 3. 中等师范学校口述史

中等师范学校曾经是我国中小学师资的摇篮,进入 21 世纪之后逐步被取消。在很长一段时期里,中等师范学校学生都是各初级中学中成绩优异的学生通过中等师范学校招生考试录取的,大部分中师生都成为中小学骨干教师或进一步深造,成为众多领域的佼佼者。

---

① 《中国教育年鉴》编辑部编:《中国教育年鉴(2015)》,人民教育出版社 2015 年版,第 97 页。
② 辛厚文主编:《少年班三十年》,中国科学技术大学出版社 2008 年版,第 82 页。
③ 张力、吴守成、曾金兰访问:《海校学生口述历史》,九州出版社 2013 年版,第 20-21 页。

中师毕业生也非常怀念这段学习经历,撰写了一系列回忆中师的文章。中师毕业生罗燕廷曾回忆其在中师的学习经历:

> 那时的中师是以"培养合格的小学老师"为目的的。小学教学涉及众多学科,除教育学与教育心理学外,中师生还得学习各种自然学科与教学技能。我对粉笔字、毛笔字、辩论、演讲、计算机、钢琴、吉他、素描、水墨、色彩、手工等都有过充分的训练。那时我还参加过文学社、记者站、管乐队等社团。跟其他人一样,参加各种活动,去图书馆看书,每天都忙忙碌碌的。但在这种忙碌中,一代中师生练就了过硬的本领,基本功扎实,口碑好![1]

从罗燕廷的回忆中,可以了解到中等师范生的日常生活场景,从而为研究中等师范学校历史提供鲜活的材料,同时中等师范学校的课程设置、教学方式等内容,也为探索当前师范教育的改革之路提供借鉴。

学校教育口述史的研究范围虽广泛,但发展并不充分。就总体而言,高等教育口述史发展较快,基础教育口述史发展较慢,这主要与研究水平、关注程度有关,并且基础教育中难有百年老校,导致研究的比较价值略低;就局部而言,在高等教育口述史研究中,院系所口述史发展不足。面对国家一流高校、一流学科建设大局,应当重视高等教育口述史、院系所口述史研究,普通高校也应从重视院系所口述史出发,建设优势学科。基础教育口述史应当对具有优良办学传统的学校如中等师范学校,尽快开展相关口述史资料的收集与整理工作。

---

[1] 邹天顺:《教师素质观察:中师毕业生,为什么特别受欢迎——怀念已逝去的中等师范学校》,http://www.sohu.com/a/129658355_648647,2017-03-21/2018-10/11。

三、家庭教育口述史

家庭教育在每个人的成长阶段发挥着不可替代的作用。家庭教育口述史，就是以家庭或家族为对象，长辈对晚辈给予显性或隐性的教育，受教育者或教育者对这种教育进行回忆的口述历史。通常意义上的家庭教育仅指父母对子女的教育，但随着范围的扩大，家庭教育可以衍生出家族教育或宗族教育。因而家庭教育口述史具有了通常意义上的家庭教育口述史（为避免混淆，称之为个体家庭教育口述史）与家族教育口述史（或称宗族教育口述史）之别。

◆（一）个体家庭教育口述史

个体家庭教育口述史，脱胎于我国典型的家庭结构，即以父母子女构成的家庭结构。受到我国传统的"修身、齐家"思想影响，任何教育口述史中都包含口述者本人对其家庭的介绍、对其家庭教育的回忆。台湾师范大学贾馥茗先生曾在回忆录中回忆家庭教育：

> 到我小学毕业后，特别是抗战期间，父亲在家的时间多了，我和父亲成了看书的同道，如果我看的书他也喜欢时，他会拿去看，有时也叫我替他找本书看。在我整个印象中，父亲是我自幼就亲爱、长大后成了心灵相通的人，在做学问方面，我受了父亲很大的影响。
>
> ……由于看到母亲为了做饭忙的不暇喘息，使我早就有了一个观念，认为人对吃饭不应该太挑剔，免的让做饭的人那么辛苦。到现在我自己吃饭力求简单，而且绝不挑嘴，就

是因为从小就有了这个观念。①

同时,个体家庭教育口述史也散见于其他各类个人回忆当中。这主要与家庭教育口述史的特性有关。现代历史流派认为历史由个体来创造,因而任何人都可以有口述史,每个家庭都可以形成家庭教育口述史。但由于比较价值的存在,研究者只能选取其中具有代表性的人物来展现其家庭教育的口述历史。因而家庭教育口述史既可贵、又难得。并且家庭教育的作用更多地体现在个人成长的早期,故而有谚语"江山易改,本性难移",并且个人成长的早期相对于人的全部生命过程,显得非常短暂。家庭教育通常以潜移默化的形式出现,因而描述也会遇到困难,除非其家庭教育的氛围特别浓厚、受到家庭教育的影响特别深刻,否则家庭教育口述史只能散见于个人口述回忆中。艺术家汪观清在回忆中认为母亲为人处世、待人接物的方式对其影响很久远:

> 母亲为人节俭,总是省吃俭用,对他人却很豁达大度。遇有困难的乡邻借钱,她总是有求必应……母亲的这种可贵的品德也一直深深地影响着我。我在乡下陪伴她的时候,偶尔会找些借口,或生日、或节日,往县里打一个电话,出钱包场电影来村播放,或请剧团来演戏,乡民们看得都很开心。②

无论是贾馥茗先生,还是汪观清先生,其个人口述历史中的家庭教育,都采用了接受者的视角,即从父母对其实施家庭教育入手,来探讨家庭教育的问题。但实际上,家庭教育存在某种连续的过程,作为家庭教育的接受者,又会成为施教者。家庭教育的重大价值,可能更在于将上辈的家庭教育传承到下一代,因而家庭教育口述史也包含从接受者到施教者的转变。

---

① 贾馥茗口述,王萍访问,洪慧丽、蔡说丽纪录:《贾馥茗先生访问纪录》,中研院近代史研究所1992年版,第3页。
② 汪观清口述,邢建榕、魏松岩撰稿:《汪观清口述历史》,上海书店出版社2016版,第8页。

随着口述史实践的逐步拓展，不少专业人士开始进入民间从事家史的口述史整理工作，如郝效周老人说："我之所以要做这个口述家史，就是想把好的家风传下去，让后代知道先人的历史。家和才能万事兴。听到看到一些家庭不和睦，我看他们是把好的家风给丢掉了，这个口述家史，我给每个子女都留了一套，就是希望我的子孙后代在生活工作中爱党、敬业、廉洁，做一个对社会有用的人。我觉得，好的家风家规家训，才是真正的传家宝。"在口述家史实录中，高汉三写道："家史是一个人存在的重要平台，是血脉的延伸。而且弘扬中国优秀传统文化，离不开家史。我觉得口述家史对社会是好事，对国家更是好事。"陕西口述史专家乔国庆表示，与老人们自己书写的回忆录不同，"现在制作口述家史时，会运用当代数字化技术，并遵守'口述史'学的专业，规范采集史料的方法，以家庭成员中健在的每一代人的口述为记录主体，同时还用摄像的方法记录下旧址、旧居、文物、文献等，对口述内容加以佐证和补充，让口述家史更完整。所采集的内容既注重家庭成员个人的成长命运，更关注家庭的发展变迁、亲情关系和人生感悟"[①]。口述家史是富有的文化记忆，是家风的传统，是家庭教育的积淀与承继。

◆（二）家族教育口述史

《大学》开篇有云："大学之道，在明明德，在亲民，在止于至善。"讲的是知识分子在社会中发挥影响力的路径。明明德是第一步，《大学》对明明德又做了一番说明："古之欲明明德于天下者，先治其国。欲治其国者，先齐其家。欲齐其家者，先修其身。"就是传统中国社会强调的"修身齐家治国平天下"。家庭教育自古以来就是中国教育体系中非常重要的组成部分。而在传统中国，家庭作为社会的基本细

---

① 雷县鸿、陈伟：《口述家史：从百姓心里流淌出的历史》，载《西安日报》，2016年8月16日，第5版。

胞,是家族关系、姻亲关系、表亲关系的基础,这三重关系构成中国基层社会的根基,在一个大的村落中,户与户之间总能在这三种关系中找到亲属基础。家族教育在维系这些关系中扮演着重要角色,是维系和发展一个家族繁荣兴衰的关键。

家庭教育口述史不仅着眼于一代人的家庭教育,还注重挖掘几代人的家庭教育以及由此产生的家族教育口述史或宗族教育口述史。家族教育往往时间跨度较大,由于我国教育口述史起步较晚,因而关于家族教育的口述资料很少,而且很零散。但家族教育对家庭教育的影响,对与学校教育的配合,对整个社会的教化都具有重要的意义。北京大学汤一介教授,曾对其祖父、父亲以及本人三代人进行口述回忆。汤一介认为其祖父对其父亲的行为处事、求学治学都有很大的影响,"父亲一生淡泊于名利,在解放前他一直是教书,虽任北京大学哲学系主任、文学院院长多年,他都淡然处之。"[1]并且其父亲将这种家风传承下来,在对待其学业上,"父亲对我们的学习很少过问,也很少对我们有什么要求。但是我们可以通过他的为人处事受到教育,例如他对吃、穿等等从来就没有什么特殊要求;他从来没有当着孩子们的面说过别人的坏话,也没有在孩子们面前发过脾气"[2]。良好的家庭教育往往能够保持一个家庭或家族书香鼎盛,子孙后代在待人接物、求学治学、人格品质等方面都能延续家族优良传统,并能继承祖辈衣钵,教书育人,将家庭美德与学校教育结合起来,从而身为世范,行不言之教。

吴喜编著出版的《民国时期云南彝族上层家族口述史》,将以龙云、卢汉为代表的滇东北彝族上层集团后人作为访谈对象,采集龙云、卢汉、安恩浦、龙雨苍、禄国藩等家族后人的口述资料,对研究民国时期滇东北上层家族史、彝族历史、民国时期的云南历史具有较高

---

[1] 汤一介:《我们三代人》,中国大百科全书出版社2016年版,第29页。
[2] 汤一介:《我们三代人》,中国大百科全书出版社2016年版,第281页。

的史料价值。如龙云在执政云南后对其家乡的教育发展给予了大力支持,"如他命令下面筹建炎山高等、初等小学。在选校址、决定学校规模、筹措建校经费等事宜上都亲自过问。另外,他还捐资并倡议修建昭通城南簸箕湾(龙家祠堂)与昭鲁大河交汇处的河道,为昭通十县联合女子中学、昭通女子中学、民众教育馆、昭鲁水利工程都捐过资"①。

　　从当前出版的家族口述史的成果来看,少数民族的家族口述史占据大部分比例,这与汉族家庭结构在当代的变换有关,传统的大家族在中国近代式微,以家族子弟为对象的私塾在新教育模式的冲击下成为历史,单个的以家庭为单位的家族式教育在社会现代化发展过程中无法维系,甚至连基本的家庭教育也逐渐失落,学校成为教育的唯一有显著影响力的场所。还有一部分成果是以民间艺人传承人为主要对象开展的口述史工作,尽管有家史的部分阐述,但涉及家族、家庭教育的并不多,很多传承人并不是以自己的子弟为传承对象,而是一种在自发结成的师承关系中择优挑选手艺最好的人来继承。随着国家对家风的提倡,家庭教育的作用再次被唤起,家庭教育口述史的研究也将迎来新的发展空间。

四、社会教育口述史

社会教育是指利用图书馆、博物馆、科技馆等公共设施对民众实施教育的形式。社会教育口述史研究,则是对在这些公共设施开展施教或受教活动的人开展的口述历史研究活动。社会教育最初

---

① 吴喜编著:《民国时期云南彝族上层家族口述史》,社会科学文献出版社2014年版,第3页。

主要依靠公众演讲等形式开展，但随着社会教育需求的与日俱增，出现了包括民众学校、民众教育馆、图书馆、博物馆、科学馆等在内的社会教育机构，在此基础上形成了相应的社会教育口述史。

◆（一）民众学校口述史

民众学校口述史就对我国近代以来通过民众学校开展社会教育的历史进行口述回忆。广义的民众学校，是指针对不能接受学校教育的成年人开展补偿性的学校式社会教育形式。虽然被称为学校式社会教育，但实际上民众学校的办学多依据受教育者的情况，教学内容灵活变动，教学时间也不等。狭义的民众学校，则是指按民国教育部于1929年颁布的《民众学校大纲》，将此前如补习学校、半日学校等划归于统一的社会教育机构，它将招生对象确定为十二岁至五十岁的失学男女，办学宗旨确定为授予年长失学者知识技能，以使其适应社会生活。中国共产党也在不同时期针对工人、农民，利用冬学、民校等形式，开展社会教育工作，以支持国家建设。

中国共产党在新中国成立之前开办的冬学、民校等社会教育机构，具有发动群众、破除封建迷信、实现男女平等的进步意义。其中《记忆与怀念》一书，对当时妇女夜校的办学形式进行了展示：

> 妇女夜校以读书识字的文化课为主，开始没有固定的课本，就采用公开出版的《梅县民报》副刊《妇女与儿童》为主要内容……结合上课宣传妇女追求解放的道理，提倡男女平等……也讲些浅显的抗日道理和形势，引导她们关心国家大事。①

通过对妇女夜校的口述回忆，一方面了解到近代农村妇女的受教育状况，另一方面也表明妇女夜校作为一种社会教育形式，利用妇女闲暇时间普及男女平等观念，对调动农村生产积极性、巩固抗日教育

---

① 李克平著，中共梅县县委党委研究室编：《回忆与怀念》，2001年，第33页。

统一战线具有重要意义。

新中国成立之后,中国共产党继续领导实施以扫除青壮年文盲为主要特征的社会教育运动,并为此采取了一系列措施,如新中国成立初期开展的识字扫盲运动,"不分性别、不分年龄,只要本人愿意都可以进速成识字班学习……为了推动群众的识字运动的开展,专门发行了速成识字课本。没有教师怎么办,就把社会上一些有文化的人,经过短期培训,成为任课教师"[①],对提高全民族的文化素质具有重要帮助。

民众学校作为社会教育的形式,在不同时期其教育内容也发生相应变化。新中国成立之前,民众学校注重培养民众的国民意识,为统一战线提供坚强后盾,具有强烈的革命意图;新中国成立之后的民众学校注重提高民众文化素养,为社会主义建设储备力量,具有发展意图。

◆(二)民众教育馆口述史

民众教育馆作为我国20世纪二三十年代到新中国成立之前实施社会教育的主要机构,肇始于民国初年的通俗教育馆。随着民国政府的大力推动以及平民教育运动的开展,1932年民国教育部颁发了《民众教育馆暂行规程》,确定了民众教育馆在实施社会教育工作中的地位和作用,成为此后民众教育馆开展社会教育工作的基本遵循。有关数据显示,民众教育馆从1928年的185所、1932年的1003所扩展到1936年的1612所,有力地推动了社会教育的发展。[②]

民众教育馆与学校式社会教育机构——民众学校存在显著差别。民众教育馆作为一种综合性的社会教育机构,能够采用多种灵活的

---

① 政协天津市河东区委员会文史资料委员会编:《天津市河东区文史资料第十七辑》,2005年,第156页。
② 陈礼江:《民众教育馆的回顾与前瞻》,载《教育通讯(汉口)》1939年第2卷第40/41期。

方式，如开辟民众茶社，为民众宣讲生活常识或国家最新状况；兴办民众公园，举办游艺活动，培养民众健康向上精神的文化娱乐活动；开办众筹基金，培养民众储蓄习惯；开设职业介绍所，解决民众就业问题。民众教育馆基本涵盖了所在地区普通民众的多方面需求，采取的教育方式通常是感化和陶冶。通过采用口述的形式对民众教育馆实施社会教育的历史进行研究，就构成了民众教育馆口述史。

一些曾在民教馆生活或学习过的人，曾对民众教育馆有过一些零星片段式的回忆。武静远曾担任省立贵阳民众教育馆馆长，曾回忆当时民众教育馆开展社会教育的情形：

> 夜间，在广场上有打金钱板的，歌词大多是文化组一位姓曲的艺人新编的。自编自唱，唱词新颖，寓教育于娱乐之中，深得好评。电影放映组的负责人是张文海，每周定期免费放映三次，影片都是具有一定教育意义的，每次吸引观众不少。①

可见民众教育馆对丰富民众业余生活、施行社会教育具有一定的贡献。但是对民众教育馆这一历史产物，却存在相互对立的看法。时人在回忆大邑县立民众教育馆时认为：

> 识字教育，按规定（标准工作实施办法）每年至少招收16 岁以上成人或妇女两个班八十人进行扫盲，实际开展极少。至于生计教育中的职业训练、职业补习……更是不敢想象。以此，民教馆在人们心目中，不过是一个休闲娱乐的好去处而已，既未接触多少民众，更谈不上"教育"。②

时人对民众教育馆开展社会教育的成效存在相互对立的观点，使后人能够对民众教育馆实效保持审慎的态度。通过民众教育馆实施

---

① 贵阳市文史资料研究委员会编：《贵阳文史资料选辑第二十三辑（抗战中贵阳文化活动）》，1987 年，第 12 页。

② 大邑县政协文史资料委员会编：《大邑文化今昔——文史资料专集之三》，1999 年，第 77-78 页。

社会教育的举措,对当前开展社会教育工作也具有启示与借鉴意义。

◆ (三)图书馆口述史

我国自古有藏书楼,而未有图书馆。藏书楼主要满足藏书所有者个人或家庭阅读需求,具有明显的对内、对私性质,而图书馆被冠以社会教育的功用可追溯到1919年民国教育部颁布的《全国教育计划书》,该计划书提出图书馆能够"启导学术,其功用等于学校"。伴随高等教育的发展,图书馆呈现出公办图书馆与高校图书馆并存的状况;随着国家文化教育事业发展,在乡村地区也不断推广公共图书室、公共阅览室,引导民众利用闲暇时间学习,从而推进社会教化。网络的快速发展,使得网络图书馆应运而生,对社会教化也产生了一定的影响。在此,图书馆口述史仅关注那些对社会教化具有促进作用的图书馆行为。

古往今来,图书馆实施社会教育主要从增加图书储量、提高图书的可获得性两方面入手。增加图书的储量可以理解为简单的经济问题,而提高图书的可获得性却需要耗费许多心思。提高图书可获得性的举措,包括加强宣传使公众了解图书馆的作用和价值,进而明白读书的意义;提高图书馆的可进入性,鼓励图书馆向大众开放;改善图书查找与检索方式;扩大图书馆的辐射范围,如增加图书馆数量、施行流动图书馆。这些举措虽然都正确,但对了解图书馆的社会教化功能没有太多益处。图书馆口述史就是要将图书馆所发挥的社会教育作用用最佳的方式呈现出来。王蒙曾回忆其年少时在图书馆看书:"一有空,我就去那儿看书,一去就坐到闭馆时分……最初,吸引我的是一批武侠小说……渐渐地,冰心、沈从文、丁玲的书引起了我的阅读兴趣,我越来越热爱文学了。"[①]当代不乏对在图书馆阅读书籍的记忆的追溯,不难发现图书馆确实是培养青少年阅读兴趣的重要

---

① 李昭醇主编:《我与图书馆(第二版)》,广东人民出版社1995年版,第14页。

场所,也是实施社会教化的重要方式。

◆ (四) 博物馆口述史

博物馆虽为今日之名,却有悠久的历史源流。我国古人乐于藏物,书仅为物之一种,其他如画作、器皿等,随着藏书与藏物的分野,形成了不同的机构,但是从其原初出发,其服务的对象只在有限的人群当中,更有甚者将藏物埋于黄土。博物馆的诞生,可谓是人类文明的进步,由私藏转为公藏,也逐渐具有"足资学术之参考,文化之表征"的功能。博物馆是人类文化记忆、传承、创新的重要载体,世界各国都十分重视博物馆的建设及其教育文化作用的发挥,我国也不例外。近年来,随着我国社会经济的快速发展,博物馆事业也蓬勃发展,日趋专业化、现代化,成为政府公共服务体系的重要组成部分。截至 2015 年,全国博物馆总数已经达到了 4065 家,10 年间便增长一倍多。博物馆具有社会教育功能,一方面随着受众范围的逐步扩大,通过直观的感受能够扩大教育的范围;另一方面展品本身所具有的文化烙印配合讲解员的讲述,使博物馆能够使用较为隐蔽的方式实施社会教育。博物馆教育是以实物组成的陈列及其他辅助形式对观众进行的直观教育活动。

口述历史在博物馆中可能存在的最广泛的用途是有关历史的解释,尤其是具备向社会公众提供展览讲解时的社会教育功能。例如,在展览开发的过程中,口述历史可以作为一种有效的资源予以收集。通过口述访谈的形式对亲历者、专家学者、社会公众分别开展口述访谈工作,将他们的口述作为展览的一部分。因为口述历史允许人们表达对他们来说重要的东西,它也可以被有效地用于发展展览主题。从口述历史中提取出来的主题,可能以一种特别有效的方式来吸引访客,因为他们与这些口述历史可能有更深层的联系,使他们能够识别出展览中所经历的体验。

各地教育博物馆逐渐脱离历史类博物馆自成一家,现有的教育博物馆类型包括：孔庙博物馆、科举博物馆、书院博物馆、学校教育博物馆、教育家博物馆、教育文物专题博物馆等。尽管各种类型的教育博物馆不断涌现，但这些博物馆普遍存在规模小、层次低、经费缺、门类杂、功能少、影响弱等问题与困难，而综合性的国家级教育博物馆一直都是空白。我国有中小学生 2 亿多，在校大学生 2400 多万，各类专任教师 1400 多万，却没有一所国家级教育博物馆，这不单与教育大国的身份不相符，更是公共文化服务领域的重大空白。教育博物馆属于专题博物馆，是一个陈列、收藏、研究教育文物的场所，以教育设施、课本、学生作业、教具等文物为教育界提供已经发生或正在发生的教育变革的具体画面。建设国家教育博物馆可弘扬尊师重教的优良传统，进一步加强师德师风建设，促进公众综合素养的提升，更好满足庞大教育群体的公共服务需求。国家教育博物馆还可将丰富珍贵的教育历史文物整合，既可以用现代的展示手段、轻松的体验活动，融合知识性、趣味性和娱乐性，提供直观的、形象的展示空间，传播我国历史上优秀的教育文化理念，以生动、直观的形式展示中国教育光辉灿烂的历史和成就，弘扬中华民族重视教育的优良传统，同时也有助于公众增强民族自豪感、文化自信与文化自觉，使公众了解中国教育存在的过去，既接受了中华传统文化教育，又感受到新中国成立以来，尤其是改革开放后我国教育事业取得的显著成就，进一步增强道路自信、理论自信、制度自信。① 2015 年，周洪宇向全国人大常委会提交《关于尽快建立国家教育博物馆，填补国家级博物馆门类空白的建议》，就是希望国家有关部门早日支持建立教育博物馆，充分发现其社会教育功能。

博物馆口述史研究的问题聚焦在博物馆怎样发挥社会教化功能以及如何更好地发挥社会教化的功能。博物馆实现社会教化功能，

---

① 周洪宇：《关于尽快建立国家教育博物馆，填补国家级博物馆门类空白的建议》，http://www.hongyu-online.com/showinfo.asp?id=11530,2015-3-10。

必须关注人与物、历史与现实之间的沟通,因而实施的形式不能是呆板的,而是生动的。黄道婆纺织技术,传承到今天已经与当时的历史背景远远地剥离开,如果能让这些传承人将自己的讲述与实际操作结合起来,那么便会使社会教育的功效得到提升。随着现代科技如 VR(虚拟现实)技术在博物馆中的运用,绝佳的声音画面效果,将会增强受众的观感与体验,从而将社会教育内化。而通过博物馆口述史采集获得的口述视频、音频资料将是实现这种 VR 技术的基础。

(五)科技馆口述史

博物馆主要集中展示过去之物、社会文化之物,而科技馆则主要展示现代科技成就,更加注重自然科学领域。科技馆全称为科学技术馆,肇始于清末民初的科学馆。科学馆曾一度在"科学救国"思潮的影响下风行一时,各地纷纷建设科学馆。时人认为当时科学馆的职责,主要包括定期出版科学刊物、巡回教学、中学实验辅导、生产与展览科学仪器、组织开展科学考察。① 新中国成立之初,科学馆大部分改建为科学仪器厂。

目前的科技馆与民国科学馆是否有直接的承续关系,尚待研究。但不可否认的是两者都赞扬自然科学的力量,弘扬科学精神;所不同的乃是科学馆注重的只是现代科学、自然科学;而科技馆将科学与技艺紧密地结合在一起,包含了从古到今的技艺,并与当前提倡的"工匠精神"具有紧密联系。科技馆通过展示历史的精湛技艺,呈现当代的科技成就,使受众感受到国家日新月异的变化,对国家未来发展拥有更多期待,增强国家认同感。因而科技馆口述史就是通过口述的方式,采集我国科技馆(科学馆)施行社会教育的资料,以便于更加深刻地理解科技馆在社会教化中的作用。

---

① 政协四川省南溪县委员会编:《南溪县文史资料选辑第八辑》,1983 年,第 55-57 页。

民国时期的知识分子借助民众学校、民众教育馆、图书馆、博物馆、科学馆等社会教育机构,使我国青壮年文盲率有所下降;在抗战时期也达到了维护教育统一战线、凝聚国家力量的目的。在特定的历史阶段,社会教育成为一门显学,形成了略显简陋的社会教育系统,涌现出了余庆棠、陶行知等社会教育家,但战乱导致社会教育只能发挥有限作用。新中国成立之后,国家开展大规模的扫盲运动,此后社会教育的重点转向思想文化道德建设领域,在全社会倡导"八荣八耻""社会主义核心价值观"等。社会教育在当代呈现出泛化的趋势。虽然已经有了继续教育、成人教育,但并不等同于社会教育,社会教育的困境导致社会教育口述史的研究也可能会存在概念不清晰的问题。社会教育的对象是普通大众,社会教育口述史的发展还未真正实现视野下移,目前社会教育口述史的访谈者多为相关社教机构的负责人,而非一般的民众。

五、教育专题口述史

教育专题口述史是在教育口述史的收集资料和研究过程中,以专题为导向形成的口述历史。教育专题口述史以专题展开资料收集与研究,往往能够对普遍关注或长期备受忽视的问题进行深入的研究,弥补相关研究材料的不足,开拓新的研究领域。教育专题口述史一般可以分为重要教育专题口述史与一般教育专题口述史,前者由于关注度比较高,而且容易聚焦或具有重要纪念意义,因此是教育专题口述史研究的重点。

(一) 女子教育口述史

女子教育是我国近代以来教育变革中取得最显著成果的领域。长期以来,在"女子无才便是德"的传统思想影响下,女性被排除在正规的学校教育之外。鸦片战争以降,在西方教育的冲击下,开明的知识分子呼吁为女性提供平等的受教育权。20世纪初,女子教育才在我国逐步确立,经过半个世纪的发展,女子教育在中国发展水平依然十分低下。新中国成立之后,从法律层面规定男女享有同等的受教育权,女子受教育问题才得到几乎彻底的解决。女子教育口述史,就是对女子接受教育的历史进行口述回忆。

女子教育在中国近代兴起的最初阶段,建立有专门的女子学校,男女同校是不被允许的。随着民权意识尤其是女性独立意识的觉醒与高涨,女子学校日渐增多。其中金陵女子大学可谓是当时办学成绩卓著的女子大学,即便如此,还是受到传统观念的影响,女子求学史,也是女子抗争史。金陵女子大学校友章碧云曾对其求学经历进行回忆:

> 我父亲思想好,很开明,立志把我们姊妹几个都供到大学毕业,女的大学毕业还是很少见的。……我母亲没受过什么教育,四德嘛,"女子无才便是德",那时讲究德行。我家公(外公)是个秀才,原来教私塾,……我们家里从来都是念书的,那叫书香人家,几代都是念书的。但我母亲没有念书,我家公讲女孩子念书没有用。①

由此可见,当时女子上大学极其不易,若非有开明的父母,多少优秀的女子被埋没。新中国成立以来,国家大力普及义务教育,女性同男性一样具有同等的受教育权。但在我国边远地区、贫困山区,由

---

① 张李玺主编:《追寻她们的人生——学前和初等教育女性工作者卷》,中国妇女出版社2014年版,第4页。

于经济、文化、家庭等因素,导致女童辍学的情况时有发生。宁夏韦州民族幼儿园常务园长马新兰回忆了这个严峻的事实:

> 学校刚开始时就几间空房子,没有桌椅和教材,都是东借西凑想办法解决的。学校建在一片荒坟地上,什么都没有。一放学,我就带着教师们建围墙、修路,一切都自力更生。但比起硬件来,最大的问题是缺少生源,没有女孩子上学,我们不得不从别的普通学校"借"女生维持生源。女校开学时,只有90名女孩子,3个教学班,6个老师。那时,由于各方面的原因,回族女童上学的很少。有的即使上了小学,到三四年级后也得辍学。因为在回族有着"男女九岁不同堂"的习俗,很多家长觉得女娃娃八九岁时,年龄大了,不方便和男孩子一起上学,就让她们退学回家。针对这种实际情况,我们刚开始只招收四年级以后的女生,并接收其他学校辍学的女童,也就满足了一些家长们的愿望。直到几年后,才开始从小学一年级招女生。回族女孩子上小学难,上初中更是难上加难。大多数家长认为,女娃娃迟早是别人家的人,花钱供读书不划算,能洗衣服做饭就行了,学不学文化无所谓。我只好挨家挨户给家长做工作,讲没有文化的弊端,讲学习成才的例子,还着重讲女子学校只收女生不收男生,请家长们放心。我还请阿訇宣讲《古兰经》中穆斯林"求知"的经文,帮助动员群众送女孩子上学。而另一方面,很多回族女孩子十分渴望上学,以至于采取哭闹、绝食等极端方式和家庭抗争。就拿同心中学的马秀花来说吧,她好不容易小学毕业了,可家里无论如何不让再念了。在老师眼里,她是一位特别优秀的好学生,十分好学,如果不上中学就可惜了,她本人也很想继续学习。最终,她以绝食的方式战胜了父

母,得到了上中学的机会,真的很不容易。①

马校长的这份口述材料是新中国成立初期少数民族地区女子教育状况的一个缩影,即便是在非少数民族地区的偏远农村,在义务教育还没有实施的年代,我国的女子教育所面对的最大问题可能不是基础设施的落后,而是家庭观念的封建残余将女童排除在教育之外。女子教育口述史的意义和价值,就在于保存历史经验教训,了解接受教育之不容易;女子获得受教育权的历史,是一个斗争的历史、奋进的历史,代表了历史研究的视野下移。特别在后现代主义思潮的影响下,对女性的重视程度逐步提升,妇女研究逐渐成为一门显学,女子教育口述史也逐步得到重视。

◆ **(二) 少数民族教育口述史**

与汉族较早出现汉字进而可以凭借文字档案传承历史文化不同的是,我国的少数民族在历史上长期依靠口头叙述来传播本民族的历史与生活。然而在历史上,由于汉文化居于中华民族多元文化的主流,少数民族的口述档案长期受到忽视。国内已有不少学者专注于少数民族口述历史档案的研究工作,云南大学陈子丹教授在其著作中指出:"将传承了数千年之久的民族口传历史记忆加以记录、整理、保存、流传下去,不仅是一个国家或民族建构集体记忆的需要,也是全人类建设社会文明的需要。少数民族口述记忆史'还原'民族历史文化精髓、弥补少数民族文献资料之不足、传承和延续民族记忆,最为有效的方式之一,是研究民族历史文化的重要资料和依据。"②教育作为少数民族生活中的重要组成部分,在很长一段时期是靠口耳相传的方式维系着。有关少数民族教育口述史的内容多是在少数民族口述史的实践中有所包含,专门的少数民族教育口述史的实践也

---

① 马新兰:《回族女性教育是我的使命》,采访时间 2012 年 11 月 6 日,选自武宇林主编:《宁夏回族女教师口述实录》,宁夏人民出版社 2013 年版,第 290-291 页。

② 陈子丹:《少数民族口述历史档案研究》,云南大学出版社 2015 年版,第 3 页。

在很多以民族教育研究为主的学术研究中出现。

北京大学中外妇女研究中心在 20 世纪 90 年代初便着手对宁夏、甘肃、青海等我国西北地区的农村女童教育进行研究,其课题研究成果《创造平等:中国西北女童教育口述史》是我国第一部系统研究少数民族女童教育口述史著作,同时该书也是口述历史规范在教育领域的尝试。正如杨立文教授所指出的:

> 北京大学历史系从 1989 年春开始率先在国内开设"口述史学研究"课程以来,引起学生很大兴趣,参加听课的人越来越多。我们除用主要时间给学生讲授口述史学的理论与方法外,还拨出部分时间让学生从事口述史学实践,就地进行调查采访,收到了很好的效果。1994 年夏,应宁夏教科所的邀请,北大中外妇女问题研究中心派出历史系受过口述史专业训练的学生小分队,由教师率领,与宁夏教科所及全国妇联"春蕾计划"专题片摄制组配合,赴宁南的同心和西吉等县对若干女童教育实验学校进行实地调查采访。在短短半个月时间里,我们冒着暑热炎天,走访了参加女童教育实验学校的校长、教师、女童、家长以及政府主管干部、社会名流和宗教界人士等等,收获很大。我们配备了录音机,事先对被访对象作了初步了解,准备了问卷,研究了谈话与提问方法;访谈中注意创造融洽的气氛,总之一切务求严格按照口述史学应该遵循的方法行事。调查中我们同时也注意尽可能搜集有关的文字资料。在此基础上,我们整理了访问所得,把录音磁带转换成文字稿后再进行加工,写出了几篇文章,同时总结了从实践中摸索到的一些经验,并对西北女童教育口述史一书提出了初步设想。参照我们在宁南地区取得的初步经验,宁夏、甘肃、青海三省区教科所的同志们行动起来,对各自所属地区的女童教育实验学校开展口述访谈。事先他们制定了计划,确定了访问重点,研究了访谈方法,配

备了有关设备。由于他们中多数人平时就常下基层进行调研，原本具备口述访谈经验，这次一开始又明确要求要按照口述史学的方法行事，所以他们的访谈工作在技术上是符合要求的。①

从学术影响来看，《创造平等：中国西北女童教育口述史》无疑是在中国教育口述史研究领域具有标志性意义的著作。该著作不仅选取了中国教育领域具有深刻意义的少数民族女童教育作为主题，还依托北京大学历史学系这样专业的研究机构，在中国口述历史兴起不久的阶段便取得这样专业规范的研究成果，对推动中国教育口述史的学术实践具有重要的引领意义。

北方民族大学宁夏回族女教师发展现状研究团队的研究成果《宁夏回族女教师口述实录》，由"女教师来稿""口述实录""采访稿件"三部分组成。"女教师来稿"是一线回族女教师在访谈之后撰写的有关回族女教师鲜为人知、曲折不凡的成长经历；"口述实录"和"采访稿件"则是课题组有重点地采访各方面有代表性的回族女教师的结果。书中每一位回族女教师的自述或讲述，都是鲜活的一首歌、生动的一首诗，真实地记录着她们的用心用情、春风化雨、师爱无疆，为宁夏教育事业鞠躬尽瘁的点点滴滴，记载着她们自强不息、孜孜追求的年年月月。该书不仅鲜活地记录了宁夏回族女教师的成长经历，也展现了新中国半个多世纪的民族教育及回族女性教育发展的前进步履和骄人硕果。该书不仅是一部宁夏回族女教师的口述史、生活史，宁夏回族女性教育的发展史，更是从回族女性角度所反映的一段弥足珍贵的中国社会变迁史。②

西北民族大学民族教育研究团队完成的《西北地区少数民族教育发展口述史研究》，主要选取西北地区有代表性的民族教育工作者为

---

① 杨立文主编：《创造平等：中国西北女童教育口述史》，民族出版社1995年版，第421页。
② 武宇林主编：《宁夏回族女教师口述实录》，宁夏人民出版社2013年版，第4页。

访谈对象,如蒙古族、藏族、维吾尔族、裕固族等,运用教育口述史的方法,通过几代人的教育经历来反映我国民族教育的发展变迁过程、教育对个人成长的影响,以及在受教育的过程中所体现出的个体认知变化等问题,为我国民族教育相关方面的研究提供了重要的参考资料。①

其他如《女性生存状态透视:广西少数民族女性口述史》中也涉及了壮族妇女的教育口述史资料。另外,我们注意到西南大学、西北大学、西北师范大学、云南大学等关注少数民族教育的研究机构,有众多的博士学位论文、硕士学位论文在研究少数民族教育的过程中,大多采用了田野考察、口述历史方法,对反映少数民族教育的实际情况做了学术贡献。总体而言,少数民族教育口述史虽然已经取得一定的成果,但是还存在研究不充分的问题,具体表现在少数民族研究不充分,人口较多的少数民族教育口述史研究较多,人口较少的少数民族教育口述史研究较少;其次如对回族教育口述史学的研究集中宁夏,而忽视生活在其他地区的回族口述史研究;对少数民族教育口述史的研究对象集中于教师职业,集中于女性,导致研究对象不充分、不全面;对少数民族教育口述史学的研究缺乏局外人的观照,形成了对民族认识的一家之言。

◆(三)侵华教育口述史

日本侵华教育、奴化教育是我国近现代教育史研究的重要组成部分之一,是揭露日本在中国沦陷区实施侵华教育的学术实践。口述历史为研究侵华教育提供了重要方法与史料来源。侵华教育口述史是以日本侵华时期,在我国东北沦陷区及汪伪统治区,以被迫接受奴化教育的人群为研究对象的口述历史。

齐红深教授是日本侵华教育口述史研究的开拓者,长期致力于日

---

① 沙景荣:《西北地区少数民族教育发展口述史研究》,科学出版社2014年版,前言。

本侵华殖民奴化教育的研究,二十多年来走访两万多名日本侵华殖民教育亲历者,整理出长达790万字的口述历史文字资料。其著作有《见证日本侵华殖民教育》《抹杀不了的罪证:日本侵华教育口述史》《我的家在东北松花江上》《满洲奴化教育的经历》等,具有广泛影响力。2005年,他主持的"日本侵华殖民地教育口述历史研究"课题宣告完成,该研究课题搜集到1280位亲历者的口述史料和3000多件历史图片和教科书等实物。齐红深教授介绍,这个课题是国内外第一次大规模运用口述历史的方法,由亲历者通过自己的耳闻目睹和亲身遭遇,揭露日本侵略者配合军事占领、经济掠夺进行奴化教育,摧残中国人民的民族意识和国家观念,妄图毁灭中华文化和民族精神的罪行。口述者如今多是八九十岁的老人。这些口述资料内容丰富,翔实生动,是中国广大民众的历史记忆,属于中华民族非物质文化遗产,具有宝贵的史料价值、社会认识价值和文化价值。[①]《抹杀不了的罪证:日本侵华教育口述史》是该课题研究的系统成果之一,本书收录有《"关东州"教育亲历记》《我在日本人学校上学》《在伪满洲国当教师》《中日师生和中日同学间的关系》《修女院派我当日语教师》等回忆文章,忆述了日本帝国主义在中国进行殖民教育和奴化教育的侵华历史。此外,齐红深教授还出版有《流亡:抗战时期东北流亡学生口述》,通过流亡学生口述的视角再现日本侵华所带来的学生人生轨迹的改变,孙一回忆其所接触到的奴化教育:

> 那时日本人对小学的政策是加强日语学习,加强"日满亲善"、"日满协和",日本与满洲国人是"同文同种"的思想教育,减少或消灭小学生对中国历史的认识。教育学生绝对崇拜日本天皇和伪满皇帝。在升旗或什么会议时要向东京遥拜,向新京遥拜,要唱"满洲国国歌",要把学生全部培养成和日本人"一心一德"的忘记或不知中国为何物的有奴性的

[①] 《〈日本侵华殖民地教育口述历史研究〉完成》,载《兰州日报》,2005年9月20日。

人,这样他们就可以任意奴役他统辖下的伪满国民。①

沈秋农则通过《铁蹄下的江南名城:常熟老人口述日军暴行》一书的部分章节内容,反映华东地区沦陷后日本实施侵华教育的情形。本书征集的一百篇日军暴行口述档案,征访对象遍及城乡,口述内容绝大部分为口述者的亲历亲见,也有少部分是听长辈忆述。这百篇口述档案史料丰富,主题鲜明,文风朴实,记叙生动,除记录日军暴行下人民生命财产蒙受巨大损失,还记载了日军推行奴化教育和建办慰安所的真实情况。该书的出版,意在为中国抗日战争史提供一个地区性的个案资料,这不仅是对侵华日军在常熟暴行的挖掘,也是一部生动的当代人口述档案,它不但对揭露侵华日军在常熟所犯暴行,而且对研究常熟地区的抗日战争乃至整个江苏省的抗日战争均有重要的参考价值。由于口述者大多为耄耋老人,他们既是日本侵华战争的亲历者,更是日军暴行的受害者,对他们的采访征集具有抢救的价值。②

目前侵华教育口述史已经有一些著作,但是绝大多数都与日本侵华口述史糅合在一起,地域也仅限在东北地区,系统反映汪伪统治区的奴化教育情况的口述历史资料还不多见。并并且有些著作在收集侵华口述资料时,问题过于宽泛,采访的对象过于单一,因而侵华教育口述史有待于进一步开拓发展。

◆ (四)高考口述史

新中国成立后,十分重视发展高等教育在经济社会建设中的推动作用。由于20世纪60年代中央对教育制度的调整,特别是"文革"的全面爆发,高考制度被中断达十年之久。在邓小平的主持下,1977年底高考制度得以恢复。

---

① 齐红深编著:《流亡:抗战时期东北流亡学生口述》,大象出版社2008年版,第7页。
② 沈秋农主编:《铁蹄下的江南名城:常熟老人口述日军暴行》,中国社会科学出版社2017年版,封底。

恢复高考是当代中国高等教育史中的重要事件，围绕恢复高考产生了丰富的研究著述。有媒体在对陈来、郭齐勇、景海峰、张其成、邹牧仑合著的《生命的涵养》一书介绍时这样讲道：作者均为"新三届"中大有影响的学人。主流社会对1977级、1978级、1979级大学生这一"新三届"寄予过很大的希望，人们认为这三届大学生网罗了中国的人才，"文革"十年撒落到社会的才俊之士都集中在这三届里了。人们希望，这个既有丰富的中国生活经验，经历过知识饥渴后又解渴了的"新三届"能够把我们的社会带入一个繁荣富足的境地；人们希望，这个"新三届"中能够为我们贡献出大政治家、大文学家、大思想家、大师级学者。① 如今，恢复高考制度已经40多年，因恢复高考而迎来人生命运改变的大学生们，对恢复高考有特殊的感情，并产生了许多回忆记录。

王辉耀等先后出版《那三届：77、78、79级大学生的中国记忆》《那三届：77、78、79级，改革开放的一代人》是这一主题研究的代表性成果。《那三届：77、78、79级大学生的中国记忆》是一部由回忆录、日记、随笔、散文组成的具有鲜明时代特色的私人札记。书中作者均为各界精英，包括知名的企业家、作家、律师、学者、海外华人等，汇集了38位"新三届"学人的励志传奇、成功故事、反思、梦想，呈现了77、78、79级大学生群体的集体记忆。② 《那三届：77、78、79级，改革开放的一代人》则汇集了近70位"新三届"学人的回忆，其中第一卷"高考往事"汇集了刘宏、雷颐、刘海峰、宁稼雨、秦晖、武维华、熊晓鸽、叶兆言七位作者对高考的追忆，第二卷"我的大学"、第三卷"奋斗求索"也有几位作者谈到自己的高考经历。这些著述均反映出高考是那三届大学生人生中最重要的转折点。如历史学者雷颐教授回忆其备战高考和填报志愿的往事时这样描述：

---

① 深圳出版发行集团主管主办：《书香》，内部资料，2012年10月，第12-13页。
② 《那三届：77、78、79级大学生的中国记忆》，载《湖州日报》，2014年12月15日，第A07版。

当时复习很累,夏天的一天,我们家差点失火,因为我复习到半夜,困得睡着了,盖个小毛巾被,那时候就是点蚊香,半夜我呛醒了,毛巾被烧焦了一大块。当时我就决定考文科,凭着我从小喜欢读书,有底子,我知道我考文科肯定能考上。我父亲一直希望我报个理工科,他知道我理工科基础不行,他说,那你先报一个文科吧,他觉得我刚刚复员回来未见得能够考上。高考分数出来,我考了355分,政治98分,满分100分,其实我政治都没怎么复习,我平时喜欢读哲学书籍,对政治特别感兴趣。当时是先考试后报志愿,填志愿时,我父亲就劝我,你能不能今年不上大学,如果你一年的时间好好从头学数理化,我觉得你能考上一个理工大学。当时绝大多数人都那么想,还是希望学数理化,觉得文科就不是什么学问。再说,我父亲本身就是学理工的,他接受的就是科学救国、工业救国,又觉得这是门可以傍身的技术,他们崇拜技术。①

历史学者罗志田教授在回忆自己1977年高考时讲到的备考经历也很有代表性:

由于"时间短、任务重",可算是真正的拼命。每天睡觉也分成两段,一次约睡三个钟头,其余时间基本都坐在窗边的桌前。对面楼里也有一家的小孩正做同样的事,后来其家长说,早就推测我一定考上,因他们几乎就没看见我离开过桌子,颇叹我何以不必睡觉。当然偶尔也要出门请教,记得还去成都二中学习怎样写作文,请教以前教过我二哥的费绍康老师,真如醍醐灌顶,获益良多。考试前又回大队中学上

---

① 王辉耀、苗绿主编:《那三届:77、78、79级,改革开放的一代人》,中国对外翻译出版公司2017年版,第15—16页。

课,自己教作文的段数也突飞猛进。①

相对很多在农村知青点白天务工、夜间复习的下乡知青来说,他能够在自己家里复习是很幸运的。他是被第三志愿四川大学历史系录取的,而第一志愿是成都师范学院的中文高师班,第二志愿是四川师范学院中文系,其原因是"那是长期停招后的第一次(招生),录取不太看志愿,所以我能被第三志愿的重点大学先录取"②。对于恢复高考后的77、78、79级大学生来说,他们作为一个特殊的群体,经历了磨难,也获得了新生,他们的经历对后来者来说是不可复制的,然而他们身上所展现出来的"时不我待""奋发有为""勇挑重担"的精神却是可以被传承的。

关于高考的记忆在很多个人的著述中均有出现,如罗承选作为当时一名参加1977年高考的考生,曾回忆其艰苦的备考过程:

> 我从兴奋和回忆中走出来后,立即投入了紧张的复习,当时离高考仅有40天,女儿只有3个月大,我每天还必须下井上班,而且又不敢请假,害怕考不上被人嘲笑,也怕给领导、同事留下不好的影响。因为当时有人给我泼了冷水……我每天复习到深夜一两点钟,早上六点起床,生火做饭洗尿布,接着再去上班,就这样苦战了一个月。③

这表明当时恢复高考为知识青年带来希望,但是对于大多数人而言观念尚未转变,因而会出现轻视读书求学的行为。并且参加高考的考生还需要面临极大的压力。此后,随着高考制度不断完善和发展,高考口述史出现了一种新的取向,即寻找高考状元作为访谈对象,收集其高考复习备考的经验。

---

① 王辉耀、苗绿主编:《那三届:77、78、79级,改革开放的一代人》,中国对外翻译出版公司2017年版,第119-120页。
② 王辉耀、苗绿主编:《那三届:77、78、79级,改革开放的一代人》,中国对外翻译出版公司2017年版,第120页。
③ 邹放鸣主编:《回忆高考:1977年的那个冬季》,中国矿业大学出版社2007年版,第6页。

> 我的确感到时间太宝贵了,太少了,从不敢浪费光阴。零星时间我安排背诵科目,大块的时间安排理解、思考与计算课目,从而取得了事半功倍的效果。……为了扩大知识面,我认识到要不失时机地充实提高自己。随父母旅游,我不仅欣赏了美丽风光,还沿途写生,提高了画画水平,课余时间还学会打字,自学 BASIC 语言,自己设计程序并上机通过。①

关于1977年恢复高考的回忆散见于学者的文章中,目前尚未有专门的口述工程来做采集工作。对高考状元的学习备考进行回忆,多为一些出版社基于现实商机的考虑,难免会表现出功利化的特征。因而高考口述史应当进一步挖掘对1977年恢复高考相关回忆的研究以及高考发展完善之后不同时代考生心态之变化。

尽管教育口述史在我国不同领域均有所起步,但与美国、英国、澳大利亚等国相比,我国教育口述史工作尚显稚嫩。为加快当前教育口述史建设工作,需要密切关注国外教育口述史的发展动向。国外教育口述史研究以项目为导向,更加关注边缘群体、弱势群体,以及在实践中的运用。美国哥伦比亚大学口述历史中心在起始阶段也非常注重对教育家口述资料的采集,如1984年对美国教育家古德莱德(John I. Goodlad)进行口述资料的搜集,收集的资料包括其在芝加哥大学的研究学习生涯,在加利福尼亚大学教育学院担任院长、教育教学以及课程研究等经历。1951—1971年对哥伦比亚大学教育学院创始人尼古拉斯·默里·巴特勒(Nicholas Murray Butler)与其同事进行访谈,以全面了解其在1902—1945年担任哥伦比亚大学校长的情况。此外,随着口述资料收集的深入和广泛,已经形成以学校为归

---

① 李麟、永福编:《走向博士:中国博士暨中国高考第一名自述》,北岳文艺出版社1998年版,第290-291页。

属的教育人物研究,如科克兰学院项目(Kirkland College project)①。还有针对中国成立的相关研究项目,1969—1971年实施中国传教士项目(China missionaries project),回忆这些传教士在中国的传教活动和教育活动;此外对传统的边缘群体,如黑人群体、女性群体由漠视走向关注,实施了如黑人女性口述历史项目(Black women oral history project)。并且,据哥伦比亚大学口述历史中心的资料显示,口述历史项目主要是由斯宾塞基金会、卡内基公司等支持和发起的,这与我国口述史学的自发行为不同。② 英国、澳大利亚、印度、新西兰等国的口述史研究集中在其他领域内,对教育领域的口述史研究关注甚少,关注的焦点集中在口述史与课堂教学的结合,可见其并未将教育口述资料的采集作为研究的中心,而是将教育作为口述史实践的场域。

---

① 科克兰学院(Kirkland College)成立于1968年,原为一所私立文科女子学院,1978年并入汉密尔顿学院(Hamilton College)。科克兰学院项目(Kirkland College Project)是1977年对曾在科克兰学院学习和工作的理查德·W. 库珀(Richard W. Couper)、米利森特·麦金托什(Millicent Carey McIntosh)、露丝·里纳德(Ruth Rinard)等人开展口述史研究的项目。

② Columbia Center For Oral History: Columbia Center for Oral History Portal, http://oralhistoryportal. cul. columbia. edu/results. php? component _ text = % 22Education. % 22&limit_subject_ t = on&oralhist = true&repository_ code = &advanced = on&start = 80,? / 2018-10-11。

第三章

教育口述史的形式与思考

当代中国口述史主要存在四种形式：口述史、访谈录、回忆录（其中也包含别人记录整理的）、写到人物传记和历史著作中的各种口述史料。① 保尔·汤普逊认为口述史的工作可以通过三种途径来展开：一是对生活经历的单纯叙述；二是收集故事；三是交互分析。教育口述史可资研究的领域众多，依据口述者是否通过与他人晤谈分为口述整理与自传讲述两种。由于路径的不同，教育口述史所呈现出来的形式也是不一样的。教育口述史工作在实施的过程中，是任何口述者自我口述或依据访谈提纲进行对话，进而直接保存口述史料，还是整理者发回文字稿交由口述者审核，在不同的口述史工作实践中表现并不一致，这进而引发一个问题：教育口述史到底是谁的历史？

---

① 程中原：《谈谈口述史的若干问题》，载《扬州大学学报（人文社会科学版）》，2005年第2期。

一、口述教育

口述教育是以录音访谈的形式来整理个人或群体对教育的口头回忆以及对教育实践的个人观点或群体看法的。人是作为独立个体的存在,尽管同时代的个体有同样的生活时代背景,但每一个人在成长过程中却因为环境、教育、个人主观能动性的不同而自成系统。对于那些教育精英来说,他们的生平教育经历与生活可以作为重要的榜样资料来构建,对于普通人而言,他们对于教育的认识间接地也会为理解一个时代的教育提供个体的记忆。

◆ (一)口述教育的形式

在口述整理的教育史范畴内,因为主题的不同呈现不同的口述教育形式,包括教育生平、教育片段、教育事件与教育故事的口述。在教育口述史的家族中,口述整理是主要的形式,也是被业界认可的主要形式。

◇ 1. 口述教育生平

口述历史的基本形式,是个人的生平讲述,即采访人就受访讲述人从小到大的生平经历做出系列提问和采访,所得到的回答,就是生平讲述。[①] 因此,教育口述史的最基本形式之一就是个人生平讲述,即个人教育生平讲述。

个人教育生平讲述,通常是让教育口述历史的受访者讲述自己生平与教育有关的经历、故事以及事件,采访者则通过从与受访者的交流对话寻求被访人物生平经历中有关教育的重要信息。一个人从呱

---

① 陈默:《口述历史门径(实务手册)》,人民出版社2013年版,第15页。

呱落地开始就拥有了与他人不同的教育经历,所以一个人的教育生平讲述往往就是他受采访时讲述的整个人生经历,包括父母的教导、老师的教诲、同学的交往、社会经验的获得等等。尤其要注意影响受访者的某些重要的教育经历或事件,这些均会对一个人的学习与教育产生重要影响,是教育口述史研究人员应重点关注的方面。

每个人都有自己与众不同的教育生平,因此,我们通常所说的教育生平讲述就是个人教育生平讲述,这就要求我们将个人的教育生活与经历的信息收集起来,建立记忆信息库。显而易见,教育口述史是由个人讲述自己的受教育经历,但是由于受访者的记忆、理解等多方面因素的影响,在教育生平讲述的过程中需要教育口述的采访者进行相关工作。采访者需要根据工作的实际目标、程序,在与受访者接触的过程中,不断地与其深入交谈,给予一些刺激,使受访者恢复对某些教育场景或事件的记忆,能够详细地描述当时的实际情况。同时采访者还需具备一定的鉴别能力,把与当时实际不符的记忆剔除,在采访记录过程中,对受访者及内容做出一些必要的解释说明。教育生平讲述实际上是他人对受访者教育历程的整理,采访者才是教育生平讲述的主要操控者。

但是我们应该注意到,教育生平讲述虽然是教育口述史的基本形式,但是其普及程度却相对较低。因为要对一个人进行教育口述史的采访和存档,需要大量的人力和物力,需要采访者有较高的交流和判断真伪能力,因此难度相对较大,难以全面采用。

◇ 2. 口述教育片段

最常见的口述历史,是个人生平的片段讲述,这是口述历史的一种专题形式。[①] 如果把这种观点迁移到教育中来,那么个人教育片段讲述就是对一个人在生命中某段时间的历史进行采访记录。例如,我们想要了解一所大学的历史,可行的办法之一就是采访那些在该

---

① 陈默:《口述历史门径(实务手册)》,人民出版社2013年版,第16页。

校学习过的学生,然后记录整理他们的在校经历、生活记忆以及对学校的认识。比如《清华记忆:清华大学老校友口述历史》主要就是由26位清华校友口述他们在清华大学学习和生活的经历,从而使我们从不同的口述角度来了解清华大学的历史发展。

从某种意义上来看,我们通常所说的教育个人生平讲述也只是受访者对自身教育生涯中的一段或者几段的讲述、回忆与总结。在实际采访过程当中,我们所得到的口述资料通常只是受访者在某一个阶段或者几个阶段发生过的关于教育方面的事情。从实际情况来说,要求一个人口述出自己全面完整的求学生涯和学习经历,这需要受访者有极高的逻辑性和极强的记忆力。对于绝大多数的受访者来说,他们只能对一些重要的教育片段留有深刻印象,能够较为完整全面地口述出教育学习经历的相关片段。再退一步来说,即使受访者能够口述自己全部的教育经历,但由于受访者的生命还没有结束,采访者得到的也只能是受访者个人生平受教育的一些片段。

◇ 3.口述教育事件

◇ 1)历史教育事件的口述

口述史一经出现就受到很多学者的高度关注,出现了许多不同的形式,教育口述史自然也不例外。其中,最重要又最典型的一种形式,就是关于某个重大历史事件的口述历史。比如《中国知青口述史》讲述的就是在"文革"这一特殊历史事件下,城市青年下乡接受劳动改造的历史。这一特殊历史事件必然会对当时参与其中的知识分子产生重大影响,影响他们的教育发展。

历史事件按照不同的分类标准可以形成不同事件等级,比如按照历史事件影响的大小可以分为重大历史事件与一般历史事件;按照历史事件发生的地点,分为国际历史事件与国内历史事件。我们也可以根据这些历史事件对教育产生的影响深度来划分,但是这些教育历史事件无论大小都有一定的历史价值。对于口述的教育事件来说，如果有足够的人力物力，我们应该为这些教育历史事件建立综合的历史档案。

对于教育历史事件的口述史来说，一方面要收集重大教育历史事件的参与者和一些旁观者的口述资料，另一方面，也要注重非重要或隐性教育历史事件的参与者与见证者的口述资料的收集与归整。这类教育历史事件虽然当时没有引起过多的关注，但不代表以后不会产生重大的历史影响。此外，这类隐性的教育历史事件相对来说参与者更多，收集起来可以更加全面。对于教育历史事件的采访者来说，不涉及受访者个人的教育生平的采访，关注的是教育历史事件对个人的某个教育生平片段或某个受教育的历史瞬间的影响，关心的是受访者对他所经历或见证的教育历史事件的看法、记忆与认识。

◇ 2）突发教育事件的口述

突发教育事件的口述史也是教育口述史的一种形式。突发事件，通常是指突然发生，造成或者可能造成严重社会危害，需要采取应急处置措施予以应对的自然灾害、事故灾难、公共卫生事件和社会安全事件。就教育领域来说，突发事件也非常多，比如课堂教学突发事件、校园安全突发事件，等等。这些突发教育事件发生以后，为防止再次发生，要吸取此类事件的教训，这对于教育管理工作者来说具有教育和现实双重意义。通常情况下，这些突发教育事件一发生，便会立即引起人们对某一教育问题的关注，比如"校车安全问题""留美学生遇害事件"，等等。

与教育历史事件不同，突发教育事件的口述历史有相当强的即时性。通常，在突发事件发生以后，应该及时对当事人或见证者展开采访。突发事件不同于一般的历史事件，有一定的时效性。在面对突发性的教育事件时，教育口述史的研究者应着重采访亲历者当时最鲜活的记忆。通常情况下，突发事件发生时，当事人处于突发事件中，很难保持正常的情绪与记忆。当首次采访效果不佳时，可以隔一段时间再进行一次采访或者采访更多的见证者，以保证采访到的是客观的"过去的事实"。

4. 口述教育故事

1) 讲述他人的教育故事

在口述历史的发展过程中,会出现一种特殊形式,即由不同的个体来讲他人的教育故事。对于所要访谈的口述人物,采访者除了对其本人做一些采访外,还会对他身边熟悉的人进行访谈。一方面是因为他们是这些访谈人物生活中的见证者,可以帮助我们更加全面了解访谈人物的成长、经历和思想;另一方面他们的口述本身也是一种从他者角度对访谈人物的解读,有利于采访者对被访对象更加客观地做出判断。总的来说,这些旁观者的证词可以从另一个角度给我们留下口述史料。

在很多情况下,出于种种原因,一些访谈人物可能会遗忘或隐藏一些历史史实,通过他身边工作者的口述资料,可以促使研究者更客观地收集资料,更好地判断口述材料的真实性,确保收集的教育口述历史资料的质量。受访者讲述他人的教育故事,并不一定限于名人,这类教育口述历史的形式,可以对教育口述史的完整性做出很好的补充。在日常生活中,尤其是对于某一门学科来说,围绕学科领军人物往往会产生大量喜闻乐见的教育故事。这些教育故事不仅具有历史性,还具有教育性,成为学科中普遍流行的教育故事,对于了解学科史、学人史均具有较强的生活史价值。

2) 口述史工作者讲述的教育故事

教育口述史料可以弥补文献史料的不足,为教育史研究提供更加丰富、鲜活的资料,进而推动教育史学科建设的进一步发展。教育口述史工作者本身与教育相关的经历、故事与记忆也是一种文献史实,尤其是在开展教育口述史学实践工作的过程中,接触到众多教育学界中的人物群体,在与他们晤谈的过程中获得文献中闻所未闻的教育生活、事件、故事经历,这些均是教育口述史学实践中的额外馈赠。

通常口述史工作者以团队的形式进行工作，他们在收集他人口述资料的同时，自我成长提升的过程也是一种可贵的教育经历，对这种参与口述历史过程的记录将有助于深化教育口述史学理论。

对于教育口述史研究者来说，口述自己团队的研究过程、采访经历与工作感悟，本身也是一种对教育研究口述文献的丰富与累积。教育口述史研究者可以在一段教育口述史的研究之后，通过多种方式记录自己及团队成员的教育口述史的研究过程、研究故事以及研究心得，而这本身就是教育口述历史的一种珍贵的资料。历史学者唐德刚先生便是此间的典范，他是美国哥伦比亚大学口述史研究室的工作人员之一，因对胡适、李宗仁、张学良的口述历史的整理而名噪一时，是非常专业的口述史学先驱。在他的几部著作中，都曾在序言中叙述或专文论述口述历史工作之经过，其价值并不亚于口述历史作品本身。

◆（二）口述教育的特点

◇ 1. 记叙性

口述教育作为教育传播方式的源头，记叙性是其基本的特点，就是通过记忆加叙述的方式直接以声音、录像的形式将史实保存下来，经过整理者转化为史料，构成历史文本的一部分。口述的教育以叙事为主要内容，它所表现出来的人或事，应该是活动的、变化的、曲折的，是一种更容易被人们接受与传递的话语体系，少了书面语言中的晦涩与呆板。应该说这种教育无处不在，无论是有备而来的专门访谈，还是林荫小道的一次偶遇，在口述者的娓娓而谈中都能迸发出口述教育的火花。如当代著名教育家顾明远先生在其教育口述史的著作中对自己中学时代的生活有过这样的记叙：

> 我的中学生活极为丰富多彩，没有现在这种高考的竞争压力，因此学习比较主动、生动。我们学数学，不仅学数学知识，还把它当做一门艺术。我们数学作业本都用最好的道林

纸本,书写特别整齐。高一时上立体几何,把画圆锥体、立方体当做绘画,有阴面阳面,同学之间还互相比较谁画得最好。课外活动也很生动活泼。记得我小时候喜好画画,在我姨夫家阁楼上弄到一本《芥子园画传》,就学起画来,结果班上有许多同学也都画起来了。当时夏鹤龄同学喜好书法和篆刻,于是班上许多同学都练写大字和刻起图章来。为了节省纸墨,我们蘸着水在方砖上写。今天中国书法协会会长沈鹏成为著名的书法家,不能说和那时的兴趣无关。初中二年级时,尹俊华同学从上海转学过来,他是个足球爱好者。从此,班上都踢起足球来。①

从这段口述文字中可以看出,记叙过程中有人物、主题、情节,把当时的中学教育特点反映在了具体的细节中,可以看到一种班级风气形成的因果关系、一位名家在学生时代的兴趣爱好与他今后的成就密切相关。既记叙了自己的教育生平经历,也讲述了他人的成长故事,这种文字正是普通人都在经历的日常生活,并没有什么特别之处,它的教育意义就在于表明名家名师的成长是个人后天努力的结果。

◇ 2. 交互性

在口述史学实践操作程序中,由采访者提供访谈提纲,口述者根据提纲讲述教育历史,采访者根据录音整理成文字稿,发回给口述者补充完善,是一个基本完整的流程。交互性是访谈类教育口述史的核心特点,指的是教育口述史料是由口述者与采访者共同完成的成果,包括访谈的交互性与评估的交互性,在访谈过程中需要设计检验记忆可靠性的问题,需要就口述者可能回避的问题加以发问,在访谈结束后需要借助其他材料证明口述者叙述的信度与效度。

---

① 顾明远口述,李敏谊整理:《顾明远教育口述史》,北京师范大学出版社2007年版,第8-9页。

交互性要求任何访谈都要具有内在的连贯性，必须是一个整体。因此，我们可以借助其他来源材料进行交互检验，这是一个逐步积累材料的过程。① 这就要求在实施访谈前后，采访者应全方位了解被采访者，尽可能占有其他佐证材料，最大限度避免因为受访者的记忆失真与个人立场而出现的伪历史。如唐德刚在谈到做张学良的口述自传回忆录时，张学良认为"写一部回忆录，我讲你写，有什么天大的了不起呢？"而唐德刚则认为，"我估计写他那样一本双语传记，至少要有三年以上的苦功。要有研究计划（Research Project），和专任研究员和专任或兼职助理，有专用研究室，有足够的参考图书，最好还要有专家组织的顾问和襄赞委员会"②。在与张学良进行了三个小时的晤谈之后，唐德刚认为经验告诉他这样的谈话只能算"开个头"，"其后我就去台北'国立中央图书馆'，把该馆所藏有关张氏早年的书籍、档案、新闻纪录，和单篇文章，编了个参考书目，再根据其中要件仔细清查。这对一个七十岁的老童生，实在是个很大的包袱。所幸兴致尚好，终于写出以第一人称的海城张氏的《关内源流》和《关外定居》的两篇草稿，送请少帅增减和更正"③。从中可以看到，唐德刚继承了美国哥伦比亚大学口述史学中的传统，就是会把口述文稿交回给受访者增减和修正，这是口述访谈交互性特征的直接体现。不仅如此，"这时我也曾到张家请益，并把我的底稿送请他过目以便修正"，"张公看了我的草稿之后，虽也不无赞词，但是他说他希望我做第一人称（first person singular），他自己只做提供口述史料的'第三者'"。④ 对于口述历史来说，这样的交互性是以口述传主为核心的，整理者要尽

---

① ［英］保尔·汤普逊：《过去的声音——口述史》，覃方明等译，辽宁教育出版社 2000 年版，第 294-295 页。
② 张学良口述，唐德刚整理：《张学良口述历史》，中国档案出版社 2007 年版，第 12 页。
③ 张学良口述，唐德刚整理：《张学良口述历史》，中国档案出版社 2007 年版，第 15 页。
④ 张学良口述，唐德刚整理：《张学良口述历史》，中国档案出版社 2007 年版，第 16 页。

最大的努力为口述传主提供专业上的支持,共同完成口述自传的写作。

◇ 3. 情感性

口述史作品的流行很大程度上是因为它能够给读者提供情感以及情绪的共鸣。无论是第一人称的讲述还是第三人称的讲述,教育口述史因其故事性、生活化而富有可读性。在口述者的叙述中,很多教育经历具有时代特征,能够引起同时代人的共鸣,尤其是这种具有时代特征的教育生活记忆被特别需要的时候,这种口述历史的作品能够唤醒人们的集体记忆。新中国建立以降70的历史,中国人民在实现中华民族伟大复兴的征程中取得了辉煌的成就,教育在此过程中起到了十分重要的作用。因而,生于斯长于斯的国人,对于教育的个人记忆是国家记忆中的重要组成部分,我们需要从日常生活中去发掘最真实的情感体验。正如保尔·汤普逊所指出的:"精美雅致的历史学概括和社会学理论总是悬浮于普普通通的生活经验之上,而后者恰恰是口述史植根其中的沃土。口述史学家所感受到的这种张力,正是其发展的主要动力所在:它蕴含在历史和真实生活之间。"[①] 无论是家庭教育生活、学校教育生活,还是教育故事、教育事件的讲述中,情感无处不在,在人的记忆中,人们总是善于记住那些影响人的情感情绪的东西。

美国学者诺亚·索贝(Noah W. Sobe)认为当代教育史研究发生了"情绪转向",这种新的学术实践"不再把文化实践、社会制度看成是既定的,而是强调它们的生成性……把琐碎的、日常的、短暂的、随机发生的事实纳入到研究范围,拓展了教育史研究"[②]。教育情感史研究所关注的正是教育口述史所能够提供的材料,可以预见,在教育

[①] [英]保尔·汤普逊:《过去的声音——口述史》,覃方明等译,辽宁教育出版社2000年版,第293页。
[②] [美]诺亚·索贝:《教育史中的情感与情绪研究》,周娜译,载《华东师范大学学报(教育科学版)》,2016年第4期。

口述史实践的影响下，教育情感史会获得第一手的资料，推动教育情感史研究的发展。从已经出版的教育口述史研究作品中可以读到太多这种情感类表达，有的是直接抒情表露，有的则是将情感渗透在字里行间。如在《创造平等：中国西北女童教育口述史》中，无论是校长，还是普通教师、学生，乃至教育行政管理人员，他们对女童教育的讲述，文字中的情感力量是极其惊人的。

◆（三）口述教育的价值

◇ 1. 获取教育史料的新方式

口述史与传统史学的史料获取方式截然不同，它并非从浩如烟海的历史文献中去感知历史，而是通过与历史的亲历者交谈来获取史料。[①] 教育口述史就是通过与教育亲历者的交谈来获取有关教育的历史。这种获取教育史料的新方式是一种面对面交流的方式。

口述史的兴起是历史发展的必然趋势。以文献史料为研究内容的传统研究方法，往往只能关注到上层社会的顶尖人物，但是历史是人民的历史，人民才是推动历史发展的重要驱动力。口述史的对话式的研究方式，使得研究者可以有机会去了解普通大众的心声，口述史的出现就是为了把面对面交流的内容转化成文字，让人们以一种全新的视野来关注历史。同时也应了解，教育口述史的研究者应注意口述不是随机的空谈，研究者必须在研究开始前，建立明确的研究目标，带着问题进行访谈，获取从普通教育文献中无法获取的史料。教育口述史作为研究教育史的新方式，可以将一些教育史实以更生动的方式向大众呈现。

◇ 2. 开拓以人为本的新思路

保尔·汤普逊提出，不少教育家认为工人阶级的言语是其致命的

---

① 于述胜：《中国教育口述史（第1辑）》，重庆大学出版社2011年版，第235页。

障碍,这种抑制因素约束了所有最朴素的思想形式。① 口述史的出现极大程度地打破了这些障碍,将这些记忆深处的思想转换成文字,让所有人都有机会去感受。口述史就是以一个人的记忆去记录历史,教育口述史即以一个人在教育方面的记忆去记录教育历史,以教育故事的方式重现研究者想得到的教育历史。当然,这种个人的教育记忆需要研究者用专业的方法去引导受访者,激起受访者对过去的教育生活最深刻的记忆。

口述史的研究资料来源于人,世界上不会有同样的两片树叶,所以人作为一个独立的生命体,也各有不同。有一些记忆可能是不为人知的,受访者能否在采访者的引导下说出这些故事,这需要采访者做好足够的准备,真诚地与受访者交流,尊重受访者的意愿,学会与受访者交往,坦诚相交,从而获得最真实的历史回忆。同时要有鉴伪取真的意识,结合其他手段,对受访者的言语进行严密的考察,唤醒受访者内心深处的记忆,得到最可靠的教育史实资料,丰富教育史学的研究。

保尔·汤普逊还曾说过:口述史是围绕着人民而构建起来的历史。它为历史本身带来了活力,也拓宽了历史的范围。英雄不仅可以来自领袖人物,也可以来自许多默默无闻的人们。它促使师生成为合作伙伴。它把历史引入共同体,又从共同体中引出了历史。② 教育史也是人民的教育史,在教育口述史的研究中,我们要注重以人为本,研究者应与受访者一同探求历史的真谛,发挥教育口述史在教育史发展中不可替代的价值。

---

① [英]保尔·汤普逊:《过去的声音——口述史》,覃方明等译,辽宁教育出版社 2000 年版,第 21 页。
② [英]保尔·汤普逊:《过去的声音——口述史》,覃方明等译,辽宁教育出版社 2000 年版,第 24 页。

二、教育自传

自传是自传作者解释自我、建构自我、表达自我认同的一种古老而又现代的文类。① 通常是一个人将自己生命中的一些"过去"写成文字、编辑成书,并最终出版流通的文献。长期以来,自传都被看成一种文学形式,但是对历史研究者而言,自传是一个人对自己过去经历事件的回忆,是十分重要的历史资料。一些教育家或名人的自传里都或多或少包含着自己的教育经历,这些对自身教育的回忆也是教育口述史的一种重要形式。虽然教育自传都来源于作者的回忆,但是文本的内容是作者与社会互动的结果。教育自传的内容就是作者对教育经历的回忆,在社会的价值规范中进行。教育自传是个人自己讲述自己的教育故事,受到社会价值观的认同,并最终成为一种教育记忆。但教育自传并不一定是由传主本人书写,有些自传也会由他人代为整理,可以是第一人称,也可以是第三人称讲述的教育故事。

◆ (一) 教育自传的形式

教育自传因文本格式、表述方式、讲述内容等的不同,其组织形式也丰富多样,最常见的形式有教育自述、教育日志、教育访谈录以及教育回忆录。

◇ 1. 教育自述

自述,顾名思义就是自己陈述,即自述者本人以第一人称的方式讲述自己亲身经历的某件事以及对此的感受。因而,对于教育自述,

---

① 吴康茹:《论萨特自传和访谈录中的自我形塑》,载《首都师范大学学报(社会科学版)》,2015年第2期。

我们很自然地就可以理解为是自述者讲述关于自己的教育经历或教育感悟。自述作为自传的一种重要形式，受到很多教育大家的青睐，著作颇丰。比如胡适的《四十自述》，主要口述了胡适本人求学的经历，相较于其他书籍的整理，本书更能体现胡适求学时的真实情景与心路历程，对胡适的求学心路有了更好的细节把握，补充了传统史料的不足。再比如梁漱溟的《自述五种》，书中详细叙述了梁漱溟的自学、思想的变化、乡村教育建设工作等经历，内容翔实，从梁漱溟本人的角度述写，更贴近真实的历史情景，避免了他人撰述带来的论述上的偏差。通常而言，这种自述就是自述者本人同时向社会传达两种记忆关系，第一种是个人与他人的关系，第二种是个人与所处时代的关系。教育自述也是如此，首先，教育自述者会倾向于展示自己在学习生涯中所遇到的老师、指导者甚至包括父母，在与他人的交往中获得所需的知识以及情感熏陶。其次，教育自述者会通过各种宏观背景与生活细节来讲述自己的教育历程与所处时代背景的关系。胡适与梁漱溟均是在国家危难的时刻，发奋勤学，努力为祖国的教育事业贡献力量，实现自己教育救国的信念与理想。从这些教育自述之中，我们不仅能得到关于这些教育大家的历史生活的细节，而且也向公众披露了大量的历史事实，给历史研究者提供了更为丰富的史实资料。我们也可以这么理解，教育自述实际上是一种保持原生回忆的有效方式，为当代以及后世提供了宝贵的研究资料。

◇ 2. 教育日志

日志，长久以来都被历史研究者作为一种重要的史学资料进行研究，很多以编年叙事为特征的日志由此产生。教育日志同样也不例外。这里的教育日志不仅仅是一种以时间为记叙体例的史学著作，更重要的是由从事教育工作的研究者在教育过程中记录自己每日或是一段时间的生活经历与工作情况，其每日内容较短且篇幅不一，但时间跨度较长，通常可达几年甚至几十年。陶行知在其《陶行知日志》中，记叙了自己自1936年到1946年的每日所做，虽然有时仅仅几个字,却将其每日的工作和人际关系甚至是生活中的重要经历全部表述出来。通过日志,研究者对陶行知的研究更加深入,掌握史料更加充实。日志作为日常的常规记录,其真实性无疑是相当高的,也可以纠正一些其他的史实错误。相较于自述,教育日志将人们带入了一个更为真实的"历史场景",这种场景就像是一场电影,通过教育日志,研究者可以更好地进入到日志者本人的日常生活中,更贴近当时的时代背景,通过这样的教育历史场景的走入,研究者能得到更真实的教育历史还原。这样的教育日志实质上是日志者的教育经历的一种长时间的每日记录,相较于其他自传形式,日志因其每天记录的特殊性更好地避免了因记忆丢失或记忆错觉等因素带来的史实有误的问题。教育日志所记述的不仅仅是一个人的教育经历与工作,同样的,世界上没有完全不同的两片树叶,那个时代的人们必然在受教育或教育的宏观上存在着共性,深度剖析教育日志,把其作为历史的缩影进行研究,可推进对教育历史研究的重述工作的发展,提高历史的生动性,日志者可以更真实地浮现在当今人们的脑海,补充传统史料刻板性的不足。

◇ 3. 教育访谈录

教育访谈录是以教育为主题的访谈录。近年来,很多历史研究者已将其列为自传的一种重要形式。目前的教育访谈录主要是记录与教育名家的对话,追随教育名家的脚步,了解这个时代背景下教育的发展,并通过访谈撰写成稿,为当代以及后世留下珍贵的史实资料。常见的教育访谈录是由采访者针对一个教育问题、教育研究、教育经历或是教育思想对教育名家进行提问,并加以记录,一问一答,问题和答案都尽可能全面地展现,尤其是回答者的内容,尽量不修改,避免表达错误,影响访谈的真实性。当前,由于科学技术的发展,信息化时代的到来,对教育行政领导、教育名家、名师的访谈录也日益增多,比如,《李岚清教育访谈录》《教育的承诺:朱永新教育访谈录》《乐为教育鼓与呼——周洪宇教授访谈录》《教育局长访谈录》《百名校长访谈录》《培养未来领袖·引领积极改变:中国大学生领导力教育访谈录》《超越的使命:教育专家访谈录》《教育、权力与个人经历:当代西方批判教育家访谈录》等。哈佛大学的哈瑞·刘易斯教授针对大学中的通识教育、教学改革与管理的问题,在访谈中做了详细的回答,讲述了哈佛大学开展通识教育的内容、理念、价值和使命,他认为大学教育的卓越灵魂能使世界更美好、人民更幸福。① 再比如,对当代分析派教育哲学代表约翰·怀特教授的关于教育目的的访谈,访谈中,我们可以深刻理解其对教育目的及对教育改革的看法和观点,此访谈可以使国内学者更真切地跟踪了解怀特教授的学术轨迹、人生各阶段思想的发展及其研究兴趣的最新变化。② 这不仅为教育改革的发展提供了借鉴,同时也有利于对怀特教授本人的教育发展进行探讨。教育访谈录虽然是以访谈的形式出现,却对受访者的回答进行了原貌呈现,受访者的回答实际上是受访者的一种自我叙述,回答过程中,受访者经常会从问题中勾起个人对其个人经历的回忆,而这些弥补了教育自传的一些空缺,毕竟不是所有的教育家都会去撰写日志或自述,但访谈录给了研究者进一步了解他们的机会,因此,教育访谈录是教育自传不可或缺的部分。

◇ 4. 教育回忆录

回忆录是以亲历、亲见、亲闻、亲感的名义回忆的(包括写作、口述等方式),让他人相信回忆内容在过去确实发生过的作品。③ 由此我们可以看出,回忆录的首要条件就是亲闻亲历,它是作者对过去自身经历与感受的一种真实写照。教育回忆录,顾名思义,就是回忆者本人对自己的教育经历与感悟的讲述,这种讲述通常是对一段经历

---

① 崔金贵:《大学的卓越灵魂:通识教育、教学改革与管理——哈佛大学哈佛学院前院长哈瑞·刘易斯教授访谈录》,载《高校教育管理》,2014 年第 4 期。
② 赵显通:《再谈教育目的——约翰·怀特教授访谈录》,载《高等教育研究》,2016 年第 2 期。
③ 廖久明:《回忆录的定义、价值及使用态度与方法》,载《当代文坛》,2018 年第 1 期。

的回忆,包含回忆者诸多感情。虽然回忆录看起来是在给读者讲故事,但是,我们要认识到,回忆录并不是一种文学作品,它撰写的是回忆者自身的经历,回忆是主要的述写来源。由于是一种回忆,回忆录便不同于文学作品,其以真实性作为首要特点,可以作为历史发展最直接的证词。我们可以这么说,回忆录在历史研究中,弥补了档案史料的一些空白,纠正了一些史实错误,其存在价值也就不言而喻了。回忆录在第二次世界大战后兴盛,受到很多历史研究者的追捧,很多名人也开始热衷于撰写自己的回忆录,其中不乏教育名家的回忆录,为21世纪今天的教育历史的研究提供了丰富的史实资料。

(二)教育自传的特点

1. 传主讲述自己的故事

口述自传是口述者讲述自己的故事,可以是自己撰写,也可以是自己口述他人整理。教育自传也是如此。对于教育自传来说,口述者一方面承担回忆、梳理的工作,另一方面负责撰写文字的工作。在某种程度上,教育自传也因此避免了由他人采访而带来的表达有误或史实有误的情况,大大提高了教育自传撰写的时效性、口述史料的真实性和可靠性,可以更加清晰地表达口述者本人的历史经历和字里行间的真情实感。

比如,近代著名教育史学家舒新城撰写的《我和教育:三十五年教育生活史(1893—1928)》,堪称教育自传的范式之作。舒新城作为一代教育名家,一生著述丰硕,也曾领导中国的"新教育运动",尽管新教育无疾而终,但舒新城本人在教育史领域所做出的贡献却是毋庸置疑的。《我和教育》一书于1946年首印,2016年重新出版,被视为"绝版七十余年的珍稀民国教育史料",引起极大关注,被《新京报》书评周刊选为2016年度教育类年度好书。该书分为"学生生活""教师生活""教育著述生活"等部分。在描述所受的教育时,舒新城对于少时的学塾及书院生活有着动情的笔墨。他写儿时的家庭式学塾,置身于山林之间,读书声与倦飞而还的鸟声相唱和,"这样的日课,是我们最愉快最自然的工作"。学塾附近有参天的松柏,常绿的修竹,更有不知名的乔木和野草。"每当春暖风和的时候,百花怒放,百鸟婉转,我们一些天真的孩子们都为这花香和鸟语所陶醉,而每于午餐后效宰我之昼寝。先生虽为孔子之徒,但对我们这些宰我尚不以朽木相讥,有时且和我们同样地梦见周公;且于日晖从西边斜射到我们书桌上的时候,常率我们去林中采菌采笋,以为佐餐之资。"

陆费逵先生在《陆费逵自述》中讲述了自己在中华书局担任总经理的30年经历,并详细叙述了自己对于教育的种种主张,对于义务教育的发展,职业教育的并重,都言之凿凿,既反映了当时的社会现状,也体现了一个教育家对教育的深切关怀。又如陶行知的日志,日志记载了陶行知从1936年到1946年十年间的生活工作经历,内容丰富,使我们更深层次地了解陶行知本人以及那个时代的教育发展历程。

◇ 2. 研究视角的不断开拓

一个合格的教育自传者,是在教育理论与实践领域均有所建树的名家,既是一位行动者,更是一位思想者,这样才能突破自传的个体意义并富有时代的影响力。首先自传者本身要对教育这一领域有很深刻的认识和见解,并且拥有丰富的教育教学经历。对于教育自传来说,自传者的水平直接影响教育自传的内容,一位对教育有很深刻认识与见解,并且教育教学经历丰富的人,能丰富教育自传的内容。其次要有很强的理解能力,有一定的写作经验,能够非常好地叙述自己的教育故事。因为教育自传者本身就是一位作者,要求能够逻辑清晰、条理分明地叙事。最后还要对教育口述史的研究感兴趣,有很强的创作欲望。如果对教育口述史的研究不感兴趣,这样的讲述者怎么能够讲好讲活教育自传?

教育自传最大限度地实现了自传主体的主导作用,弥补了教育口述史中讲述者无法完全表达自己看法的缺陷。口述自传使得口述对象不仅表达了自己的想法或声音,还可以从全局来控制教育自传的发展。自传中的采访者要承担整理和避免内容跑题的工作。

当前,教育自传的研究视角也不再局限于教育大家,而开始逐渐聚焦于一些普通民众。普通民众开始以第一人称出现在教育自传中,虽然实际上他们依旧是口述者,在采访过程中更大限度地实现了口述自传的主体地位,降低了讲述者的口述最终会变形的风险,最大可能地还原了教育史实。多样的研究视角,使教育口述史变得更加鲜活,可以更加鲜明地刻画口述自传的主体对象。

◇ 3. 从研究细节寻求历史真谛

传统的史学研究倾向于从已有的历史文献中寻求史料,而这些文献不免夹杂着其作者的情感和看法,研究者很难从这种既定的结论中还原一些史实。而口述史之所以是一种与众不同的研究方法,主要在于它跳脱出了原有的研究模式,由历史的见证者口述,说出他们最真实的看法,这些口述自传的传主本身就是历史人物,口述自传的方式使得研究者能更加了解这些历史人物的性格,以一种更丰富的视角去审视历史人物和历史事件。口述自传的这一特性迁移到教育口述史中同样可行,教育自传使我们不仅看到了这些著名教育大家的丰厚研究成果和历史贡献,也可以从更深层次挖掘他们的人物特性,充实研究内容。

教育自传从宏观上挖掘教育历史的发展趋向,除了可以把握历史发展的大脉络外,还对重要教育人物及普通民众的教育生活的日常细节予以重视,关注小人物的命运和大人物背后的故事,从这些细节里展现更生动的人物形象,凸显教育历史的研究真谛,实现教育口述史研究的价值追求。

◆ (三) 教育自传的价值

教育自传是传主本人在助手或团队的协助下,通过回忆的方式来讲述自己的教育生涯的发展。个人的教育记忆成为教育口述史的载体,教育自传也就尤为突出个体性。教育自传的内容是传主自己的亲身经历和感受。由于每个人的性格、气质、生活环境、社会角色不同,以及价值观、人生观、世界观有差异,他们在面对重大事件时也会有不同的看法,这就使得不同的教育自传有着不同的讲述重点和讲述视角。不同的教育自传也因此能反映教育历史发展的曲折性和复杂性。

口述自传的主体通过对自己教育记忆的讲述,可以迅速把研究者和读者带入历史环境中,使阅读者可以获得更直观的历史感受。教育口述自传向大众传递了一种个人体验,使教育历史更加生动地出现在读者眼前,给予读者更多的想象空间。教育自传里的主体对过去故事的叙述,通常会夹杂着当时的语言、动作、语气以及当时的内心活动,传递更加丰富的教育历史信息。"在这种时空的相互交错与融合中,那些被隐藏于历史背后的个人思想与情感都被唤起和呈现;那些潜藏的记忆、心态与经验就有可能被调查者捕捉到。这正是口述史的精彩之处,它能让我们从经验层面来把握人们在面对一场社会变迁时,世界观与心态的深刻变化。[①] 所以,教育自传一般由个人回忆历史,并作为主导者亲自参与书籍的撰写或指导。自传的方式也减少了研究者在研究过程中因某种原因对某些史实避而不谈的问题出现。

我们要认识到,教育自传所代表的个人记忆并不完全等同于历史。人们都希望通过历史来证明自己的存在,历史是自我肯定的工具和方式。人的记忆是十分复杂的,经过长期的积淀,在当下讲述自己过去的历史时,因为环境、情感、空间等的影响,难免会在讲述中将记忆与想象混合。当教育自传的主体呈现自己的教育记忆时,其中已包括了自己因岁月积淀而产生的对过去故事的新的回顾、反思、选

---

① 张原:《口述历史:社会生活的历史闪现》,载《西南民族大学学报(人文社科版)》,2008年第5期。

择甚至逃避。教育事实源于过去,而对教育的价值认识受当下环境的影响。所以我们在阅读这部分史料时,要能够结合当时的社会现状及自传者本人撰述时的心理状态,综合分析,提高史料的真实性。

三、谁的历史

◆（一）谁来回忆与谁被回忆

教育口述史从形式上而言,可以分教育口述和教育自传两类。教育口述主要是采访人根据特定目的选择受访者进行访谈,得到关于别人的生平讲述,整理撰写成文字。教育自传主要是传主根据自己的意愿讲述自己关于教育的回忆,并亲自撰写完成其口述著作。教育自传比教育口述有更强的自主性和能动性,但是教育口述比教育自传更系统、更规范,更便于研究和查找史实资料。但归根结底,他们都是被社会回忆的人,社会赋予了他们讲述过去、解释过去的权利。

从整体而言,教育口述的回忆对象范围较广,从著名的教育大家到普通民众都有涉猎,口述的内容和形式较为丰富。就回忆对象来说,总体上是男性多于女性。女性作为回忆对象的口述史,无论是教育领域还是其他研究领域,受传统文化的影响,其研究所占比例是明显不足的,随着当代性别研究尤其是女性研究热潮逐渐显现,关于女性的口述史研究将有可能成为教育口述史的回忆对象的主体组成部分,成为教育乃至全部口述史研究的热点之一。教育自传的回忆对象类型相对比较单一,目前而言,多是资深的教育名家或是领导过教育工作的领导、知名校长。一方面,这些资深的教育名家和教育领导者有着丰富的教育阅历,在教育实践与理论领域均有着深厚的造诣,他们对教育的理解对个人的教育发展与社会的教育变革都有着重要的指导意义。另一方面,自传是个人述写自己的历史回忆,因此,自传需要传主能够有较强的逻辑能力、记忆力以及一定的写作能力,普通民众很难做到这一点。21世纪以来,我国的教育获得突飞猛进式的发展,高等教育录取率从1977年恢复高考的4.8%跃升为2015年的74.3%,可以预见,国民教育素质的大幅提升必将催生公众教育史学的巨大市场,为教育自传类的回忆作品提供现实需要的土壤。同时,随着"数字原住民"一代的逐步成长,具有自媒体、微时代特征的新公民将创造属于自己的教育记忆。教育自传的叙述主体逐渐下移与扩张,内容更加趋向具体、微观的教育生活,多媒体设备已经充斥在社会生活的方方面面,更多的人喜欢拿起手中的设备去记录生活,并第一时间通过互联网共享在全球网络社区中,这些都为口述史提供了丰富的史料。可以说,教育口述史对教育领域中每一个参与者都是开放的,每个人都可以为自己的教育记忆发出自己的声音。

虽然每个人的经历、认识与感悟都有一定的口述价值,然而由于人力物力的局限性,口述研究者往往会选择对社会教育有特殊意义的人作为口述对象。这些被口述研究者选定的口述对象就是口述史中"被回忆的人"。对于教育口述史来说也是如此。教育口述史中"被回忆的人"绝大多数都是在教育领域有着广泛影响力、教育理论思想认识超前、教育教学实践经验丰富的教育名家,或是经历过教育大事件、有特殊教育感悟的人,又或是亟待社会关注的教育群体。这些"被回忆的人"通过回忆他们自身的教育经历、教育故事与教育感悟来还原"过去的事实"。

在每一部教育口述史的著作中,从口述者的字里行间,每一个阅读者都可以深刻体会自己本人与其他人和社会的互动。我们除了能够了解到每一件事情的发生、发展外,更能够感受到这些被回忆的事件背后所隐藏的丰富、真实且动人的情感。虽然教育口述和教育自传的主体存在差异,撰写的形式也有很多不同,通过书籍表达的主体意识也不尽相同,但它们代表的都是一种记忆,一种既属于个人又属于社会的记忆。这些人之所以能够进行这种回忆是因为他们都是被社会所回忆的,社会选择了他们并赋予了他们解释过去的权利。在同样的社会背景下,教育口述史的书写有其特定的动机,这些动机间存在着或多或少的差距。这个差距,由深入分析个案(譬如,同一人物的传记、自传和口述历史)的内涵,我们可以更加深入理解教育口述历史的社会记忆本质。①

◆ (二)谁的历史与口述历史

马克思指出:"人们自己创造自己的历史,但是他们并不是随心所欲地创造,并不是在他们自己选定的条件下创造,而是在直接碰到的、既定的、从过去承继下来的条件下创造。"关于历史的主体的问题,已然确认人是历史的创造者,然而在历史学的世界里,并不是所有的人都能在历史上留下痕迹。在思想史与制度史的叙述体系中,政治主导了思想领域的话语权。梁启超言及二十四史是帝王家谱便是这种历史叙述前提下的必然结果,究其根本原因在于历史的触角无法延伸至"公共领域"。在过去中国传统社会形成的"家—国—天下"的伦理制度下,尽管知识分子可以拥有"家事国事天下事,事事关心"的自由,但天下是谁的天下?"溥天之下,莫非王土;率土之滨,莫非王臣",历史自然也是王的历史,英雄的历史。这样的历史叙述体系缺少"公众舆论"的生存土壤。西方马克思主义法兰克福学派的第二代中坚人物哈贝马斯(Jürgen Habermas)在《公共领域的结构转型》一书中,针对公共领域的兴起与发展的研究促进了社会史、平民史、大众生活史的兴起,他认为公共领域的兴起必须有享有公共话语的舞台即民主组织的出现。公共话语舞台的出现扩大了阅读公众的群体,新阅读群体的出现又推动着公共领域进一步朝着市民化社会的方向发展。"一般的阅读公众主要由学者群以及城市居民和市民阶

---

① 定宜庄、汪润:《口述史读本》,北京大学出版社 2011 年版,第 72 页。

级构成,他们的阅读范围已超出了为数不多的经典著作,他们的阅读兴趣主要集中在当时的最新出版物上。随着这样一个阅读公众的产生,一个相对密切的公共交往网络从私人领域内部形成了。读者数量急剧上升,与之相应,书籍、杂志和报纸的产量猛增,作家、出版社和书店的数量与日俱增,借书铺、阅览室(Lesekabinetten),尤其是作为新阅读文化之社会枢纽的读书会也建立了起来。"①而在中国几千年的传统社会中,思想繁荣的时期也正是学术组织活跃的几个重要时期,无论是春秋战国时期的"诸子百家",还是民国时期的"五四诸子",他们为那个时代历史重心的下移做出了贡献。哈贝马斯所论述的公共领域的形成,为我们今天公共史学的兴起提供了理论支撑,也是我们今天去理解口述史作为社会史研究的方法之一得以流行的合法性社会基础所在。

  口述史学提出把话筒交还给人民。历史不应只有一种声音。不同的时代、不同的人群,都在自发地述说自己的过去,往往同一"历史"会有不同的诠释。就自传、传记与口述历史来说,我们可以发现一些独特的现象:有的人想通过社会宣扬自己的过去,有的人被后世重新发现与认识。人们总是苛求能够有一个"标准历史",但很显然这个"标准"是无法确定的,甚至可以说是不存在的。就中国正史来说,几千年的封建社会历史不过是一部部的"帝王家史"。在大的历史生态中,国家机器、汉文化、男性占据了公共领域的舞台中央,经济、科技、文化服务于政治,而一般的社会生活只能在文人的文学作品中才能得以展现,其阅读对象因教育普及程度极其低下而只能停留在读书人之间。中国传统社会进入明清以降,政治对公共领域控制得更加严格,公共话语的舞台基本被封禁,"书院"这一传统知识分子自由讲学传播思想的场所是重点打击对象,黄宗羲提出"公其非是

---

① [德]哈贝马斯著:《公共领域的结构转型》,曹卫东等译,学林出版社1999年版,第3页。

于学校"便是对这种压制的抗争。知识分子只能通过撰写自传或者别传、列传、外传的形式发出声音,如《儒林外传》。在教育领域,从老子、孔子、墨子、孟子、荀子到董仲舒、王充、颜之推、韩愈、朱熹、王阳明、颜元等,他们作为大思想家通过教育组织来传递自己的思想,他们的教育思想与各个时期的文教政策也就构成了中国传统教育的主要内容。

就教育史来说,我们可以认为是教育者的历史、教育家的历史,甚至只是与教育相关的人的历史。但不论从哪种层面来回答是谁的历史的问题,马克思所提出的历史是人的有目的的活动这一论断都为我们建立以人为中心的历史提供了基础。突破从个别教育家的思想层面、特定时期的教育制度层面,而从实践活动的层面来考察历史,是我们所倡导的教育活动史研究一直坚持的方向。教育口述史研究的应用,是确立以人的活动与活动的人为中心的历史的具体表现。

回答了"谁的历史"的问题,我们对"历史"的认识与思考更进了一步。我们又发现"过去事实"展现出来的形式大多通过文本的方式,口述历史又能为历史学做些什么?毫无疑问,口述史作为一种传统文献之外的难得"史料",在现实政治社会生活中,特别是在档案文献被刻意遮掩甚至篡改的情况下,口述历史材料更加有价值。它能够起到恢复"过去事实"、证明客观存在的作用。而这对于研究史学的研究者来说,无疑是"指南针",很难想象一开始就偏离"过去事实",如何能够让研究者窥探甚至还原出历史的旧貌来。故此,对于当代重要的人物或重要事件亲身经历者的口述采访相当重要。当然,如果仅仅只把口述历史当作是恢复"过去事实"的工具,那么显然过于低估了口述历史的研究价值。口述历史给我们提供了一种"社会记忆"和"活的历史",它不一定全都是过去发生的事实,但它却反映了个人的认同、行为、记忆与社会之间的关系。

口述历史不仅恢复了"过去事实",而且弥补了历史的空白,为我们了解特定历史与社会提供了最后的机会。在特定的历史时期与背景下,很多人物与事件是无法被记录下来的。钱文忠教授认为,中国只存在一种历史,一种记载,一种解释,历史在中国语境下是单数的。而从世界范围来看,历史应该是多元的,是复数的,是有多种角度的,有多种叙述方式和生命体验,因而最终也应该有各种不同的呈现样式。在过去几十年的"单数"语境下,有很多重大的事件没有得到记录,有很多人没有发声的机会,很多历史被迫被遗忘了,有意无意地遗忘了,或主动或被动地没有被记录下来。那些亲身经历者可以为当代的人提供一种真实,为我们了解特定历史与社会提供最后的机会。每一个人都希望找寻真实,虽然真实不一定找寻得到,但至少我们可以去无限逼近真实。

教育史研究不大可能像人类学的"田野实践"那样进入活动"现场"直接观看,即使是教育历史叙事研究,也只能进入一个短时段的教育现场,这对于当代史的建设很有意义,却无法满足长时段历史研究的需要。或许,"建立在原始资料上的历史理解"正是我们"深入历史现场"的路径之一[①]。教育口述历史为我们进入教育实践场域提供了一个入口,其作为口述历史的重要组成部分,不仅是研究教育史学不可或缺的资料,而且是建立人类教育记忆库的第一步。教育口述历史聚焦于教育大家或教育者的人生发展,以他们自己的话来叙述自己的教育故事,更好地体现一个教育研究者的文化素养和境界,丰富教育史学的发展。通过对教育口述者的教育研究思维进行更加深刻的剖析,可以向公众展现生动的教育历史画面,实现教育史发展的一种跨越。与此同时,口述史给了普通人一个机会,把历史恢复成普通人的历史。[②] 这也是口述历史的真正目标,即建立全面立体的人类

[①] 刘来兵、周洪宇:《视域融合与历史构境:实践活动取向的教育史研究》,载《教育研究》,2011年第2期。

[②] 庞玉洁:《从往事的简单再现到大众历史意识的重建——西方口述史学方法述评》,载《世界历史》,1998年第6期。

个体记忆库。因而,建立专门的人类个体教育记忆库,亦是教育口述史研究的重要目标。要建立专门的人类教育记忆库,需要耗费巨大的人力物力,教育口述历史研究是一项细致的、长久的工程,只能通过时间与空间来换取教育记忆库的工程建设成果。

◆(三)教育口述历史的本质

社会记忆是群体的,具有塑造社会群体身份的功能,并对人们的决策和行为产生重要影响,其载体则体现在一群人中,这些人由于某种关系而建立了一种有形的或无形的联系。[①] 如上所述,无论是个人教育口述还是教育自传,寻其本质,我们都可以把这两种形式视为社会记忆。口述历史的受访者和口述历史的自传者通过口述将自己的经验和个人记忆转化为社会记忆,那这一转化究竟是怎样完成的呢?如果我们的社会是靠社会记忆塑造的,那么这样塑造的社会的本质究竟为何?

本文中的教育口述和教育自传所叙述的基本上都是当代记忆。但社会记忆还包含过去,那些过去的历史、传说都属于社会记忆。口述实际上是一种社会记忆的传播媒介,它与出版刊物、名人字画一样可以向公众传递各种记忆信息。社会就是由这些多元、多角度的记忆构建而成的。一个人拥有从出生到走出家庭走向社会的不同经历,这些经历最终都会成为个人对过去的记忆。这些记忆有些是自己亲身经历的,有些是作为旁观者看到的,有些是经常发生的日常活动,而有些是突发性的,却留下深刻的记忆印象。每个人的这种独特记忆都离不开他所生活的环境,因为一个人的记忆力有限,人们往往会倾向于选择社会普遍认同的记忆;获得较强的社会认同,这种回忆就具有一定的共同性,是受人们的心理习惯所影响的。

---

① 张俊华:《社会记忆研究的发展趋势之探讨》,载《北京大学学报(哲学社会科学版)》,2014年第5期。

事实上,共同记忆与社会记忆是不断互相影响的,共同记忆会影响社会记忆的内容,而社会记忆也会改变大众对共同记忆的认同。个体会因为社会目的、自身利益以及他人利益而对自身的记忆进行调整,借此获得更多的社会认同,个人记忆与社会记忆互相影响,我们从口述史中就可以看出这一发展过程。教育记忆的发展,同样也是个人记忆与社会记忆的交互作用,人们口述出的教育记忆,必定离不开当前的社会记忆,并在此基础上对社会记忆进行补充。

以教育自传为例,传主一生的教育记忆,涉及在家庭、学校以及社会中的多个场域。他们的教育思想与感悟、实践与行动,与社会发展的时代紧密相关,可以说是教育历史的传统与时代的教育实际共同塑造了传主的思想,毕竟没有离群索居的人。传主有关教育记忆的口述,不仅有学生生活、教育实践活动、教育著述生活,还有对社会教育生活的观察与他们对教育故事的评述。大部分的教育自传是由传主亲自撰写完成的,也有一部分自传是交由他人整理完成。无论是何种方式,传主本人主导了教育自传、教育口述作品的内容。教育自传虽然叙述了传主的教育记忆,却会在此基础上赋予这些记忆新的意义,以强化自己的认同。由此,我们可知,传记作者所写的口述记忆一定代表了其所代表的群体所共同认同的社会记忆。这些出版后的教育自传自然就成了一种社会记忆,成为个人记忆与社会记忆共同影响整合成的共同记忆,经过口述研究者的重新整理,构成了社会记忆的最终版本。社会记忆也会随着社会的发展而不断增改修正,不同的时代背景下,人们对教育记忆的理解会有所不同,由社会记忆所构成的社会,也会在这种变化中得到不断的发展变化。

对个人教育记忆的探寻,实际上是在书写一个人的教育历史。这种历史看起来是一个人的,记忆也仅是对个人过去教育经历的回忆,但个人是生活在公众之中的,这些个人史的背后随处隐藏着社会的大背景,因而我们可以断言:个人教育的小历史也是公众教育的大历史,因为人人都是历史的一部分。至于哪些个人史会受到关注,取决于研究空间的大小与研究对象的选择,对研究者本人来说,对身边熟悉的人来说,小历史的故事是血泪史,是有意义的事。① 每个普通人的生活经历中总会折射出那个时代的发展特征,人的存在需要依附于时代与社会,个人的记忆作为社会记忆的一部分存在,亲自参与了社会大事件的发生,私人记忆也自然成了历史大事件甚至历史人物的生动记录,不再只是我们所理解的"一个人的历史"。我们一直所强调的口述史即是一种社会记忆,其实就是在努力把个人记忆经过多方考察、采访最终将这些零散的记忆整合成一种社会记忆,把人类大脑中所隐藏的那些"秘密",变成社会所共享的社会资源,最终变为人人可享可用的公共财富。对于教育史中的口述研究,我们则更要注意把个人的教育回忆当作一种公众的教育记忆的一部分,认真对待这种个人教育记忆的搜集,辨明真伪,结合其他历史资料如档案等,共同整合,推动大背景下的公共教育历史的建构发展。

---

① 钱茂伟:《公众史学视野下的个人史书写》,载《南开学报(哲学社会科学版)》,2014年第4期。

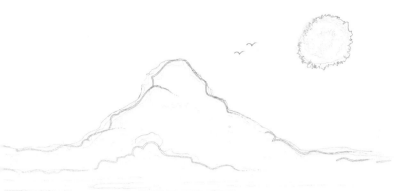

第四章

教育口述史的路径与程序

口述历史作为一门方法广泛应用在各个领域,教育口述史工作的开展应遵循专业的研究路径与程序。一般而言,确立研究的选题与计划、组建团队与分工协作、开展访谈与保存声像、整理口述资料与完成公开出版等,是教育口述史工作中不可或缺的基本步骤。

一、教育口述史选题的确立

教育口述史所要面对的对象广泛,尽管肯定每一个教育中的主体都是潜在的教育口述历史的对象,在实际工作中却无法保证这一点,尤其是对于有组织、有计划实施的教育口述史采集工程来说更是如此。为保证教育口述史工作的成效,做好选题工作是实施教育口述史的第一步。

◆ (一) 教育口述史选题类型

◇ 1. 从对象上看:个人教育口述史与群体教育口述史

教育口述史属于口述史学的一个分支,人类文明史上一些古老的教育著作大都是经过几代人流传下来的口述整理而成。唐纳德·里奇在他的口述史学专著《大家来做口述历史:实务指南》中将口述史定义为"口述历史就是通过录音访谈的方式来收集口传记忆以及具有历史意义的个人观点"①。由此可见,教育口述史的研究对象包括教育家个人的历史经验和教育家群体共同拥有的时代印象,而研究对象的不同也决定了选题类型的差异。

个人教育口述史研究更倾向于一种精英取向的研究方式,研究的方法多数情况下采用个人访谈和深度访谈等,倾向于一对一的采访形式,选取的研究对象大都是对教育史的发展具有重要影响力的人物,例如2007年北京师范大学出版的两本教育口述史专著《顾明远教育口述史》和《潘懋元教育口述史》。顾明远和潘懋元两位先生的人生经历与中国教育的发展息息相关,上述两本专著分别呈现了两位教育家的教育经历与人生历程,不仅塑造了学术思想、生活经历和人生情感相互交织而成的教育家形象,还透过他们的传奇人生重现了中国教育学发展历程的时代图景,让我们感受到了个体生命和时代脉搏的同时颤动。②

群体教育口述史更倾向于一种大众取向的研究方式,研究方法多为个人访谈和群体访谈的结合,选取的研究对象多为普通社会民众、具有代表性的社会团体和弱势群体。具有代表性的著作是齐红深主编的《抹杀不了的罪证:日本侵华教育口述史》,一共搜集到了1200

---

① [美]唐纳德·里奇著:《大家来做口述历史:实务指南(第二版)》,王芝芝、姚力译,当代中国出版社2006年版,第2页。
② 刘来兵、周洪宇:《实践品性视域下的中国教育史研究》,载《河北师范大学学报(教育科学版)》,2010年第1期。

件日本侵华教育亲历者的口述史料,年龄最大的96岁,年龄最小的64岁,采访的内容也十分广泛,包括学校制度、培养目标、学校课程、管理制度、师生关系等方面,给社会大众呈现了一部真实、全面、具体的日本侵华教育史,是国内第一部运用口述史学研究方法记述日本侵华殖民奴化教育历史的著作。群体教育口述史研究通过收集不同社会阶层和地位的人物对同一历史事件的描述,把历史恢复成了普通人的历史,可以从多角度、多方面、多层次提供史料,有利于构建一个生动、立体、真实的历史面貌,增加教育口述史的丰富性与多样性。

◇ 2. 从主题上看:教育人物口述史与教育专题口述史

人类学研究者王铭铭认为应将"oral history"译为"生命史",他提出口述史与生命史研究相结合的观点,所谓生命史就是追溯一个人物的一生。[①] 同理,教育人物口述史就是以教育人物的一生为研究对象,研究其生命开始到当下的这一时段。教育人物口述史的作用在于通过与被研究人物的深入交流,窥视其人生经历并探究人物的社会关系和学术生涯等,同时要尽力弄清楚他对个人人生历程的看法与评价。潘懋元先生是高等教育学的学科建设的奠基者与领军人,他不仅通过编写第一部《高等教育学》率先构建了高等教育学的学科体系,还领导创建了全国第一个高等教育研究机构。《潘懋元教育口述史》一书分为早年生活、负笈求学、厦大岁月、开创中国高等教育学、高等教育问题研究、拳拳之心等章节。[②] 通过对其生平的回顾与反思,既可以深入探寻中国高等教育发展的历程,也能直观地体现国家的教育方针、政策在个人身上的表现,具有非常宝贵的价值。

口述史研究在人文社会科学领域的悄然兴起,也受到教育学界的重视,相关研究成果日益丰富,口述史研究方法被广泛应用到教育领

---

① 王铭铭:《口述史·口承传统·人生史》,载《西南民族大学学报(人文社科版)》,2008年第2期。

② 潘懋元口述,肖海涛、殷小平整理:《潘懋元教育口述史》,北京师范大学出版社2007年版,目录。

域中并形成了不同的研究专题,主要有高等教育口述史专题、基础教育口述史专题、女子教育口述史专题、少数民族教育口述史专题、侵华教育口述史专题、农村教育口述史专题等。在高等教育口述史方面,有学者提出口述史研究方法有利于转变高等教育研究范式、拓展研究领域和丰富研究内容的观点,并在此基础上展望了高等教育口述史未来的发展路向,即加快理论探讨、严格学术规范和完善操作程序,以提高高等教育口述史的学术品质。① 而基础教育与农村教育口述史更多的是从大众文化的角度进行分析和叙述,以基层工作人员和普通民众为研究对象,探析他们对教育问题的看法和教育对其自身的影响,从而拓展教育史研究的微观视野,构建出更具有"现场感"的教育视野。② 将教育口述史研究方法运用于基础教育和农村教育问题的研究中,有助于实现研究过程中精英视角与民众视角的结合,符合当代史学研究重心下移的趋势,在一定程度上增加了研究者对于普通民众经验的重视,对于构建真正意义上的人民教育史研究具有深远的意义。③

◇ 3. 从研究目的上看:政治社会目的与归档造册

社会需要是教育史学发展的动力,这意味着教育史学要时刻观照社会现实,服务于社会的发展,但教育史研究的对象是历史上特定环境和条件下产生的教育现象与教育问题,其本身具有复杂性,因此内容丰富的口述史料能够弥补官方教育史档案资料的不足,为解决教育问题提供多方面的建议,使教育政策、方针的出台更具有成熟性和可操作性。例如齐红深主编的有关日本侵华教育史研究的书籍,通过收集当事人口述史料,揭露了日本在台湾和东北推行的殖民及奴

---

① 郑刚、余子侠:《高等教育口述史研究的实践与发展路向》,载《高等教育研究》,2015年第8期。

② 沙莉莉:《浅谈口述史在农村教育史研究中的运用》,载《山西师大学报(社会科学版)》,2013年第S3期。

③ 刘朝阳、邹玲:《基础教育口述史研究的可行性》,载《内蒙古社会科学(汉文版)》,2007年第4期。

化教育罪行。从政治社会意义角度来看,该研究不仅提醒国人勿忘国耻、自强不息,还敦促日方正视历史事实,以正确的历史观教育下一代,促进两国人民友好相处。带有政治社会目的的教育口述史研究还会增加被访谈者的热情,有利于研究的顺利推进,诸如在涉及留守儿童教育问题、异地高考政策实施和被剥夺权利群体的教育口述史研究中,访谈者和受访者会齐心协力共同致力于同一个目标,即改善他们当前的状态。①

口述史研究中有一部分选题在现当代看来或许意义不是特别明显,却是一件功在千秋的事,是对重要历史资料的抢救与保存。重大教育历史事件的经历者与见证者和具有重要历史影响的教育家会因为年龄的增大不再保持完整的记忆或辞世,这对于教育口述史研究来说是巨大的损失,因此机不可失。教育口述史研究的选题也要考虑到这个方面,有计划地收集和积累亟待"抢救"的口述资料。我们在启动"当代中国高等教育改革口述史丛书"这一工程时,便是考虑到曾担任华中工学院(现华中科技大学)党委书记兼院长的朱九思先生已年近百岁,为他整理完成口述史实属迫在眉睫。遗憾的是,在整理朱九思教育口述史的过程中,2015年6月13日,先生辞世,他曾经指导的博士生、任重庆工商大学副校长的陈运超教授凭借朱九思先生生前谈话、师门集体回忆,以及朱九思先生系列著述,费时数年完成该书的整理工作。本丛书的口述者之一潘懋元先生也是近百岁高龄,好在潘老身体硬朗、精神矍铄、思维敏捷,仍在教育岗位上教书育人,能清晰地将自己从事高等教育工作的经历与生活叙述给整理者。《西北地区少数民族教育口述史发展研究》一书,分析了我国西北地区少数民族自1945年解放战争起至21世纪以来教育发展的真实情况,以我国西北地区较有特色的蒙古族、维吾尔族、藏族和裕固族作

---

① [美]唐纳德·里奇编:《牛津口述史手册》,宋平明、左玉河译,人民出版社2016年版,第22页。

为代表,尽可能地找寻历史经历者并通过其口述个人成长过程的方式,描述了少数民族教育在个体成长过程中的影响和作用,保存了珍贵的我国少数民族教育发展的史料。

◆ (二) 教育口述史选题原则

◇ 1. 可行性原则

教育口述史研究选题的可行性原则包含三个方面:主观条件、客观条件和时机。因为只有具备一定主客观条件和在恰当时机提出的教育科研选题才有预期成功的可能。教育口述史课题选择必须充分考虑主客观条件,分析课题在实际研究过程中的切实可行性。从主观方面看,应分析研究者的专业特长、知识储备、研究兴趣、科研经验、时间安排、执行力与管理能力等;从客观方面看,应该重点关注经费安排、机器设备、团队设置、采访对象的配合、是否能得到机构的支持和配合等;从时机方面看,应做好文献综述工作,在大量阅读前人研究的基础上总结该领域的发展现状,挖掘空白点,寻找薄弱板块,预估未来发展趋势,同时要结合当下社会教育热点与难点进行思考,判断研究课题的价值。

对于一线教师来说,教育口述史选题应从实际出发,充分考虑自己的能力与研究课题的大小、难易是否相称。总的来说,对于一线的中小学教师来说,选题宜小不宜大、宜易不宜难。小的课题,涉及范围小、变量少,对研究者的主客观条件要求相对低一些,比较容易出成果,特别应紧密结合自己的教育教学实际,有可利用的条件、成果,能直接应用于自己实践的课题。对于大学或者研究所的研究人员来说,可以选择具有重大历史价值和社会意义的选题,因为从客观方面来说,他们有更多的人力资源和物力资源可以利用,从主观方面来说,其研究水平更高,研究能力更强,其研究成果能更好推动教育理论的建设。

◇ 2. 创新性原则

选题的创新性原则,是指所选研究课题必须具有新意,有独创性和突破性。从研究内容来看,科研的空白点,前人没有研究或研究极少的课题,自然是最佳的创新。从研究方法来看,即使是老生常谈的问题也可以做出创新性的成果,因为新的成功往往来源于研究方法或研究技术等方面的创新。从研究对象上来看,新史学要求我们转移历史研究重心,教育口述史也不例外,从关注重要人物与精英人物到关注普通民众与弱势群体,创造真正属于人民大众的教育口述史也是创新。从研究结果上来看,善于继承与总结,在前人已有的科学发现的基础上进行探索,站在巨人的肩膀上探索,开辟出具有创新性的理论成果。

总之,教育口述史研究应从多方面创新。第一,把握时代的热点,关注当代教育问题,从热点中选题。例如高考改革问题,可以通过对不同时代的人进行口述访谈,梳理自恢复高考以来我国高考制度的发展历程和数代学子对高考制度的看法与感受。第二,深入教育领域,在未开垦的处女地上进行挖掘,填补空白点,这一方面相对比较有难度。第三,采用新的研究方法、手段或技术,改进、完善某些已有的研究方法,例如完善数字化口述史资料管理制度和创建在线口述史资料下载和交流平台。第四,在理论上创新,提出具有创新性的研究理论。第五,在应用上创新,将一种已有的理论方法首次应用到教育领域,它山之石,可以攻玉,教育口述史研究也可以借鉴文学口述史、社会学口述史和语言学口述史等社会科学学科口述史研究的理论经验。

◇ 3. 时代性原则

教育口述史所具备的大众化、实践性强的特点,使得其与现实社会生活的结合更加紧密,教育口述史日益成为记录当下教育现状的重要手段。因此,教育口述史研究者在选题时必须把握时代性原则,只有具有时代性的选题,才是当下应该去解决和回应的问题。贯彻时代性原则首先要求研究者把握国家教育发展的大趋势,仔细解读教育相关的政策法规。例如十九大报告提出要加快建设一流大学和一流学科,以建设"双一流"高校为切入点,教育口述史研究者可以利用口述史的研究方法,追溯我国近代高等教育战略决策的发展史。其次要关注重大历史纪念日,适时推出符合主题的教育口述史专题,例如在抗日战争胜利周年纪念日时,教育口述史研究者可以重点关注殖民地教育、抗日战争时期高校内迁等选题,围绕着特定的区域、城市和历史遗迹展开一系列挖掘、记录、保存和传播工作,揭开抗战时期中国教育发展的神秘画卷,使抗战教育口述史成为抗战史研究的有力补充。最后教育口述史的时代性原则要求选题要重点关注现实问题,例如改革开放以来我国东部地区发展迅速,吸引了中西部贫困地区大量青壮年劳动力外出务工,留下了大量的留守儿童。孩子是祖国的未来,但是这些留守儿童不但失去了父母亲的爱护,还缺失优质的教育资源。从教育口述史的角度出发,我们可以关注留守儿童心理、留守儿童学业和留守儿童性格等话题。

教育口述史如果想要得到学术界、政府和社会的认同,就必须把握时代的脉搏,进一步面向社会和大众。历史不再是养在深闺里的小姑娘,历史是属于全体国民的历史。教育口述史研究者的任务在于让社会大众通过口述自己的历史,汇聚成厚重的国家记忆。①

◆(三)教育口述史选题特点

◇ 1. 综合性

教育口述史研究属于口述史学与教育学的交叉领域,其研究范围的宽广就决定了其选题的综合性和跨学科性。以《西北地区少数民

---

① 杨祥银:《走向跨学科与跨领域的口述史》,载《中国社会科学报》,2016年8月2日,第1版。

族教育发展口述史》和《我的教师之路——中日中小学教师口述史》两部著作为例,前者选题的关键词不仅包含了口述史学和教育学的研究领域,还涉及民族学、文化学、民俗学等范围,以我国西北地区较有特色的蒙古族、维吾尔族、藏族和裕固族作为代表,通过受访者口述个人成长过程的方式,来透视我国西北地区少数民族自新中国成立以来教育发展的真实情况。后者作为教育口述史研究中跨国研究的代表,由北京师范大学教育学部和早稻田大学教育学研究科合作完成,其选题涉及语言学、人类学、比较研究等领域,通过6位中国中小学教师和5位日本中小学教师的口述故事,呈现了跨度将近一个世纪的两国基层一线教师的人生经历、职业生涯和教育反思。教育口述史学致力于寻找那些历史中的具体教育事件,理解教育家个人或群体记忆中的教育经历;民俗学、人类学、社会学和语言学等社会科学的兴趣却不同,民俗学和人类学的研究重心,在于寻找民间故事、神话传说,比较异民族异国家视域下人类思考模式与行为方式的不同表现形式,对文化群体的价值观念、信念和行为进行描述;社会学研究的重心在于社会发展形态的演变和人类道德观念的差异性;语言学则更关注话语的讲述与表达方式。尽管这些学科的侧重点不同,但是正因为有了彼此之间的合作才能够使教育口述史的研究横跨种族、地区和文化等,最终形成包含多学科的综合性研究选题。因此在教育口述史研究的选题上引入人类学、文化学、社会学和语言学视角,对于扩展研究的广度是十分必要的。

◇ 2. 专题化

前期的教育口述史选题还是以传统的重大事件、重点题材为选题标准。齐红深主编的《流亡:抗战时期东北流亡学生口述》,将教育口述史研究置于抗战时期的时代背景下,以一群东北沦陷后流亡关内的知识分子为研究对象,以"松花江上""离家""上前线""我来自北方回北方"四个部分将几十位抗战时期东北流亡学生的教育经历、情感、命运及时代变迁呈现给广大读者,目的在于通过受访者的人生经历对当今社会进行爱国主义教育。杨立文主编的《创造平等:中国西北女童教育口述史》将关注点集中在我国教育资源配置的不平衡与教育机会的不平等上,该书以甘肃、青海两地的女童为研究对象,探析阻碍我国西北地区女童教育健康发展的原因,积极探索解决女童上学问题的路子,施行各种教育实验,为西北地区女童教育带来了希望,促进了当地基础教育的发展。教育口述史带有的大众性、民主性本质必然要求其选题关注妇女、劳工和底层百姓等弱势群体,蔡宝琼等编著的《晚晚6点半:七十年代上夜校的女工》一书,以夜校生活、伦理关系、工厂生活及筲箕湾社区这四个主题为轴心,讲述了少女劳工们如何在一个充满性别差异的世界里争取放工后的读书机会,在夜校勤奋学习,努力拼搏,赞扬了她们身上坚持和拼搏的精神,带出了20世纪香港多方位、多层次的社会缩影。另外教育口述史的选题也越加呈现出深入化与细分化的趋势,涉及教育史研究的各个子领域,例如黄素兰主编的《香港美术教育口述历史:从图画堂开始》一书,以口述历史的方式揭示了香港自开埠以来没有文字资料记载的香港学校美术教育发展概况,不仅为美术界提供了历史资料,也能够让大家在历史经验中反思香港学校美术教育发展的路向。

二、教育口述史访谈的开展

(一)访谈前的准备

1. 访谈对象的选择与确定

访谈工作的第一步是选择访谈对象,这是个逐渐筛选的过程,第一阶段是列出符合研究需要的所有访谈对象,第二阶段是根据受访者的特质、研究主题和其他外在因素选择最合适的一个人或一群人作为最终的访谈对象。在访谈对象的选择过程中会出现两种情况:找不到访谈对象或访谈对象过多。① 找不到访谈对象主要有两方面的原因:一方面是因为对访谈主题的理解不够深入,这时需要访谈者重新确定访谈的目的与意义;另一方面可能是访谈者对于受访者群体的了解不够深入,不知道谁更适合访谈主题,这就需要访谈者深入受访者的实际生活,多跟他们进行交流,并且可以通过与其亲友的交谈,全方位、多渠道地挖掘受访者的信息,在此基础之上辨别受访者是否合格并说服合格者参加访谈。访谈者可以根据以下几点要求逐一筛选最合适的受访者:一是要选择重要性与代表性兼具的受访者,尽量要求受访者与访谈主题保持较高的相关性,例如选择以中国高等教育为访谈主题,那么最好的访谈对象必然是中国高等教育学科的大家潘懋元先生;二要是考虑宗教信仰、政治立场、民族等因素对访谈的影响,例如针对某些敏感的民族问题,应该谨慎选择少数民族受访者;三是关注受访者的个人品行,例如是否诚实、守信用和尊重他人等,因为有的人会过分夸大自己的讲话内容或恶意揣测他人的想法。对于个体访谈研究,访谈对象的选择一般采用非概率抽样,即按照研究主题的目的,综合人力资源、物力资源,依据访谈者的主观判断选择最合适的访谈对象。对于团体访谈,可以采用分层抽样法,便于了解总体研究对象中不同层次的情况,既可以对不同层次或类别的访谈对象进行单独研究,也可以收集各类群体对主题的意见与看法,提高访谈结果的全面性与有效性。收集各类人群信息并确定了正式的访谈对象之后,下一步就是为受访者建立个人档案,记录他们的姓名、性别、年龄、信仰、职业、个人履历、联系方式及其他补充信息。②

◇ 2. 编写访谈提纲

确认访谈对象之后,下一步就是根据访谈主题编写访谈提纲。访

---

① 陈墨:《口述历史门径(实务手册)》,人民出版社2013年版,第204页。
② 李向平、魏扬波:《口述史研究方法》,上海人民出版社2010年版,第91页。

谈提纲也被称为访谈进度表,其实就是进行教育口述访谈的问题清单,依照访谈类型的不同,访谈提纲中问题的编写可以分为以下三类:一是按照特定顺序排列的固定问题,例如结构化访谈、封闭式访谈;二是没有特殊顺序和严格规定的议题,例如非结构化访谈、田野访谈等;三是介于两者之间的,例如半结构化访谈。① 根据选题类型的不同,教育口述史访谈提纲的形式也有所差别,例如教育人物口述史研究,需要访谈者尽量按照时间线索来编制访谈提纲,即从远及近,从小到大,以时间顺序展现出人物一生的事迹。对于教育专题口述史研究,则不必严格依照时间顺序提问,可以按照问题的性质进行分类提问,这样访谈效果会更好。② 提前编写访谈提纲有以下两个方面的优点:一方面拥有一个清晰、具体的访谈提纲能够帮助访谈者在访谈过程中整理思路,明确访谈重点,以免遗漏重要的内容,同时在使用访谈提纲时还要保持灵活、开放的态度,当受访者出现预期外或者让访谈者感兴趣的回答时,可以随时修改、调整或补充访谈提纲的内容;另一方面将访谈提纲提前交给受访者有助于刺激受访者的记忆,使其尽快进入访谈状态,并根据访谈问题查阅文件资料,做好充足的准备,有利于提高访谈的效率,有的受访者还会主动给访谈提纲提出改进的建议。教育口述史是访谈者与受访者共同合作出来的作品,其质量的优劣不仅受受访者的影响,访谈者的作用也不能低估,其对访谈主题的把握、对访谈程序的设计和对访谈问题的提炼与撰写,都至关重要。

◇ 3. 访谈者基本素质的培养

唐代史学家刘知幾于《史通》中提出史学家应具史才、史学与史识,清代史学家章学诚在"史家三长"之外,又加上了一个"史德"。以此为借鉴,教育口述史访谈者需要具备的基本素养包括文学素养、知

---

① 李向平、魏扬波:《口述史研究方法》,上海人民出版社2010年版,第92页。
② 陈墨:《口述历史门径(实务手册)》,人民出版社2013年版,第227页。

识素养、理论素养和道德法律素养四个方面。教育口述史访谈者需要的文学素养包括教育口述史访谈提纲和口述资料的撰写两大方面。要求访谈者善于根据教育口述史主题和内容选择不同的文体和不同的风格,同时在追求文采的前提下还要做到文字简洁、明晰、准确,能用最简短、平凡的文字,表达出有深度的思想。知识素养包括以下几个方面:历史学知识、教育学知识、心理学知识。教育口述史作为教育学和历史学的交叉学科,历史学知识和教育学知识是最基本的知识素养,访谈者不仅需要了解与主题相关的历史背景和具备一定的考据与辨伪能力,还要求学习教育学的基本理论和伦理规则。而且教育口述史是与人打交道的,因此访谈者还需要具备一定的心理学知识,包括儿童心理、青春期心理、老年心理、特殊人群心理及社会心理的一般知识,以及对人的记忆能力和表达方式的理解。在理论素养方面主要指掌握口述史的相关理论,即以科学的口述史观做指导,来分析搜集到的教育口述史资料,然后得出科学的结论。即所谓的史与论的关系问题,要"论从史出"。在教育口述访谈中还会涉及道德和法律方面的问题,因为口述历史访谈通常会涉及访谈人的政治观点、宗教派别、个人隐私及人际关系等机密内容,因此除了要通过相应的法律文书进行权益保障外,也需要访谈者具备一定的道德修养及工作伦理观念,甚至还需要制定专门的保密契约。[①] 同时研究者还要遵守一个历史研究者应该具备的职业道德,即秉笔直书、忠于历史、实事求是、不做伪史学,这点尤为重要。教育口述史访谈者在访谈过程中还需要具有以下几方面的能力:社会交往能力、语言沟通能力、执行能力、组织合作能力、虚心谨慎等。教育口述史访谈作为一种社会活动,要求访谈者具备较强的社交能力,在称呼对方、与对方进行肢体接触和问候语的使用等方面,遵守一定的社交礼仪,特别是面对老人和行动不方便的访谈对象时,要照顾到对方的心理感

---

① 陈墨:《口述历史门径(实务手册)》,人民出版社2013年版,第169页。

受。教育口述史研究的主要方法是访谈法,这就要求访谈者具备较强的语言沟通能力,在访谈外国人或者少数民族时应寻求一定的翻译帮助,同时对访谈对话的主题、形式和方向有一定程度的掌控能力,具体说就是要明晰自己的定位,学会倾听和提问,善于抓住口述者语言中的关键点,能够发现其回答背后隐藏的线索。制订了访谈计划之后就要切实实施,这就需要访谈者具有较强的执行力,不拖拉。同时教育口述史访谈通常需要团队合作,因此访谈者需要厘清自己在团队中的定位,领导者要担负其发号施令、统领全局的责任。

◆ (二) 正式进入访谈

◇ 1. 访谈类型与形式

访谈是社会生活中最普遍的人际互动形式,同时也是教育口述史研究最基本的资料搜集方式,访谈不同于日常生活谈话,具有强烈的目的性和固定的形式。访谈者控制着访谈的方式、时间和地点等,是一种人为的谈话形式,目的在于构建出新的、对双方都有意义的社会印象。访谈内容包括"是什么"的基本事实和涉及"为什么"等价值观的思考,似乎所有类型的问题——充满争议的、大众的、私人的、敏感的、隐蔽的——都可以成为访谈的话题。可以说没有访谈,教育口述史研究就是无木之本、无源之水,但是访谈类型与形式的多样化也要求研究者根据研究主题慎重选择,避免因不恰当的运用而影响研究的信度与效度。

◇ 1) 开放式与封闭式访谈

开放式访谈又称之为非正式访谈、无结构性访谈或非标准化访谈,是指研究者在访谈的过程中,只有对访谈目的的把握而没有预先设计一套标准化的访谈大纲作为访谈的具体操作指南,也没有规定固定的问题、内容及提问顺序。[①] 在开放式访谈中,访谈者应该避免

---

① 李向平、魏扬波:《口述史研究方法》,上海人民出版社2010年版,第102页。

刻意的引导和暗示,致力于营造自然轻松的访谈环境,主要由受访者主导谈话内容,访谈者的身份只是一个很好的听众,给予受访者较大的自主权。开放式访谈有利于打开受访者记忆中那道感性的闸门,使其充分表达自己的意见与看法,收集到更丰富多样的资料,帮助研究者理解访谈对象历史经历背后的深层次意义。

封闭式访谈又称之为正式访谈、结构性访谈或标准化访谈,是指研究者根据研究目的预先设计好访谈提纲和标准化的访谈问题作为研究过程的指引。封闭式访谈严格规定访谈主题与访谈题目,目的在于获取与主题相关信息。其优点在于效率高,可以在短时间内获得大量的资料,还有利于资料的量化分析与统计。其缺点在于如果处理不当,访谈者存在过多干预的话会使受访者产生被动感,使受访者丧失主体地位;还缺乏灵活性、深入性,以同样的问题和顺序询问所有受访者,忽视了个体差异性与问题的不可预估性,不利于全面分析问题和深入探讨意义。

◇ 2) 集体访谈与个别访谈

集体访谈是指研究者同时对两人或两人以上的研究对象进行访谈,旨在通过群体成员之间的互动对研究的问题进行集体性的讨论。其优点在于可以在短时间内积累大量的信息,提高访谈的效率;还有利于在访谈出现冷场时打破尴尬场面,通过多人的讨论刺激受访者的历史记忆,以激活一些研究者预期或非预期的想法;同时可以观察个人在集体访谈中的表现差异。但同时也会带来一些弊端,如从众心理,受访者迫于访谈情景的压力,不会说出自己的真实想法,以致损害研究的效度。因此集体访谈要求访谈者在访谈过程中控制访谈人数,挑选具有一定同质性的访谈对象,明确访谈主题,确定访谈规则,把握访谈问题的重点,善于观察,掌控发言局面,制定讨论规则,确保每人都有发言机会,防止彼此插嘴打岔,要与受访者积极互动,营造自然、轻松的访谈氛围。

个别访谈是指研究者对单个研究对象进行访谈,研究者与受访者通过深入的对话交流构建共同的认知体系。个别访谈在研究对象的选取上，通常会遵循重要性与代表性兼具的原则。个别访谈有助于观照受访者的异质性，把握性别、阶层、种族等不同因素对受访者的历史经验产生的影响，从而使搜集到的口述资料更加详细，以便深入全面地了解研究对象。其缺点在于访谈时间长、访谈成本高、访谈对象选择有限，访谈资料碎片化不易整理分析。个别访谈与集体访谈的结合可以提高研究结果的信度，从这两种环境中获取的研究结果可以互相验证，从多个角度对研究的现象进行透视。①

◇ 3）叙事访谈与田野访谈

叙事访谈法乃是基于一种怀疑的态度，即怀疑传统访谈的问题结构无法彻底呈现研究主题的经验，即便是采用了开放式访谈的方式也一样令人质疑。② 叙事访谈法是一种受访者叙述个人故事的访谈方法，能够以一种全面的方式完整地呈现受访者个人的经验世界与人生故事。在整个访谈过程中，访谈者扮演的角色只是一个听众，在保证主题没有偏离的情况下对受访者的诉说表示支持与鼓励。叙事访谈法有助于受访者对自我生命史的完整回顾，重组历史经验的原始面貌，但是研究者必须敏锐地观察那些可能影响研究效度的因素，对受访者的叙述不断考证与辨伪，以保证研究结果的高品质。

田野访谈法兴起于人类学研究，一般没有明确的访谈空间和访谈时间的限制，深度访谈（听）、参与观察（看）、直接体验（做）被称为田野访谈的三大角，是其重要的支柱。③ 教育口述史的研究对象是过去的历史事件，将教育口述史的研究导向田野地点，要求研究者到实地从事调查活动，地点可以是学校、街道、家庭或其他机构，使研究者身处真实的社会场景里。田野访谈法的优点在于访谈的自然性与生态性，研究者往往是自然而然地出现在自然情景中，将访谈过程看作一

---

① 陈向明：《质的研究方法与社会科学研究》，教育科学出版社 2010 年版，第 173 页。
② 李向平、魏扬波：《口述史研究方法》，上海人民出版社 2010 年版，第 119 页。
③ 李向平、魏扬波：《口述史研究方法》，上海人民出版社 2010 年版，第 127 页。

场友善的对话而不是形式化的审问,重点在于营造亲密和谐的访谈关系,有利于拓展研究者观察教育口述史的视野和丰富资料的来源。

◇ 2. 问题类型

教育口述史的基本研究方法——口述访谈,是一种具有质性研究特征的研究方法。主要是研究者运用访谈的方式,以某一个或某一群人为研究对象,针对过去特定的社会时间或生活经验进行相关资料的收集、诠释和讨论。[①] 口述访谈法是一个双向交流的过程,通过与受访者的不断互动共同构建出其历史经验的意义,在此过程中受访者的合作程度至关重要,受访者可以根据个人意愿决定接受或拒绝访谈,以及表露的程度,同时访谈者的提问方式、访谈态度与肢体语言都会影响到受访者的回答。因此为了使口述访谈高效、顺利地推进,访谈者必须掌握相应的访谈方法与技巧。教育口述史访谈提问应该遵循以下六个原则:提问要具体,提问要简洁,提问要自然,提问要专业,提问要创新和提问要渐进。[②]

◇ 1)事实性问题与价值性问题

事实性问题主要是关于"是什么"的问题,其回答具有绝对的客观性,不涉及受访者价值观的判断,例如询问受访者的姓名、出生时间、家庭地址、家庭成员,以及学历、工作单位、何时何地做过什么事等个人基本信息类问题就属于事实性问题。事实性问题相对比较简单,对于这类问题的回答受访者不会存在太大的心理压力,因此一般置于访谈开始阶段。通过事实性问题访谈者可以了解受访者的家庭关系、社会背景与教育经历,有利于形成对受访者的初步印象。

价值性问题主要是关于"为什么"的问题,其回答具有主观性,根据受访者的社会阶层和地位的差异而有不同的回答。这类问题一般涉及受访者的价值观念和社会态度,具有较强的私密性,想要得到这

---

① 李向平、魏扬波:《口述史研究方法》,上海人民出版社 2010 年版,第 52 页。
② 李涛:《论口述档案的搜集》,载《档案学研究》,2008 年第 5 期。

类问题的回答,需要访谈者与受访者建立信任、亲密的关系,因此此类问题一般置于访谈的后期。同时访谈者要辨别回答的可信度,由于社会政治压力或者出于自我保护的考虑,受访者可能会做出与主流价值观相一致的回答,这时就需要访谈者结合受访者的社会背景与作答时的神情做出正确的判断。

◇ 2）开放性问题与封闭性问题

开放性问题要求访谈者只规定访谈主题,而不限制受访者回答问题的时间和内容,给予受访者充分的自主权,让受访者谈论的范围尽量宽广、深入。例如询问西北少数民族女童辍学原因的访谈就属于开放性问题,由于家庭经济情况、家庭结构和当地教育政策的差别,女童辍学的原因也各种各样。开放性提问能够关注到受访者的差异性,还能够得到预料之外的结论,能够收集不同的声音与看法,使访谈资料更具丰富性与趣味性。

封闭性问题主要是指一问一答式提问,访谈开始前访谈者会根据研究主题严格制定访谈提纲,撰写访谈问题和安排提问顺序。开放性的问题过多会导致受访者对研究的主题感到迷惑,因此产生不必要的心理焦虑,而封闭性提问不仅有助于访谈者有效掌控访谈进度,缩小访谈主题的范围,减少不可控因素,还可以帮助访谈者获取受访者对某种观点的确认,如提出"您是否认为每个人都有受教育的需要"这个问题,目的就是让受访者确认每个人都需要接受教育。但是其最大的缺点在于访谈情感的缺乏和受访者主动性的丧失,封闭性问题所遵循的一问一答形式,限制了受访者主动讲述的热情,还容易造成对受访者的无意识误导,而且问题的范围仅限于研究者的认知程度,失去了获得预料以外答案的可能。

◇ 3）清晰性问题与引导性问题

清晰性问题更为适合大方健谈的受访对象,对于提出的问题他往往能够滔滔不绝地回答,并且回忆出较多的细节。清晰性问题比较适合针对某一事件提问,例如"请你描述一下,您第一次走上讲台上课的情景",通常要求受访者按照时间或者空间的发展顺序,单一、完整地陈诉事情发展的历程,犹如讲故事一般。首先访谈者需要提出问题并说明研究主题以引起受访者的叙述,接着回问受访者在叙述过程中没有解释清楚的问题,最后整理受访者的回答;在受访者没有提供明确的解释时,访谈者还可以更加清晰、具体地提出一些问题。

引导性问题往往比较适合沉默寡言的受访对象,受访者在访谈过程中很少或几乎不说话,对访谈者提出的问题也回答得非常简单,使得访谈经常陷入沉默。从积极的方面来看,沉默有时也具有积极的意义,受访者可能在沉默中进行建设性的思考。另一方面可能是受访者本来就不爱说话,或者思想在开小差,拒绝回答问题等。针对第一种情况,访谈者要学会容忍沉默,学会等待,不要为了打破沉默而立即发话。针对第二种情况,访谈者首先要在了解受访者的基础上与其建立良好的信任关系,其次应该把握访谈主题,寻找与受访者相切合的点提问,尽量提简单易回答的问题,耐心、详细地解释所提的问题,例如"请您放轻松,对于刚才的问题我认为……那么您还有什么看法呢?""您可以试着从反面回答一下这个问题。"再用些明确的特定性问题围绕着同一主题打转,并指出受访者答案内容不够周全的地方,就可能引出受访者比较完整或者讯息较多的回应。[1]

◇ 3. 提问技巧

访谈初期,首次提问应避免太过突兀和具有争议性的问题,例如对留守儿童的访问,不要一开始就讨论其留守家乡的艰苦的经历,许多留守儿童本身经历了与父母离别和生活艰辛的苦难,心中还有创伤,自然会对这类话题产生抵触,带有防备心理,因此访谈者可以先询问当下生活中发生的开心的、有趣的事情,比如从"你在学校中最好的朋友是谁?跟他发生过什么有趣的事情吗?""谁是你最喜欢的

---

[1] [美]唐纳德·里奇著:《大家来做口述历史:实务指南(第二版)》,王芝芝、姚力译,当代中国出版社 2006 年版,第 87 页。

老师?"等让其心情愉悦的问题入手,拉近两者的距离,营造自然、轻松的访谈氛围。

访谈中期,在访谈过程中经常会出现一些访谈者意料之外的叙述,因此需要访谈者掌握问题追踪的能力,提高对问题的敏感度,一旦听到受访者谈论偶然性、特殊性、不完整性问题时,应立即表示出兴趣,并鼓励其继续谈下去,例如"对于这个问题我还不太了解,您能仔细说一下吗?""您为什么会突然这样说呢?背后还有什么故事吗?"等。而对于重大的概念、观念和理论问题的追问等应该先记录下来,在访谈后期追问。访谈进行到一定程度时,受访者可能会偏离访谈主题,这时候访谈者应该适时地将受访者拉回访谈的正轨上来,但不宜采用过重的语气,破坏访谈本来和谐的氛围,例如"我赞同您现在所讲的,但是关于刚刚的问题我还有一个疑问……"。此外在访谈过程中对于受访者的回答要认真地倾听,不随意打断,要有感情地、建构性地、移情地倾听,给予对方无条件的、真诚的关注。同时,还需要运用照片、日记、书信、绘画和纪念品等实物作为回忆的催化剂,打开受访者记忆的阀门,勾起受访者内心深处的记忆,避免访谈的沉默场景,丰富访谈内容。

访谈末期,具有争议性的问题可以放到此时提出,例如受访者的政治信仰、受访者对重大历史事件和历史人物的评价等。访谈者与受访者经过前阶段的互动与交流已经建立了良好的人际关系和谈话模式,受访者已经卸下了心中的防备,对于争议性问题能够开诚布公地回答,最好的做法是访谈者不对此类问题做出评判,只要求得到一个开放式的回答,以轻松愉快的方式结束访谈,给受访者留下良好的访谈经历。在访谈结束以后不应马上整理工具离开,可以让每一位参与者做一个简单的总结或者补充自己想说而没有机会说出的话,应该郑重地对受访者予以感谢,送上适当的礼物,并再次强调保密原则。如果访谈对象是该领域的大家,应该携带其书籍和专著请他签名或者书写赠语,并询问受访者对于此次访谈的感受,为以后教育口述史访谈的开展提供有益的借鉴,如果受访者愿意的话还可以拿起相机跟他们合影,这些照片不仅有重要的珍藏和纪念意义,还可以作为以后教育口述史著作出版的重要插图。①

在访谈中还应特别注意的一点是肢体语言的运用,戴维·波普诺曾说过,一般在两人的会谈中,语言所表达的意义平均占该环境社会意义的35%,肢体语言却占65%。在教育口述史访谈中,访谈者一方面可以通过鼓励和欣赏的眼神来表达对受访者回答的兴趣,以鼓励其继续说下去,还可以在受访者讲到重要的点时上半身主动前倾,以表示对其回答感兴趣。另一方面可以根据受访者的神态和动作来判断问题回答的情况并及时调整访谈进程,例如当受访者表现出疑惑不解、皱眉的神情和坐立不安等动作时,访谈者应该及时调整提问方式和访谈主题,或者安排适当的休息。当受访者摇头晃脑、低头沉默时应该及时插入有趣的故事或者拿出信件和日记等实物唤醒受访者的记忆。

◆ (三) 访谈注意事项

◇ 1. 选择合适的访谈工具

在访谈开始前不可避免地需要涉及访谈工具的选择问题,口述访谈的工具主要有笔录、录音和录像三种。口述访谈最理想的情况是不使用任何工具,例如在教育口述史访谈中,以职业是政治家、科学家和法官等职业的学生家长为访谈对象的话,其职业伦理非常强调保密性和隐私性,因此他们会对录音、录像等访谈工具有所顾忌,这是非常普遍的现象。②并不是所有的访谈者都能够熟练而精确地提炼受访者回答内容的关键词和重点内容,而且访谈时间的长短以及人类记忆的特点也会影响受访者对访谈过程的回忆。因此在教育口

---

① 李涛:《论口述档案的搜集》,载《档案学研究》,2008年第5期。
② [英]保尔·汤普逊:《过去的声音——口述史》,覃方明等译,辽宁教育出版社2000年版,第250-251页。

述史的访谈过程中,有必要根据访谈对象和访谈主题选择适合的访谈工具加以辅助。

对于少数年老的访谈者来说,他们更倾向于采用传统笔录的方式记录受访者的谈话,该方法可以适应访谈者的性格与记录习惯,有利于访谈者日后进行资料分析与整理。但是其缺点也显而易见,一方面是笔录具有主观性,说话的速度总是比书写快,因此访谈者不可能完全一字一句地记述受访者的回答;另一方面是笔录很难将受访者的语气、语调等声音线索和动作神态记录下来,因此笔录对访谈者的个人素质要求较高,也不适合耗时过长的口述访谈。

科学技术的进步使得人类对教育口述史料的记录方式有了更加简便、可靠的形式——录音和录像。录音和录像都可以记录受访者的声音,录音的优点在于具有较强的隐蔽性,录音笔的体积小于一般的数码相机,而且可以置于较为隐蔽的地方,可降低受访者的心理压力;其缺点在于无法记录下受访者的神态、动作、双方所处的地理位置等,因此会丧失大量的现场信息和细节。而录像则可以弥补录音的缺点,能够准确、完整地记录下访谈的整个过程,有助于访谈者反复观看访谈记录,结合受访者的神态和动作解释访谈回答,但录像机会给受访者带来一定的现场压力,影响研究的信度和效度。同时,在选择录音和录像的问题上还要充分考虑到受访者的年龄特点、社会阶层、研究机构的人力和资金的问题。

◇ 2. 寻求各方合作

在教育口述史的访谈中,不论倾听还是提问都要熟悉对方的语言才能顺利进行,而且当受访者是外国人、少数民族等对象时,其口述难免会夹杂大量的外国语、俚语和方言,只依靠访谈者个人的力量显然无法解决上述问题,因此需要寻求各方面的合作。针对外国的访谈对象,若受访者没有熟练掌握汉语,最好选用其母语作为访谈语言,例如《我的教师之路——中日中小学教师口述史》,对日本教师的访谈就可以寻求外语翻译的帮助,同时还要注意中日文化的不同所带来的认识误差,翻译后的语言也要请相关领域的学者确认和校对。如果以我国少数民族为访谈对象,应特别注意其语言特色与民族风俗,例如云南摩梭人的语言中没有一夫一妻、忌妒、寡妇、情人、养母、继母、失贞等词汇,因此访谈者应避免提及此类词汇,防止对受访者造成不良影响。① 基于以上原因,访谈者应注意寻找当地拥有一定知识背景和声望的人合作,例如村干部、大学生等,这样不仅能够消除在不知情的情况下给受访者带来伤害,还能够加深对少数民族语言的理解。另外,还应寻求当地政府、历史研究所和博物馆的支持,特别是涉及重大历史事件的教育口述史研究时。例如研究抗日战争时期的高校内迁史,需要走访当时的校址、翻阅档案馆的记录等,如果能够争取到当地政府和有关单位的支持,那么势必会取得事半功倍的效果。

◇ 3. 尊重受访者的权利

教育口述访谈要求访谈者以局内人的视角,走进受访者的生活世界,与受访者建立密切的互动关系,而不是以局外人的观点来客观、冷静地分析,访谈者需要了解受访者的历史经验并构建意义。因此在整个研究过程中,访谈者应该与受访者保持权利上的平等关系,尊重受访者的知情权与隐私权。

在开始教育口述访谈前,最基本、最重要的原则是尊重受访者的知情权,访谈者首先需要自我介绍,内容包括个人基本信息、所属研究单位和此次访谈的性质和用途。其次必须充分告知受访者访谈的目的与内容、访谈程序与时间、访谈可能发生的风险与后果、受访者有权接受或拒绝以及随时暂停受访的权利。当受访者已经完全了解以上信息并决定接受访谈时,需要签署一份书面同意书。尊重受访者的知情权,可以避免双方产生不必要的纠纷。

尊重受访者的隐私权要求访谈者做到以下几点。一是当受访者

---

① 周华山:《女性主义田野研究的方法学反思》,载《社会学研究》,2001年第5期。

提到不愉快的经历并表现出非常痛苦不愿继续谈话时,无论其回答多么重要,访谈者都应该暂停访谈或转移话题,避免给受访者带来二次伤害。例如在访问留守儿童时,当其回想起多年的独居生活而无法控制情绪号啕大哭时,访谈者应该及时上前抚平其情绪,给予其关怀,让他从缺失父母关爱的伤感中脱离出来。二是受访者对敏感问题和有争议性问题的回答往往带有主观的评价,为了防止给自己带来不必要的麻烦,他们通常拒绝录音和录像,对于这种情况访谈者可以向受访者说明研究的目的与意义,并阐述他的回答对研究结果的重要性,承诺遵循匿名性与保密性原则,不在研究资料上留下受访者的个人信息,并且不对第三者提及访谈内容。三是尊重受访者的发言权,访谈者可以偶尔充当"侦探"但绝对不是法官[①]。不应随意打断受访者讲话,对其个人的评论与看法不做任何激进性的评价,避免引起受访者情绪上的波动与不满。

三、教育口述史资料的整理与出版

◆(一)资料的分析

访谈资料现在已经收集整理完成,接下来就要考虑怎么把它们组合在一起,以及如何从这些访谈资料中创造历史。最核心的问题是,如何将访谈资料与更广泛的历史模式和理论联系起来,即如何构建其中的历史意义。[②]

---

① 王海晨、杜国庆:《影响口述史真实性的几个因素——以张学良口述历史为例》,载《史学理论研究》,2010年第2期。

② [英]保尔·汤普逊:《过去的声音——口述史》,覃方明等译,辽宁教育出版社2000年版,第287页。

◇ 1. 基本分析方法

对教育口述史资料的分析是将访谈搜集到的资料展开并梳理其中的关键词,对资料进行归纳并赋予意义,分析资料过程不是线性的而是螺旋上升的,应通过不断的证伪删除或者增加访谈资料。教育口述史资料分析的基本方法主要有比较分析法、类属分析法、情境分析法。比较分析法是指根据教育口述史资料所表达的内容进行分类对比,以区分事物之间的一致性与差异性,例如若干个同一性质的不同个案比较,关注的是不同个案的性质,比较它们在因果关系或特征上的差异性,即横向比较,还要对不同性质资料之间的前后顺序进行纵向比较,常用的方法有求同法、求异法、共变法、求同求异法和剩余法。① 在比较分析法的基础上可以延伸出类属分析法,首先确认类属关系,包括因果关系、平行关系、前后关系和包含关系等,其次可以归纳出核心类属。例如教师应该具备的优秀品质:其核心类属是专业技能和职业道德,在专业技能下面有学科知识、教学技能、广博学识等下属类属,在职业道德下面有爱护学生、遵纪守法、正直诚实等下属类属。类属分析法有利于提炼口述史访谈资料中的核心概念并构建出清晰的知识框架。情境分析法即按照事件发生的时间先后顺序对人物或情节进行描述,重点在于将分散的教育口述资料整合起来,把握具有转折作用或者推动作用的情节和人物,将其融合进当时的社会文化、时间空间背景和研究的主题,构建出一幅完整、立体的画卷。例如整理潘懋元先生的教育口述史资料就可以将重点放在高等教育学科的建立、全国第一所高等教育研究所的设立和第一批高等教育学人才的培养等内容。上述三种分析方法无优劣之分,要考虑访谈资料的性质和复杂程度、访谈者的个人习惯和学识等因素。

---

① 李向平、魏扬波:《口述史研究方法》,上海人民出版社 2010 年版,第 171 页。

◇ **2. 绝对客观主义**

在教育口述史资料分析上一直存在两种极端的看法,即绝对客观主义和相对主观主义,持绝对客观主义观点的研究者认为,教育口述访谈所得的资料不具有完全的可信度,主要有以下几个方面的原因,一是由于年代久远受访者容易产生记忆上的错误,二是受到社会环境的限制受访者会选择性地叙述对自己有利的而隐藏对自己不利的观点,三是受访者与访谈主题的"亲密"程度,所亲历的内容可信度高于亲见和亲闻的内容,四是受访者对访谈者的信任程度。[①] 由于以上几个方面的限制,研究者认为在对访谈资料进行分析的时候应该秉持绝对客观主义的原则,遵循史料与口述二重佐证的原则,在充分考证的前提下得出研究结论。

遵循史料与口述二重佐证的原则有利于提高教育口述史研究的信度,正如著名口述史学家唐德刚所说:"胡适之先生的口述只占 50%,另 50% 要我自己找材料加以印证补充。"李宗仁的回忆录情况更甚,其本人口述仅仅占到可怜的 15%,其他 85% 是唐德刚从相关的历史文献中一点点考证修订而成的。李宗仁是军人出身,文学、历史完全不懂,之前的信函电文完全由秘书完成。"李宗仁有时信口乱讲,直接这样写出去要被别人笑死的。"[②] 由此可见,口述史也不应该脱离史料而存在,史料一方面可以对口述进行补充,对于受访者没有说清楚、说明白的地方进行全方位多层次的填补,有利于研究者理解;另一方面如果史料与口述互相矛盾,那么我们需要进一步挖掘矛盾产生的原因,究竟哪一方面是正确的,是受访者在说谎还是历史资料的错误,对研究者来说这也是一个深入研究的机会。

绝对客观主义研究者必须在访谈过程中时刻保持敏感性与警惕

---

① 王海晨、杜国庆:《影响口述史真实性的几个因素——以张学良口述历史为例》,载《史学理论研究》,2010 年第 2 期。
② 张守刚:《唐德刚"口述历史"第一人远矣》,载《人民日报海外版》,2009 年 11 月 18 日,第 7 版。

性,可以通过受访者的神态动作来判断其是否存在故意说谎的嫌疑,因此他更像是一个访谈中的局外人,与受访者保持一定的距离,以绝对理性的原则来进行访谈。这一方面可以提高教育口述史资料的真实性,更容易看到事情的发展脉络,并且由于文化的差异会对一些理所当然的事情产生新奇感,有利于研究的深入①;另一方面却也造成了一种脱离受访者本人谈教育口述史的局面。个体社会背景和成长经历的不同必然导致看待世界和解决问题方式的不同,教育口述资料必然跟史料记载存在差异,而寻找不同的声音和差异性的看法不正是教育口述史研究所追求的吗?

◇ 3. 相对主观主义

秉承相对主观主义的研究者认为,现实是我思故我在,他们认为我们看到的现实是通过被研究者的文化信仰、思想或者是对现实的主观反映塑造的,被研究者无法完全摆脱思想对其的影响,因此对于教育口述资料的诠释应该站在被研究者的立场上,去了解每个独立的、不同背景的、思想开放的、自由的被研究者从而不断接近事实。② 因为他们认为受访者的记忆并不是作为过去事实的被动载体而存在的,而是一段积极创造意义的过程。他们承认在教育口述历史中存在不真实、不客观、不可靠的信息,但是这并不一定是受访者的有意欺骗,相反可能是一种言不由衷的心理,而这种"谎言"也具有研究的价值。有学者认为:"在一定意义上说,错、断、散、重、怪,是口述史不可避免的弱点,而口述者心中的'真实'正是夹杂在错、断、散、重、怪中间才得以冲破理性的阻挠,溜出记忆之谷的。"③"不存在'假的口述',因为'不真实'的陈述仍然是心理上'真实'的,并且这些以前的

---

① 陈向明:《质的研究方法与社会科学研究》,教育科学出版社2010年版,第136页。
② [美]劳伦斯·纽曼,[美]拉里·克罗伊格:《社会工作研究方法质性和定量方法的应用》,刘梦译,中国人民大学出版社2008年版,第63页。
③ 王海晨、杜国庆:《影响口述史真实性的几个因素——以张学良口述历史为例》,载《史学理论研究》,2010年第2期。

'谬误'有时候能够比实际准确的描述揭露出更多的东西……口述的重要性经常不在于它对事实的依附,而是基于它与事实的分歧,在这里,想象、象征、欲望破门而入。"①也就是说,在分析教育口述资料时,不能只关注到历史层面的真实性,还应该重视受访者提供的主观信息,口述与史料存在矛盾的现象并不是消极的,而是具有非常积极的一面。研究口述与史料相互矛盾的背后原因也应该成为教育口述史研究的任务,究竟是史料记载的错误,还是因为时间久远受访者记忆的错失,或是受访者为隐藏某种真相故意而为之,都十分具有研究的价值。因此教育口述史具备了印证文献资料的可靠性功能,由于过去的历史资料大部分来源于官方文献记载,比如在"文革"时期高等教育发展史研究中,对于大学教授生活、学生活动和课程设置的记录大都是由官方保存的,其中很可能存在不少偏见,这样就有了采访当时的大学学者、学生和管理人员的必要,如此得到的口述凭证就可以与原先的书面资料相互佐证。当然我们也并不能保证这些口述凭证准确无疑,但是至少提供了一种与文献资料验证的可能性。②

◆ (二) 资料的整理

◇ 1. 资料整理的基本方法

教育口述史的整理是指研究者对教育口述史料的加工和提升,而不是对访谈资料的简单分类和复原,还应该包括三个方面的注释:一是时间、地点、人物、访谈缘由等描述性知识,二是对主述资料的校对与质疑等解释性知识,三是访谈提纲、图片、附录等参考性知识。教育口述资料整理的基本方法有专题分类法、叙事整理法、人物传记法等。专题分类法首先要求建立专题基本框架,可以以时间、事件和人物为线索,然后根据主题将收集到的录音、视频、笔录、信件、照片、日

---

① [英]保尔·汤普逊:《过去的声音——口述史》,覃方明等译,辽宁教育出版社2000年版,第171页。

② 杨祥银:《试论口述史学的功用和困难》,载《史学理论研究》,2000年第3期。

记等口述资料进行分类,最后将相同主题的教育口述资料编入对应的专题库。叙事整理法的对象主要是具有重要历史意义的教育口述史资料,例如日本侵华教育口述史、北大教育改革口述史等,根据时间的顺序列举出该事件发展过程中的重要历史事件。人物传记法是以访谈人物为中心,将其性格特点、职业、求学经历和社会背景等资料进行整理汇编。由于是人物传记的性质,因此必须掌握两个重点:第一是要在全面的基础上选取能够凸显人物特色和个性的材料,重点把握对其人生经历的发展具有重大的历史转折作用的事件和人物;第二是要对其人生经历进行正面的或者反面的历史评价。总之,上述三种资料整理方法实际上没有优劣之分,选取哪一种方法要根据研究目的、访谈材料的性质与内容和研究者的习惯决定。最后特别应该注意的是,在整理资料的过程中,尤其忌讳破坏教育口述资料的原始性与逻辑性,必须忠于受访者情感、意志的真实,因为这才是教育口述历史访谈所获得的最珍贵的宝藏。[1]

◇ **2. 口述到文本的转化**

访谈要成为口述历史,必须经过录音,做过特别处理后保存在档案馆、图书馆或其他收藏处,或者经过几乎是逐字重制的方式出版。教育口述历史资料应能提供给一般研究者使用,能重新加以阐释,能接受检定的确认。教育口述史家保存访谈的录音、视频和抄本,为的是尽量保存访谈记录的完整性与真实性。[2] 研究者在访谈中,最常用的资料就是访谈记录,其形式主要是视频、录音与文字。将视频和录音转换成文字抄本,其优势在于以下几点:一是可以增加教育口述历史资料的便利性,不必依赖于录音笔和录像机等特定的播放设备,给非专业的和经济条件不足的口述史研究者提供丰富的资料;二是转化成文本之后可以来回翻阅,有利于资料的进一步修改、检查和核

---

[1] 李向平、魏扬波:《口述史研究方法》,上海人民出版社 2010 年版,第 150 页。
[2] 李向平、魏扬波:《口述史研究方法》,上海人民出版社 2010 年版,第 140 页。

对；三是在音频、视频转化成文本的过程中，访谈者可以二次回忆口述访谈过程，在这个过程中可能会发现以前忽略的重要信息；四是符合部分老年学者的研究习惯，对于不习惯信息化社会的老年学者来说，最熟悉、最方便的研究载体还是传统的文本。从以上四个方面来看，教育口述历史访谈结束后应该尽可能地对访谈资料进行文本转录。视频和录音转录成文本的时机越早越好，应趁着访谈者记忆清晰、受访者健在的时候进行，以便对其中的重要信息进行核查和校对。在文本转换中应该注意不要使用概括或者归纳性的语言，应该对原始的访谈资料进行逐字逐句的转化，不要使用自己的语言表述，要保持访谈记录的原始性，要求尽可能地包含受访者的笑声、哭声、面部表情、语音语调、身体动作，甚至是停顿时间和无意义的接续词等都应标注，因为它们都是受访者意义表达的一部分。"口述录音转换成文本时，句号、逗号等修辞符号的运用难以还原被研究者在口述时所表达的意义，无论研究者的意图是什么，对被研究者的口述语言进行删减和排版，那么一定会出现一些扭曲意义，如果我们的研究只局限于口述文本，那么会大大降低研究的效度。"[1]同时还应注意的是，由于教育口述访谈的动态性，即使有事先编订好的访谈提纲，也不可避免地会存在超出提纲问题的回答，因此在访谈结束以后，访谈者需要将访谈中临时加入的问题也转换成规范的文本。另外还应该认真检查笔记，对于字迹不清楚、语言不连贯和明显不符合逻辑的答案应该趁热打铁立即与访谈对象确认。最后还要慎重选择口述文本的形式，在尊重教育口述史真实性的情况下尽量选择"问答式"的口述文本，如果在口述文本中随意删除访谈者的提问，只保留口述者的回答，那么"人们无法判断口述者是在什么情况下讲述的，是主动的？被动的？诱导的？客观讲述？愤怒时的气话？……就会误解口述者的本意。不将口述者放回到当时的语言环境中去，就无法判断他为

---

[1] Raphael Samuel：《Perils of the Transcript》，载《Oral History》，1972 年第 2 期。

什么要这样讲"①。

◇ 3. 资料的保存与管理

资料的保存首先需要对所有访谈资料贴上便签,包括访谈日期、受访者编号、访谈地点、研究计划编号等,然后于电脑中编列受访者名册,逐一将上述信息填入电子数据库中,最后将所有的录音与视频,逐一转译成文字资料保存。目前保存资料主要有两种方式,即纸质资料保存库与电子数据库。纸质资料主要保存在图书馆、档案馆和相关研究所中,相较于传统的纸质资料保存库,电子数据库具有容量大、易提取、保存时间长的优点,因此越来越多的教育口述史研究者也开始尝试将教育口述史资料以文本、音频或视频的形式储存。传统的教育口述史资料主要以文本、磁带和 DVD 等方式储存,但是随着时间的流逝必定会受到一定的破坏,并且资料的二次整理会耗费大量的人力与物力。与此相反,电子数据库能够迅速地将资料转移到其他环境中,对于数据的维护具有便利性。

在教育口述历史资料的管理方面有必要建立索引系统,以便使用者进行提取。索引的方式有很多种,可以按照时间、人名、主题、地点等,索引要根据教育口述研究主题和管理部门自身的习惯和条件而定。同时对于耗时长的研究项目还需要定期更新教育口述资料,将最新的研究成果及时整理入库。传统的人工处理为主的口述历史资料管理模式给大部分人力、财力和物力不足的口述历史计划带来了很大的困难,在某种情况下为了管理方便,他们不得不放弃整理更多的有价值的口述原始材料,这不利于今后的研究者对于该类教育口述史资料的分析与利用。庆幸的是,随着信息技术的高速发展,美国已经出现了以数字化馆藏管理系统(digital collection)、元数据(metadata)、数字化编目与索引(digital cataloging and indexing)和数字

---

① 王海晨、杜国庆:《影响口述史真实性的几个因素——以张学良口述历史为例》,载《史学理论研究》,2010 年第 2 期。

化检索与保存（digital searching and preservation）为代表的数字化技术，其主要特征是能够将不同形态的口述历史资料进行一体化的编目、索引、检索与访问，大大缩短了口述历史资料的转录与管理时间，提高了管理效率。①

◆ (三) 资料的出版

◇ 1. 出版形式

出版形式会塑造和限制可以传达的信息。传统的教育口述史学家倾向于将访谈录音、录像看作是他们收集资料的工作环节，因为在他们看来，文字记录才是最权威的出版方式，但是数字技术改变了这一状态，现在已经出现了将文本与声音、视频或照片相结合的表现形式，例如 CD、磁带、广播电视、舞台作品和网络视频等。

图书出版的优势在于有利于教育口述历史档案的保存并具有一定的收藏价值，而且对于偏远地区人民、老年人等不便使用现代信息技术的人来说，图书是最好的获取知识的方式。与此相对，音像的优势有以下几点：一是增加重要信息的获取，例如受访者的"脸部特写"，可以准确地传达出其神态和表情；二是可以通过传达语调、音量、笑声和叹气等非语言线索，加深对访谈对象的理解；三是展现全面、真实的信息环境，从微观来看视频可以展示受访者的穿着、饰品和动作等，从宏观来看视频可以展示整个访谈空间场景和访谈者与受访者的地理位置等。随着互联网技术的发展，衍生出了另一种形式的教育口述史出版方式即网络视频，在具备普通音像制品优点的基础上，网络视频还有传播速度快、受众范围广、传播便利等优势。如果以图书形式出版，受众需要购买图书或者到指定的图书馆才能了解相关资料，但是网络视频打破了这种限制，它的受众不只局限于学校老师、学生或其他相关行业从业者，而是扩大到广大的普通民众，人们只需要上网注册账户或者在各大视频网站就可以观看到相

---

① 杨祥银：《美国现代口述史学研究》，中国社会科学出版社 2016 年版，第 271 页。

应的口述访谈资料,既省钱又方便快捷。并且网络视频还有利于实现受众与研究者之间的互动,受众在观看视频之后可在视频留言区写下建议和感悟,还可以上传照片和文章等。因此各个社会阶层和年龄层的人都可以成为口述研究的参与者,同时研究者也可以收集到多层次、多方面的口述资料。①

◇ 2. 著作权问题

总的来说,完成一场成功的教育口述史访谈需要访谈者与受访者的共同努力,因此在研究成果的著作权问题上一直存在着争议,在此有以下两种基本的解决思路。一是在教育口述史研究开始前就在协议书中列出教育口述资料出版的著作权事项,重点包括教育口述史资料的使用年限、使用形式、使用主体、使用范围和保密原则等,让受访者清晰明确地了解著作权的归属问题,并在其做出承诺签字将自身言语的所有权转让给访谈者或者赞助单位后再正式开始口述访谈。签署具有法律效力的授权书能够保护当事人之间的权利与义务关系。对于老人和不识字的受访者,研究者还应该为其仔细讲解以上内容并在第三者的见证下让其签署同意书。二是在没有进行上述操作时,于口述访谈完成后与受访者进行协商,在保全研究意义的前提下请受访者将语言和声音的所有权转给访谈者。教育口述历史表现形式的多样化,以及教育口述历史操作过程中访谈者、受访者和赞助单位之间关系的复杂性,使教育口述历史的著作权问题成为难点。一开始可能是录音和录像,转录之后就成为抄本,抄本经过修改与撰写就可能形成文字作品等出版物,其著作权的归属问题就成了重大的难点。因此教育口述历史研究者应该树立必要的法律意识,避免引发著作权纠纷事件。②

---

① [美]唐纳德·里奇编:《牛津口述史手册》,宋平明、左玉河译,人民出版社 2016 年版,第 447 页。
② 当代上海研究所:《口述历史的理论与实务——来自海峡两岸的探讨》,上海人民出版社 2007 年版,第 69 页。

第五章

口述历史与教育史学的未来

　　口述历史作为历史的存在形态之一,自诞生以来就以其独具特色的呈现方式、采集方式,推动了历史传统研究视角、研究方法的变革。教育史学作为历史学的分支学科、教育学的基础学科,其重要作用在于引起人们对以往教育领域内的人物、事件的重新认识与思考,以便于理解当下的教育,诚如陈东原所言:"历史的探究,并不是要我们在过去事件中找着今日所需要的答案,而是使我们从过去因变的研究,学习到找寻今日答案的方法。"①这说明了研究教育历史、构建教育史学的重要作用在于通过历史的流变,找寻解决问题的方法。随着口述历史在教育领域内的广泛应用,日益呈现出与传统教育史学既相互融合又相互促进的态势,逐步形成了教育口述史学的研究范式,推动教育史学科继续向前发展。信息化为现代教育口述史的发展、壮大提供了重要的技术支撑,同时信息技术的发展也为教育口述史的发展提出诸如管理、存储、安全等方面的挑战,因而信息技术与教育口述史学的妥善配合,将是未来教育口述史发展的动力。伴随教育口述史的发展,教育口述史也逐步走进高校,出现了口述历史课程,

---

① 陈东原:《中国教育史(上册)》,福建教育出版社 2009 年版,自序。

形成了口述历史学科;与传统课程教学的日益融合,引发了学校教育领域内的变革。此外,教育口述史对家庭教育、社会教育的开展也颇多助益,有助于构建良好的家风秩序,扩展社会教育的范围,并在较大程度上提高了教育实效。

一、教育口述史与教育史学科建设

教育口述史既是对教育领域内的口述历史进行采集、整理、储存的学科,又是关注教育口述历史生成过程中的访谈者与受访者、历史与现实双向互动的学科,还是关于教育历史记忆的学科。教育史学作为历史学的分支学科、教育学的基础学科,在推动教育历史研究、提高教师素养、培养科研人才等方面发挥了重要作用。教育史学与教育口述史具有内在一致性,即均是对教育历史进行回溯与反思,以便于从历史的角度了解当前教育,也为教育口述史与教育史学的联合,以及借助教育口述史推动教育史学科建设奠定了基础。

(一)教育史亟待形成中国学术话语体系

中国是一个有着数千年悠久历史文化传统的文明古国,自古以来就形成了自己的一套文明体系,包括学术话语体系,并曾在相当长的一段时间里影响了世界文明特别是东亚文明的发展。近代以来,随着帝国主义列强武力的入侵,西方文明也强势进入中国社会,并对中国社会与文化产生了重大影响。在学术上,伴随着近代西方各种学科知识体系的引进与建立,西方各种学术思想、学术思潮、学术理论和方法都在中国进行介绍、传播与实验,"跑马圈地",各领风骚。这一方面推动了中国学术思想的现代化和社会的现代化,另一方面也使中国学术界严重依赖于西方学术界,难以产生自己的学术思想,并逐步沦为西方学术思想的实验场与殖民地。对上述现象,早在20世纪20年代中期,一批清醒的中国学者就已非常敏锐地觉察到并发出了自己的声音,提出了建立本土化的中国学术思想与理论体系的诉求。在哲学界,有冯友兰、金岳霖、贺麟、张岱年等人的探索;在社会学界,有陶孟和、孙本文、李景汉、陈翰笙、陈达、吴景超、吴泽霖、吴文藻、费孝通、林耀华等人的探索;在教育界,陶行知、庄泽宣、梁漱溟、舒新城、陈鹤琴、邰爽秋等人更是积极开展探讨,大胆实验,试图建立中国的教育思想理论体系,形成了陶行知的"生活教育论"、陈鹤琴的"活教育论"和邰爽秋的"民生教育论"等。可惜的是,1949年新中国成立以后,在国际国内政治局势异常严峻的形势下,由于政治和意识形态的原因,这种有益的探索曾经一度中断,直到20世纪80年代才得以赓续。但从总体上来看,中国特色的教育思想理论体系尚未真正建立起来,能够毫不逊色地与西方学术界平等对话,并能对西方学术界产生重大影响的中国教育学术话语体系还在形成之中。时至今日,构建中国教育学术话语体系,以及教育史学学术话语体系已成刻不容缓之事。

　　回顾教育史学在中国的百年发展历程,总结教育史学发展史上的经验与得失,结合当前世界教育史学发展的趋势和历史学、社会学、教育学等学科的最新研究取向,人们不难发现,教育史学若想突破目前的发展瓶颈,必须弥补三方面的不足,即弥补自身学科理论建设的不足、教育历史的日常问题研究的不足和发掘本土学术传统的不足。在自身学科理论建设方面,教育史学研究者由于过度依赖和盲目照搬历史学和教育学的现成理论、方法,而缺乏建设学科理论的理性反思与总结,这就制约了研究者的思维和理论水平,因而在理论方面显得有些先天不足。在教育史学研究取向方面,不少学者对当今国际教育史学的发展前沿问题和当前中国教育改革的实践问题缺乏足够的重视,仍把研究目光聚焦在人物思想与制度变迁上,即使对人物思想的研究也仅限于对教育史上著名的精英人物进行研究,极少涉及基层人物的生活、学习、活动等具体问题、情境的研究。在发掘本土的学术传统方面,由于当前历史学科的社会科学化越来越严重,受其影响,教育史学研究者也热衷于对西方理论的照搬与运用,他们的研究与中国本土学术传统逐渐分道扬镳,对中国传统史学的理论、方法、范畴更是缺乏充分的认识与挖掘。如果中国教育史学不是立足于本国国情来打造学术话语体系,不是从自己几千年传统文化教育中汲取营养、找寻落脚点和精神归宿,那么中国教育史学想要健康长远地发展无疑是痴人说梦。

教育史学中国学术话语体系的构建并不是为了重返故纸堆找寻那些我们曾引以为傲的历史注脚,也不是对空洞的文字游戏的把玩,它的使命在于从中国当前亟待解决的教育现实问题入手,在教育现实问题中发现与之有着内在逻辑关系、值得深入研究的教育历史问题,形成中国教育史学特有的问题域,进而解决中国当前所面临的教育问题,以服务于中国教育的未来发展。因此,教育史学中国学术话语体系必须立足于清晰的时代场域,致力于时代精神的中国表达。当前,自第二次世界大战以来就开始成为西方史学主流的"自下而上的历史学"仍生机勃勃,史家的目光已从精英转向大众、从中心移向边缘、从国家转到社会,其影响所及,造成政治史、军事史不再为学者所青睐,社会史、文化史、妇女史、心态史、生活史、身体史、情感史、口述史等逐渐成为显学。这些"源自西方、反映了西方文化焦虑甚至危机的史学潮流"[1]已开始为中国史学界所接受,并出现了朝气蓬勃、日新月异的研究趋势。这一研究趋势本身没错,甚至具有重大而长远的学术意义,但我们必须对其产生的根源和推行的原因有清醒的洞察与反思,不能因此而盲目排斥和低估中国和世界其他民族源远流

---

[1] 王晴佳:《新史学讲演录》,中国人民大学出版社2010年版,第13页。

长的史学传统,忽视我们自身的现当代史学研究成果。从中国教育史学研究来看,自改革开放以来,学术界在返本与开新的学术实践中,依据当今教育实践过程中所提出的时代命题,逐渐开拓出"回归经典史学""现代化史学""叙事史学""活动史学""整体史学""全球史学"等学术研究范式,呈现出百家争鸣、百花齐放的良好研究态势,这些学术结晶不仅为教育史学研究积累了宝贵的经验与财富,还为学科理论创新和学术进步提供了广阔天地与时代场域,同时也是我们构建学术话语体系的重要理论依据。

中国学术话语体系的构建总是指向当今的"中国问题""中国经验",即指向当代中国的历史性实践中所形成的问题和经验。因此,立足中国实践解答中国问题,是构建教育史学中国话语体系的根本出发点。实践是认识的动力和源泉,问题是时代的格言与呼声。中国教育史学的发展是与中国的教育改革和中国特色的社会主义建设实践密切相关的,它一方面为当今中国教育改革实践提供反思和借鉴,另一方面也从中国教育实践中探求教育发展的历史规律,达到"鉴往知未来"的目的。当前,中国特色的社会主义伟大实践正在如火如荼地进行,伟大的实践呼唤着学术和理论的创新,中国教育史学迎来了前所未有的发展机遇,但我们的教育史学研究和学术创新还明显滞后于实践和时代的要求。中国教育史学在百年的发展历程中积累了许多优秀的学术成果,并在改革开放后的学术实践中逐渐形成多种研究范式。但从实践的角度来看,教育史学研究者仅满足于此还远远不够,还需要对当今波澜壮阔的教育改革实践有更为深刻的把握,并紧跟实践的步伐,倾听时代的呼声。当然,实践是不断发展的,因此,教育史学中国学术话语体系也应是一个开放和发展的学术体系,并在实践这一源头活水的推动下逐渐发展、完善,以永葆青春活力。教育口述史以教育领域内有广泛影响力的学者为访谈对象,有助于收集当代中国教育学者的声音,服务于中国教育学术话语体系的构建。

（二）教育口述史的优长及其现状

教育口述史将视线聚焦于教育领域内的口述历史，并与传统教育历史研究形成显著区别。这些区别表现在，口述历史以鲜活、生动为主要特征；传统历史研究则较为古板、苍老，甚至于晦涩。口述历史注重对历史细节的把握与描述，包含讲述者个人的主观体验与感受，因而口述历史必然包含个人主观性；传统历史研究往往强调宏大、系统，甚至于不近人情。口述历史的重点在于解释与理解，乃至于产生共鸣；传统历史则如实地转述，不是用历史为我们说话，而是我们为历史说话。因此当口述历史进入教育领域之后，教育场景由呆板走向生动活泼，教师与学生之间存在诸多鲜活的教学日常。教育制度的形成与发展，包含了必然性和偶然性，是多方努力的结果。教育思想的形成源于教育家受到的多方影响，因而教育思想不是天才的灵光闪现，而是教育家主动参与教育活动、接受教育影响的产物。抗战时期的奴化教育将不再是简单的文本呈现，更多的是活生生的奴化与反奴化教育场景。外国教育史对教育家的研究也可以进一步扩展，而不局限于赫尔巴特、杜威等教育名家。对外国教育史制度的研究，也更加系统化，减少了误读的可能。教育活动史以研究以往被忽视的教育活动，并以教育活动沟通教育思想与教育制度为旨趣，在编撰过程中注重采用口述史料，对于还原历史上日常的教育活动场景、开拓教育史研究的新领域具有指导意义。教育口述史与这种关注日常、普通、边缘的教育活动史研究具有某种内在的一致性，因而教育口述史的优长便是挖掘教育制度、教育思想形成背后的历史，再现生动活泼的教育场景、教育人物。

教育史学研究离不开史料。传统的历史保存方式包括简牍、器具、建筑等，这些历史保存方式所包含的历史信息构成了当前教育史研究的主要史料来源。随着教育史研究的发展，传统史料也面临着不充分、不可靠的问题。史料的不充分性表现在，传统史料的重复使用与多次使用，且使用的范围、领域也不尽相同，因而从旧史料挖掘出新意，变得殊为困难。同时收集现有史料又会遭到相关部门的限制，"每家都想自己占有资料为开展研究提供方便，于是各自想方设法去争得为数很少的资料，门路多的就多得，门路少的就少得或难得，弄得大家都很有意见"①，导致获得传统教育史料变得尤为困难，在很大程度上限制了研究领域的开拓。史料的不可靠性与历史记载同时诞生，因此历史的历史在很大程度上也是辨别史料真伪的历史。历史的造假除了民间自发行为外，历代官方也注重书写符合自身需求的历史，这种书写的历史与实际的历史之间可能存在明显的差异。曾被学者批点校注的《道德经》，在与汉墓出土的帛书版本进行比对之后，发现通行的《道德经》已被篡改得更加符合儒家的需求。如果不能发现原版《道德经》，历史真相将永远被蒙蔽，也不能获得道家思想的真意。这说明单纯依靠传统的历史保存方式并不完全可靠，这也就需要多方面地考证，广泛地获取信息，以便互相佐证。

此外，传统的历史保存方式，由于其灵活性差，容易被人为破坏，导致大量信息散失，从而对教育史研究造成了不利影响。虽然我国具有历史悠久的尊师重教传统，但秦朝施行焚书坑儒政策，西汉董仲舒提出"罢黜百家，独尊儒术"，都对先秦时期的典籍进行大规模的破坏，导致后世在研究先秦时期教育时，缺乏相关史料。再者传统的历史保存方式，往往只能保存极其有限的信息，对于了解历史发展的重大事件具有帮助，但无益于了解事件背后的事实，即历史发展、历史结果的呈现并不是线性的，有些真相往往深藏于历史背后，如果不能理解历史背后的真实，便不能把握历史发展的原初轨迹，从而容易在历史研究中出现过度解释、以结果推导原因等问题。这主要是因为我国古代主要以官修历史为主，由于人力、物力的限制，历史被局限在上层阶级，对下层民众、边远地区民族、女子教育、家庭教育关注较

---

① 张斌贤：《教育是历史的存在》，安徽教育出版社2007年版，第31—32页。

少,这也导致以往教育史学研究只有制度史与思想史,而忽视教育活动史的研究。这些问题都或多或少与保存历史的形式有关,口述历史则是解决这些问题的一剂良药。口述历史能够弥补传统史料的缺陷,极大地扩展史料的来源;通过了解历史事件背后的事实,从而正确理解历史事件本身,以及思想发生变化的根源。

教育史学科分为中国教育史与外国教育史两大方向,但对于这两大方向中应当呈现何种结构,却颇多争议。回顾教育史学科的发展历史,不断有学者对教育史的学科架构提出自己的设想。1928年姜琦在其《西洋教育史大纲》中提出教育史研究之框架,从结构分为内容与形式,内容包括东洋教育史与西洋教育史,形式包括实际与理论。每个实际与理论之下又包括了缘由与本质。如实际的缘由包括了国家兴亡、社会更替、风俗变迁、习惯推移、宗教盛衰、学术势力这六个内容。[①] 这可以说是最早对中国教育史学科结构进行的探讨,但也尚未跳脱教育思想与教育制度的两分思维。1939年,民国教育部的教育史教材中指出:"教育史既是一种历史,除叙述各时代的教育事实和思想外,并需用批判的方法,研究各个教育事实与各种教育思想间所起伏的因果关系,所以教育史又可以说是叙述、说明,并批评各种教育理论与各种教育事实的缘起、变化与趋向的学问。"[②]这时已经可以明显看到教育史学已经开始关注教育事实与教育思想之间的因果关系,教育史学由静态走向动态。我们认为,应以教育制度史、教育思想史与教育活动史三分教育史,其中教育活动史既是对教育制度与教育思想因果关系的解答,也是将教育史研究的范围进一步扩大,将教育史研究的对象回归到教育活动,在教育活动中为教育史研究提供依靠。口述历史作为一种历史存在形式,存储于个体或公众的头脑当中。作为历史的亲历者,能够了解教育制度与教育思想

[①] 姜琦编:《西洋教育史大纲 上》,商务印书馆1928年版,第14-15页。
[②] 教育部编审会编:《教育史》,新民印书馆1939年版,第2页。

之间的事实,并且以个人的理解自然地呈现出来,既能够作为一种史料的补充,同时口述历史也与个体或公众的记忆存在直接联系,因而也存在遗忘和改写的可能。教育口述史从研究口述文本、研究教育历史记忆出发,促进教育史学科架构调整,推动传统教育史学科重新焕发生机。

教育口述史作为教育史学发展的新领域、新方向,自诞生起就表现出强大的生命力。自现代口述历史研究范式引入我国,并与教育史学研究结合之后,我国教育口述史得以迅速发展,教育口述史的著作更呈现出井喷之势。但在教育口述史快速发展的同时,一些隐藏在其背后的问题也日益凸显出来。首先,有关学者认为美国口述历史发展的重要原因在于建立了全国性的口述历史协会以及各地分会,并在此基础之上制定了一系列口述历史的专业规则与标准,有力地推动了口述历史的发展。[①] 而我国教育口述史研究各行其是,尚未形成完整、科学且为大多数学者认可的研究范式,已经出版的著作往往行文不规范,导致传统历史学研究者对口述历史研究成果的可靠性充满怀疑,限制了口述历史在历史学研究中的运用。其次,口述历史研究旨趣受到传统史学理论影响,尚未显示其优势与特色。兰克史学,作为西方影响深远的历史学流派,特别强调对传统史料的运用,并将研究重点集中于政治史研究、杰出人物研究,研究成果强调宏大叙事。美国作为现代口述历史研究的发源地之一,在研究早期也受此影响,将口述历史研究对象确定为总统、教育家等知名人物。我国在引进口述历史,以及开展由此分化出来的教育口述史研究时也不可避免地带有其原有特征,即最初的教育口述史研究将对象限定为知名教育家、重点学校,对普通民众、普通学校的教育口述史研究严重不足。再者,教育口述史的学科地位尚不明确,相对于国外已

---

① 左玉河:《中国口述史研究现状与口述历史学科建设》,载《史学理论研究》2014年第4期。

有大学将口述历史确立为一门独立的学科,培养从事口述历史研究的专业人才,我国的口述历史、教育口述史还处于尴尬的地位,目前尚未有学校建立相应学科,部分高校也仅仅将口述历史作为选修课程进行开设;授课教师也主要源于对口述历史研究的个人兴趣,其相关专业能力有待提高。鉴于口述历史地位在我国尚不明确,国家对口述历史方面的支持力度也就非常有限,导致口述历史在我国处于人、物两缺的艰难境遇。

◆(三)教育口述史与教育史学的新发展

面对传统教育史学的"危机"与教育口述史成长的诉求,并结合各自的优势与缺陷,我们认为应将两者结合进行考察并为此制定相应的发展规划。一方面,教育口述史能够为传统教育史学研究提供丰富的、独特的史料支持,在很大程度上改变研究者对传统教育事件、人物的态度和看法,从而尽可能地还原历史的本来面目,实现教育历史为当前教育参照的根本目的,增强教育史学科研究结果的现实感。同时,依据学科独立的标准,教育口述史学具有其独特的研究对象、研究方法,并且部分高校已经开设了相关课程,这也表明随着教育口述史的深入发展,它也必将成长为一门独立的学科,为传统的教育史学大厦搭建新的活动场域,使教育史学科结构更加完善。

教育口述史目前已有大量著作问世,为研究历史上的教育问题,观照当前的教育现状,提供了重要的史料支撑。《中国教育活动通史》在编撰的过程中,以马克思实践唯物主义为指导,试图刻画并反映历史上生动活泼的教育活动场景,为此重视引用教育口述史资料,使全书的整体行文在保证严谨的情况下,能够充分体现教育活动史的特性,实现教育历史由静态到动态的转变。越来越多的教育史研究者,也在其学术论文中使用口述史资料。我们研究明清乡村塾师的教学活动中通过引用蒲松龄《逃学记》中描写教师体罚学生的场景①,来反映历史背景下教育活动的鲜活场景,活的教育历史也由此呈现于读者眼前。为呈现近代学校课堂生活,引用了多位名家的自传、回忆录,借此反映近代学生课堂环境的时代变迁、教育形式的自由多样。② 这表明教育口述史已经成为教育史研究者自觉使用的史料来源。

教育口述史学的发展也与国际国内历史研究的转向具有密切联系。传统的历史研究、教育史研究关注史实,强调史料的真实性,以及研究结果要从史料本身推导出来,将历史作为纯粹的客体加以认识,因而教育历史呈现出呆板、缺乏活力的面貌。随着新兴历史学派的崛起,历史研究开始强调对历史的理解。这种理解既包括对历史过程的理解,也包括对历史呈现结果的理解。就对历史过程的理解而言,我们认为认识历史、理解历史应当是一种视域融合的过程。即在历史研究中,采访者、研究者与历史的见证者展开互动交流,以取得对历史恰如其分的理解。在这种历史理解的过程中,研究者或采访者用现实的视域观照历史见证者所经历的历史场景,并由此创生出新的意义世界。③ 就对历史结果的呈现而言,既包括对历史文本的理解,也包括对文本之后的理解。以往认为文本历史由学者撰写,能够对历史进行相对客观的阐述。后现代"语言学转向"使研究对历史文本有了新的见解,即历史文本代表了研究者的话语体系,在很大程度上是一种威权,也是一套不一定适合读者的语言系统,这就导致历史文本不能被读者的语言体系所理解而产生误读的情形。教育口述史在解决这些问题方面具有其先天的优势。教育口述史研究的过程基本上可以分为资料采集前的准备工作、资料采集中的实录工作,以

---

① 申国昌:《明清塾师的日常生活与教学活动》,载《教育研究》2012年第6期。
② 刘训华:《近代学生课堂生活的多维呈现》,载《教育研究》2013年第9期。
③ 刘来兵,周洪宇:《视域融合与历史构境:实践活动取向的教育史研究》,载《教育研究》2011年第2期。

及资料采集后的整理工作。在资料采集前的准备环节,采访者需要对被采访对象有大致的了解,确定采访的问题,这个过程包含了对被采访对象的预设;在采集资料的实录环节,是采访者与被采访者互动交流的过程,采访者会根据问题的逐步深入,进行适时的追问。在采访资料的整理环节,采访者与被采访者仍然保持着比较频繁的互动交流,以便于对最终的文本进行修改。因此教育口述史的研究过程与后现代"语言学转向"不谋而合,从而减少了历史文本误读的可能。对历史文本背后的理解,也是教育口述史学值得开拓的领域。在采集资料的整理阶段,往往出现与传统史料不同之处,这种不同之处可能是不同史实的相互冲突,也可能是对史实在一定程度上的放大或缩小,进而引出教育口述历史的新的课题,即口述历史中的记忆问题。现代心理学研究已经表明,遗忘是一种极为正常的现象,并归纳出导致人类遗忘的若干因素,这对于解释人类的遗忘具有一定帮助。但马克思主义哲学也表明人类意识具有主动创造性,因此教育口述史的遗忘问题也必然与人类主体选择性有关,即选择对个体有利的行为,规避或逃避对个体有害的行为。因而教育口述史也需要关注口述中与史实不符的地方,深入研究。同时个人的口述历史,不仅包含了个人的记忆,而且也是公共记忆的一部分,针对不同群体开展对同一事件的口述历史研究,将会获得对该事件比较全面的认识。因此教育口述史成为实现教育史学研究转向的重要组成部分。

  如果仅仅将教育口述史作为传统教育史研究的史料补充,作为教育史学研究重心转向的重要构成部分,那么将会忽视其对教育史学科建设发展的重要作用。传统教育史研究所依赖的相关史料,已经发展成为档案学、考古学、文献考辨学等学科,教育口述史作为未来教育史发展的主要史料来源,也应当成为一门独立的学科。目前哥伦比亚大学已经成立口述历史专业,设置了口述历史相关课程,以培养口述历史研究的专业人员,为建设口述历史研究队伍奠定了基础。① 反观我国教育口述史还未成为一门独立的学科,甚至只在极少数的高校历史专业开设口述历史课程,在教育学专业领域内开设教育口述史课程,更是绝无仅有。因此要实现教育史学科的发展,就必须重视教育口述史学科建设,从增加教育口述史课程开始;借鉴国外口述历史专业经验,结合我国教育史学的特点,编制专门教育口述史教材,选择合适的教学师资,重视教育口述史的实际操练等。

教育口述史独立地位的出现,是教育史发展的必然,也会极大地改善教育史逐渐被边缘化的状态。目前整个社会在功利主义的影响下,重视发展理工科,忽视文史科,特别是较为年轻的教育史学科。教育史学科毕业生往往就业困难,这与教育史的研究传统有关,教育史学科作为关注教育历史的学科,偏重于理论研究,与实践存在一定的脱离。教育口述史学科作为教育史学科中的新生力量,包含了理论研究与实践研究的双重取向。因而通过指导学生亲身参与教育口述资料收集,将有助于提高学生的资料收集与整理能力、人际交往与沟通能力、团队协作能力以及教育口述史的撰写能力;增加学生参与教育实践的机会,开阔学生思维眼界,提高学生对历史的认识与分析能力,将对学生今后的学习与工作大有益处。在此基础上,教育口述史研究提高了学生综合素养,扩大了社会影响力,增加了学科参与教育实践的机会,最终促进教育史学科从纯理论学科向理论与实践相结合学科的转变。

未来随着教育口述史专业的建立,教育口述史的归属问题将会充满争议。从高校出发,鉴于教育口述史研究教育领域内的口述历史,且又与教育史有明显的亲密关系,而可能将其划归教育学院管理,下属于教育史专业,成为教育史研究方向之一或与教育史专业协助建

---

① 哥伦比亚大学口述历史中心:Degree Requirements And Advising,http://oralhistory.columbia.edu/degree-requirements/,2018-10-12。

设,两者呈现并行关系;也可能因为其研究的结果为口述历史,划归为历史学院,成为口述历史的研究方向之一;还有可能借鉴国外经验,成立独立于二级学院之外的口述历史研究中心,专注研究口述历史,依据研究者的个人旨趣,选择不同的研究方向。中国传媒大学崔永元口述历史研究中心、温州大学口述历史研究所在探索专注于口述历史研究的机构建设方面做出了积极有益的尝试。但在实际中面对口述史研究中心的独立建制,可能会出现图书馆附设的口述历史研究中心、档案馆附设的口述历史研究中心,甚至还会可能出现教育部直属的口述历史研究中心。此外,为方便与国外口述历史协会合作,以及立足于本土化口述历史研究,需要成立相应的口述历史协会或口述历史学会,目前我国已经成立了由中国现代学术文化工作者联合成立的非营利性民间学术团体——中华口述历史研究会,隶属于中国现代文化学会,并于2004年通过其协会章程。但组织架构尚不完善,作为口述历史的重要组成部分——教育口述历史,尚未占据相应位置,这也是未来中国口述史相关协会成长、壮大亟待改善的地方。其他地方性口述历史研究团体如江苏省口述历史研究会也于2015年成立,这表明口述历史研究会已经有一定发展,但规模还有待于扩大,组织架构、规章制度有待于完善。

二、信息技术与教育口述史的远景

信息化是当今时代最显著的特征,一切事物似乎都能够通过技术手段转换为数字化形式,储存在多种设备当中,并能够快速便捷地使用,推动了信息的自由流通。伴随着信息技术的发展,教育口述史的采集、转录、存储等环节也得到快速发展,整个过程更加简单、快捷、高效,极大地提高了教育口述史的成果转化率。信息技术的开放性,使教育口述史的传播渠道更加多元化,传播速度也明显加快,呈现出前所未有的资源共享趋势。信息技术与生俱来的创造与破坏的双重属性,在其与教育口述史的深度融合中也日益凸显出来。信息技术在促进口述历史快速传播的同时,也在一定程度上侵害了口述者的合法权益。信息技术的不断革新,导致运用旧技术储存的口述历史资料,可能会存在不能识别甚至损坏的问题。信息技术由人开发、设计、管理,其中不可避免存在漏洞。当这些漏洞被恶意利用之后,可能会导致口述历史资料面临网络攻击与病毒侵扰,从而导致口述历史资料被损毁或篡改,影响到口述历史资料的信息安全。因此应当妥善对待信息技术与教育口述史的关系,一方面既要重视信息技术为教育口述史发展提供的便利条件,另一方面又要时刻警惕信息技术对教育口述史的侵害,从而保证教育口述史健康有序发展。

◆ (一) 信息技术与教育口述史发展回溯

信息,是一种重要的财富。自古以来不同地域的人都不同程度地采用信鸽、驿站等形式进行信息的传递与交换,以获取所需要的各类信息。在获取信息过程中采用的手段和方式可以认为是信息手段,而非信息技术。第二次工业革命之后,随着电报、电话等传播媒介的发明与应用,信息传递更加便捷,信息技术的概念逐渐被提出。随着世界上首台电脑的诞生以及与之相联系而形成的局域网的出现,信息技术的内涵得到进一步发展,并有学者提出信息技术四基元理论,即感测技术、通信技术、智能技术和控制技术[①],构成了信息技术基本的理论范畴。此后信息技术的发展,主要表现为围绕某一领域信息技术的深化发展。进入 21 世纪以来,信息技术的发展日新月异,主要表现为更新时间缩短,传播速度明显加快,古人的许多设想在现今

---

① 钟义信编著:《信息技术》,上海科学技术出版社 1994 年版,第 62 页。

都得以实现;2012年以后,以智能手机为代表的智能信息技术得到大发展,引起了社会领域的诸多变革。

信息技术对传统教育史领域的贡献,主要表现为扩充研究史料,传递领域内前沿信息。几乎所有的史料已经能够通过扫描,从纸质资料转化为电子资料,存储在电脑、手机、网盘等相关设备中,研究者获取资料的时间成本降低。高校以及科研机构通过购买知网、万方等大型数据库的资源以便于研究者使用,这些数据库也通过不断优化检索方式、呈现方式,进一步为研究者使用提供便利条件。目前我国主要档案馆也在加紧对纸质资料的扫描整理工作,已基本实现资料的数字化。查阅者只需在具有检索功能的机器中键入适当关键词就能获得所需资料。博物馆也利用信息技术将人工讲解与电子讲解相结合,并为每件文物提供具有介绍功能的二维码,使参观者能够随时随地收听相关讲解,极大地促进了博物馆社会教育功能的发挥;图书馆借助信息技术,将纸质书籍与电子书籍紧密结合,对图书馆尚未购置的书籍,开展校际合作,实现图书资源的高效流通。这种自由、便捷的资源共享方式,为教育史学研究提供了充足的史料支撑。信息技术也为传统教育史研究提供了充分了解外部世界的窗口。以往人类活动领域有限、社会变动速度缓慢,因而"秀才不出门,便知天下事",表明通过阅读书籍等间接方式也能够了解世界。当今信息化时代,社会变动速度进一步加快,网络上每天产生数以百万计的信息,并架起了各地之间、国与国之间的网络桥梁,通过以信息技术为支撑的互联网,促进教育史研究者之间的互动交流,通过简短的网络对话就能够了解教育史研究的最新动向,通过简单的网络检索便能够回溯教育史研究的发展阶段。因而信息技术成为教育史研究者把握过去、眺望未来的助手,促进了教育史学研究的国际交流,推动了传统教育史学多视角、跨学科研究的发展。

教育口述史最初作为教育史研究史料而存在。我国最初并没有教育史学科,却有教育史研究传统。在教育史研究的初期,史料主要源于教育口述历史。司马迁在《史记·太史公自序》中针对孔子编写春秋的原因,提出"余闻董生曰'周道衰废,孔子为鲁司寇,诸侯害之,大夫壅之。孔子知言之不用,道之不行也,是非二百四十二年之中,以为天下仪表,贬天子,退诸侯,讨大夫,以达王事而已矣'"①。表明司马迁在编写《史记》时,在面对秦汉社会变动导致书籍的破坏、书面资料稀缺的情况下,采用了口述历史的方式收集相关史料。此外,以《论语》为代表的儒家经典,受制于当时书写材料的缺乏,导致书籍非常有限,因而口头讲述就成为教育史研究、教育思想传承的重要方式。随着书写材料的易获得性增加,教育口述历史的史料功能被逐步取代,特别是考据学派的兴起,使研究者对纸质资料、碑刻、铭文等实体史料愈加推崇,而教育口述历史在此冲击之下便一蹶不振。国外教育史研究也源于口头传说,其中就包括由古希腊盲诗人荷马根据个人的旅行所闻而编写的《荷马史诗》。结合中西方早期口述历史研究,可以认为口述历史是人类表述历史最初的形式,以后受兰克史学派影响,其在历史研究中的作用被忽视。随着历史研究的深入发展,有学者也开始呼唤重拾教育口述历史在教育史研究中的价值,并以百行百业之教育"多恃口授,而世代流传不辍,足见自古以来,文字教育远不及口传教育之深入社会",且"古今人事,多非文字可及载录,凡此人群活动,或亦关系文化社会之变迁,然不百年即消散无余,亲见者年寿有限,若不口传后人,即必随其人而俱亡",以此说明应当"注重口传史之发掘与研究",教育口述史才获得新的发展机遇。②

虽然口述历史伴随历史发展始终,但早期口述历史略显粗糙,缺乏统一规范,研究结构令人质疑。年鉴学派等新兴历史学派在全球范围内影响力的逐步扩大,对传统以实证为主要特征的兰克学派产生了强有力的冲击,口述历史也逐渐由边缘走向中心。1948年阿

---

① 熊承涤主编:《秦汉教育论著选》,人民教育出版社1986年版,第109页。
② 王尔敏:《史学方法》,广西师范大学出版社2005年版,第82-83页。

兰·内文斯在哥伦比亚大学创建口述史研究室,标志着现代口述历史的诞生。随后唐纳德·里奇、保尔·汤普森等口述历史研究者各自从不同角度对口述历史的理论与实践操作问题进行探讨,并提出一系列创见,奠定了现代口述历史研究的主要理论基础,深刻地影响了口述历史的后续发展。伴随现代口述历史的诞生,口述历史的采集方式也实现了现代化。早期口述历史的采集,主要依靠受访者讲述、采访者记录,两者之间同步进行,这就导致采访对象极其有限,采访效率比较低下,采访效度难以保证,结果使用也比较单一。第二次工业革命之后,电力得到广泛应用,电器设备也逐渐增多,这就为现代口述历史的诞生创造了良好的外部条件。1877年爱迪生发明留声机,使声音能够借助外部设备保存下来,开启了录音机的历史。从19世纪末到20世纪40年代,为录音机的初创期。此时的录音机多为钢丝录音机,体型笨重、价格昂贵且易损坏,尚未能全面普及。1948年磁带录音机诞生后,由于其具有可携带性、保真度高等优势,逐步取代了钢丝录音机。因而现代口述历史的声音采集便借助于盘式磁带录音机得以发展,并且允许受访者对录音内容进行修改。但受到节省成本以及转录高于录音观念的影响,录音文件并未单独存盘,甚至在转录之后便将录音文件销毁。1963年飞利浦公司发明便于携带且价格低廉的盒式磁带录音机,使录音设备更加轻便,录音储存时间也更长,但盒式磁带录音机在1984年才得以普遍流行。[①] 录音设备的屡次革新,使口述历史的采访范围得到极大的扩展,也成为口述历史采访视野下移的重要条件。

随着信息技术的进一步发展,口述历史的采集、存储、传播,无论在数量层面还是质量层面都获得极大提升。录音设备进一步更新换代,并逐步走向轻型化、智能化,增加了远距离操作、降噪等特性,使

---

① [美]唐纳德·里奇编:《牛津口述史手册》,宋平明、左玉河译,人民出版社2016年版,第5-7页。

录音质量明显提升。智能手机的普及与发展，使口述历史采集工作可以随时开展，录音工作更加轻松；口述历史的内容也能够借助网络以更广泛兼容的格式、更普及便捷的渠道，实现自由传播、共享、应用。因而信息技术的普及降低了口述历史的门槛，几乎人人都可以成为受访者、访谈者，甚至是研究者。

  信息技术的发展，使人类不但掌握了采集声音的技术，而且获得了录制视频图像的技术。电视机、录像机的发明与推广，导致影像资料不断增加，使人类认识事物的视野进一步扩展。随着微软Windows系统的优化与发展，相关的硬件与软件设施的不断涌现，电脑拥有了更加强大的功能，可以在线录制、编辑、播放视频。各种社交软件不断发展，并支持文本、语音、视频等多种形式的沟通，使得沟通交流无处不在。口述历史后进者，可以通过使用先进的信息技术，缩短口述历史发展的历史阶段，快速进入口述历史的视频时代。即口述历史将会以视频等立体化形式呈现，这与以往的录音形成鲜明对比。通过采用高分辨率的录像设备，能够轻松捕捉受访者在进行口述时的神情、语态、姿态，以便于理解受访者语言背后的真实意图。同时对于具有教育意义的口述历史，也可以将其进行简单的整理与剪辑，制作成为教育系列影片，从而极大地扩大了教育的范围，提高了教育的实际效果。视频时代的口述历史，可以采用更加灵活的方式开展访谈，既可以是面对面的形式，也可以是网络视频的形式。通过网络视频开展口述历史的采集，可能需要辅助者，毕竟口述历史的采访工作者可能会遇到老年人或对采访设备不熟悉的群体，这就需要做好口述历史前期工作，以便采用合适的采访方式，以取得最佳的采访效果。

◆ (二) 信息技术与教育口述史的冲突

  信息技术为教育口述史的发展提供了重要的技术支持，提高了口述历史采集、转录与传播的效率，实现了口述历史的快速发展。随着信息技术与教育口述史的日益交融,信息技术所固有的弊病也日益暴露出来,导致两者冲突出现与日俱增的态势,并影响到口述历史的后续发展。这些冲突主要表现为口述历史的个人所有权问题、机构管理问题、转录与存储问题、使用与信息安全问题。

信息技术的发展,凸显了口述历史的个人所有权问题。在当今社会的法律规范之下,个人与所有权被紧密地联系在一起,因而涉及个体时便不得不考虑所有权问题。口述历史作为口述者所呈现的历史,代表着口述者的主观情感与主观意图,包含了口述者的个人经历与生活隐私,可以认为是口述者的智慧成果;针对特殊群体开展的口述历史工作所收集的资料,还可能包含公共隐私、公共禁忌以及其他不便于在短期内公开的内容。无论如何,口述历史都包含了个人的因素在内,因而需要考虑口述历史的所有权的问题。信息技术,作为一种客观的技术手段,由人所操控,使口述历史能够在较短的时间内从多渠道传播出去。我国尚未出台针对口述历史的系列规范,因而在开放多元的网络环境中,可能会出现滥用的问题,直接侵犯到口述者的合法权益,如将原本属于公开的口述历史变为私用以谋取经济利益,或将本应延期公开的口述历史提前公布,或将口述历史作为恶意攻击他人的工具。

随着信息技术的发展,出现了口述历史的机构管理问题。现代口述历史自诞生之后,就呈现出团体化特征。虽然口述历史最初是由个人主持开展访谈、收集访谈资料,但这种单打独斗的采访行为,在当今强调团体协作、大规模化的时代显得不合时宜。当前口述历史虽然还尚未脱离个人主持口述历史访谈的形式,但整个口述历史程序已移交团队确定,因而口述历史必然要走向项目化、团体化。所以必须建立相应的组织机构、管理机构,来为团队协作提供良好的基础。信息技术进一步推动口述历史的规模发展,对建立相应的组织机构、管理机构的要求更加迫切。哥伦比亚大学最初建立口述史研究室,后发展为口述历史中心。此后又在该校二级学院与图书馆分设口述历史研究中心,开展口述历史储存与研究工作。管理机构的诞生相对应地产生了机构的建制问题。目前我国已经出现了一系列的口述历史研究中心,有附设于学校的如温州大学口述历史研究所,有附属于档案馆的如上海文史馆口述历史研究中心。这些机构都为我国探讨口述历史机构的建制问题提供了一定的借鉴,但作为传统的史料机构的档案馆、博物馆似乎也应当建立相应的口述历史研究机构。这表明口述历史研究机构将可能存在多种形式。对于诸多口述历史机构,如何高效协调,以发挥资源共享、研究成果共享等功能,将会是未来口述历史研究机构不可回避的问题。

信息技术的发展,解决了口述历史的转录与储存问题。现代信息技术在一定程度上提高了口述历史文件的转录效率,但这并不意味着转录工作能够完全被机器所取代。就目前识别率最高的转录工具,仍不能够保证转录结果与口述历史文件完全吻合。特别是将录音文件转换为另一种语言时,转录工具总是无法准确地表达人的真实感情。对于特别冷僻的语言,转录工具也不一定支持,因而必须慎重使用转录软件。现代口述历史的历史也是一部不断克服存储问题的历史。现代口述历史的出现与录音设备的发展有密切关系。起初,口述历史研究者受到传统历史研究范式的影响,借鉴以往史料的保存形式,将口述历史录音转化为口述历史文本,而后将口述历史录音原件销毁,因而如何保存文本,就构成了口述历史资料存储问题的主要内容。其后随着后现代主义的流行,对文本的理解发生变化,并将文本视为一种具有个人色彩的话语系统,引起口述历史研究者对"磁带的价值和文档一样重要"[1]观念的认同,口述历史资料存储问题发生了转变,由文本的存储转变为音频、视频文件的存储。音频、视频文件的存储是纯粹的技术问题,主要分为两个方面,一是能够长期

---

[1] [英]保尔·汤普逊:《拉斐尔·塞缪尔(1934—1996):一种欣赏》,载《口述史》1997年第25期。

保存下来而不会毁坏的问题,二是能够被继续重复使用的问题。口述历史资料的长期存储问题与存储设备的特性有关,所有的存储设备都不能永久保存,并且频繁地读取数据也会造成存储设备读取能力的下降与不可控的数据遗失。口述历史资料的重复使用问题与其播放设备具有密切联系,技术在发展过程中,从用户体验出发,一般均会兼顾保真与兼容的问题,但目前还没有特别完美的格式,并且随着技术的发展,原有的存储格式会逐步被淘汰,导致口述历史资料可能会出现无法再次转录的问题。

信息技术的发展,也会导致口述历史资料的使用与信息安全问题。口述历史资料的使用与信息安全问题,在口述历史发展初期可能是隐形的、不显著的问题,但在信息化背景下日益凸显出来。网络的本质是开放的、自由流通的;而口述历史本身所具有的个人特性,又决定了需要对流通中的口述历史资料做出必要限制。这些对口述历史资料的限制,运用信息技术可以具体化为访问权限问题,即对何人开放以及何时开放的问题。对何人开放可以具体为针对所有人的访问权限、针对部分人的访问权限以及针对个人的访问权限;何时开放可以具体为永久开放、延期开放、灵活开放等。如果口述历史资料的使用是管理机构主动开放的,那么口述历史资料的信息安全问题,则是口述历史资料管理机构被迫应对的问题。近年来网络发展迅猛,与此同时网络安全问题也日益严峻。层出不穷的网络黑客攻击、勒索病毒导致相关机构面临巨大损失。口述历史资料作为难以重新追溯的资料,在面对日益严峻的网络安全问题时可能会遭受无可挽回的损失,因而口述历史的信息安全也成为值得关注的问题。

◆ (三)信息化与教育口述史发展路径探讨

信息化已经成为当今社会发展不可逆转的趋势,也日益成为学术研究、学科发展不可忽视的因素。教育口述史凭借信息化的东风,实现了拨开云雾见太阳的历史转折,因而未来教育口述史学的发展也需要在信息化大背景下进行探讨。信息化带给口述历史的东风,可以概括为理念与实效。首先,信息化改变了传统口述历史研究的理念,以往的口述历史往往是小规模的、立足于地方需要的。信息化导致数据激增,使研究者必须从大数据的角度去探讨口述历史的发展问题。信息化更是口述历史发展的重要外部条件。由于口述历史涉及人的口述,如果仅仅依靠人的记录,不免效率低下,访谈者或忙于记录,而不能了解受访者话语后面的真意;或快速记录而导致信息遗失,不能够完整地表述受访者的话语,不能发挥口述历史贴近生活的优势。信息技术在保证口述历史资料完整性的同时,也提高了口述历史信息的传播效率。因而一方面要借助信息化自由、快速、便捷的优势,打破口述历史资料采集的时空限制,扩展访谈对象,灵活选取访谈时间,提高口述历史的采访效率、转录效率与传播速度;另一方面,要通过不断克服信息化所带来的弊端,实现口述历史的良好、健康发展。

在信息化背景下,交流沟通的方式将会在很大程度上摆脱地理的限制,特别是网络视频语音技术的发展,使口述历史研究者对口述对象、口述场所的选择更加灵活。将来在教育口述历史采集中,受访者与访谈者即使相隔千里,也能够面对屏幕进行实时交流,减少了真实环境下面对面交谈所产生的局促与紧张情绪,使受访者能够进行自然的情感反应,进行更加真实的回忆;语音降噪等技术的发展,极大地减少了对口述历史物理空间环境的要求,使口述历史的采访能够更接近受访者生活的真实场景,并通过感知受访者的语调变化,了解受访者的真实意图。在征得受访者同意的情况下,可利用现有技术永久保存受访者的视频音频资料,极大地丰富了口述历史的呈现方式,这对后续理解、分析受访者语言背后的故事以及在此语境中语言的真正含义具有重要的价值。同时对经典的口述历史资料进行整理,使其不仅具有学术研究价值,也具有广泛的教育价值,甚至对个体家庭而言还具有收藏价值。

信息化背景下，口述历史中的转录工作压力将会逐步减轻，口述历史的访谈资料，已经能够通过相关技术实现语言与文字的同步转化，但是对于非标准语言（如方言）的识别技术还有待于提升。口述历史工作者要特别注意以下三个方面：将工作重心转移到对受访者背景资料的详细了解，以便于提出适合的问题；提升口述历史访谈的语言沟通能力与沟通技巧，以便于营造舒适、融洽的沟通氛围，推动访谈的进行并为后续口述历史的修订工作奠定良好基础；增强口述历史访谈中对问题的敏感性与洞察力，提出有创建性的问题，进行适时追问。

在信息化背景下，针对口述历史资料的管理将会建立完整体系，口述历史资料的存储工作将会移交专门的研究机构或存储机构，进行科学妥善的保管。依据国外的经验，口述历史资料将被作为另一种形式的史料，储存在档案馆、图书馆中。与传统的史料不同，口述历史资料需要更加科学的管理，以保证数据不会遗失或损毁，因而就需要定期进行调试，将音频形式与转录后的形式一并保存。在使用中，相关机构通过不断优化口述历史资料的检索方式，提高使用效率，以促进相关研究的发展。

在信息化背景下，个人对口述历史的所有权将会通过相关立法工作得以保证。口述历史资料将会依据受访者的个人要求、口述内容的重要程度，进行全部公布、部分公布以及延迟公布。至于如何接受受访者的合理要求，如何确定口述历史资料的重要程度，需要制定相应的标准。在对口述历史资料的后续管理中，将会结合信息化社会的特征以及网络的复杂性，对口述历史资料使用的硬件设施不断维护，确保访谈者能有效使用。具体的维护包括重视安全维护，避免恶意入侵、病毒感染导致资源无法访问或内容被篡改；对收录的口述历史资料，按照一定标准进行编码、排序，建立基本的索引，便于访谈者选择需要的资源；做好备份工作，保证资料的完整性，出现缺失要及时补上，以免影响后续使用。

在信息化背景下,更加需要口述历史研究的协商合作,建立完整的口述历史资源库。信息化导致数据大量产生,出现了大数据的概念。大数据的归属之一就是建立相应的数据库,以容纳和扩充数据,这显然不是个人所能够完成的事业,需要研究者通力合作,才能使口述历史走上信息技术的高速路,实现快速发展。同时借助信息技术的便利条件,教育口述史研究主题也发生转向,即关注群体口述历史访谈,这就更加需要研究者、研究机构之间的通力合作,才能完成研究任务。

三、教育口述史与教育变革

教育口述史不仅对教育史学研究发展、学科壮大具有重要意义,而且对于改进学校教育,推动社会教育、家庭教育发展也具有重要价值。近年来,我国大力推行中小学教育改革,注重发挥学生学习的热情与积极性,提升教育的质量与水平,但传统的教材由于偏重繁难,教学的场景呆板僵硬,导致学生学习积极性并未得到显著提升,甚至严重阻碍中小学教育改革的进程。随着教育口述史研究的深入,愈来愈多的人意识到口述历史以其鲜明的场景、通俗的语言、灵活的形式,能够为提升课程质量、丰富教学内容提供充分且适合的材料。这就促使课程教学改革更加关注口述史研究成果,积极将口述历史引入教材,带进课堂。社会教育作为我国一定时期内风行一时的教育形式,近年来也稍显落寞,呈现出形式单一、僵化,教育方式落后的问题。教育口述史不仅是关涉个人的口述历史,也是反映社会变化的公共口述历史,因而其能够充分反映历史上开展社会教育的诸多经验,并为当前的社教工作提供一定参考。此外,近年来随着教育理念的更新,更加重视家校一体,因而家庭教育也逐渐引起重视,特别是国家对家风的推崇,暗合了我国古人"修身、齐家、治国"的理想信念,因而教育口述史也会为家庭教育的开展提供良好的支持条件,形成良好的家风、门风,从而实现学校教育、家庭教育、社会教育的有机结合。

(一) 学校与教育口述史

教育口述史与教育变革的联合,首先表现为教育口述史与学校教育的联合。学校是实施教育的主阵地,承担着培养德智体美劳全面发展时代新人的任务,随着基础教育发展素质教育的改革渐次推进,更加注重与生活的联系,更加注重感化陶冶的方法,这就为教育口述史融入学校教育奠定了基础。教育口述史作为新生事物,以其生活化的表现形式,对提高教学质量、改革传统教学方法具有重要的意义与价值。

1. 口述史与学校教育变革

学校教育是以正规化、正式化为主要特征的教育形式,其中课程与教学作为学校教育得以实施的主要载体,在保证教育效果、提高教育质量、开展道德教育等方面发挥着重要作用。传统课程与教学都注重对学生进行知识灌输,认为教育过程就是简单的知识传递过程,教师在整个教育过程中居于核心地位。在此种思想影响下,教学形式千篇一律,学生的个性与创造性被扼杀。这些传统思维被打破的关键因素是社会的快速发展以及人类自我认识能力的提升。社会的快速发展,使整个社会的变动速度加快,传统知识与技能的更新速度加快,单纯依靠课程教学获得的知识,显然不敷使用;而且人文社科领域的课程与教学中也一定程度上存在所实施的教育内容滞后于社会发展的情况,从而使课程与教学极易与社会生活脱节,因此课程与教学必须尽可能使教育内容、教学形式与社会发展保持一致。

德育是学校教育的灵魂。在我国传统教育体系中,德育始终占据主体地位。新时代的立德树人任务，要求学校教育培养德智体美劳全面发展的时代新人。以往，偏重于知识教育，采用知识灌输的教育方式，导致学生道德教育效果低下。为了改善道德教育的效果，不得已增加相关课时，甚至在非道德课程中灌输道德知识，使学生对道德观念由不理解转变为不接受甚至排斥。导致这种状况的原因在于道德教育方式、方法的落后。单纯的道德说教，虽然可以明理，但是将其变成道德行为却殊为困难。因为从道德认识发展至道德行为，必然要经过道德的内化，而这种内化必然要经历一定的反复作用，简单的道德说教并不能推动这种转变。应当采用多种灵活的方式去建立这种道德观念，可以是声音，也可以是图像，这就启示教育工作者重新思考道德教育问题。

21世纪以来，随着第八次课程改革在全国范围内展开，教育改革也逐渐进入深水区，课程内容与教学形式均已发生重大改观，但与实现人的全面且有个性的发展的教育目标还存在明显差距。从课程内容看，教改以后的课程内容，在教材表述方面更加贴近生活，选材也尽可能贴近实际，但仍未摆脱课程脱离学生真实生活的桎梏；从教学形式看，教改以后的教学形式更加多种多样，出现了课堂角色扮演、分组合作、小组讨论等教学形式，但教学过程仍然以教师讲授为主，教师即使拥有丰富的经验，也存在自身薄弱领域，并且随着教师教龄的增长，其教学的活动性也呈现下降趋势；从教学方法看，仍然以讲授法为主，虽然偶尔会采用讨论、小组合作等方法，但仅用于不太重要的课程内容，而且教师对方法的使用仍然受到传统理念影响，注重讨论结果的一致性，而忽视差异性。随着教育改革向纵深发展，必然更加强调教育与学生生活相联系，从而实现学生个性发展与社会性发展相统一。

第八次新课程改革已经推进实施近二十年，需要结合现实教育发展的实际情况来做阶段性的历史调查与评价。当年围绕新课程改革的激烈争论依然在耳畔回响，通过口述历史的方式去聆听主持这一轮课程改革的专家学者、参与课程改革实践的一线教师、接受新课程教育教学的学生群体的声音,是对第八次新课程改革阶段性总结的路径之一。

◇ 2. 教育口述史进校园

教育口述历史不仅是一种教育发展历史的呈现方式,也是一种生动活泼的教育形式。教育口述历史不仅要回溯历史、探索历史的轨迹,也要对当前教育进行反思,为当前教育提供借鉴。并且随着教育口述史研究的日益深入,其自身所具有的隐性教育功能,也逐渐被愈来愈多的教育工作者运用于课程开发、教学实践,逐渐转化为显性教育功能。记载孔子言行的经典著作《论语》,由孔子弟子及其再传弟子对孔子言行进行回忆、整理而形成。其中就包含了许多生动活泼的教学场景。当《论语》被后世儒家用作权威教材时,这种存于其中的教育场景就会被学习者代代相传,成为教育口述史运用于教育、教学的重要实例。类似的例子还有很多,这主要是因为上古的历史主要依靠口耳相传,即使后来成书,也不可避免引用前人观点作为佐证材料,因而教育口述史在教育实践运用中具有悠久的历史。

早期将教育口述史运用于教育实践,往往是一种无意识行为。现代将教育口述史运用于教育实践,则与现代教育口述史的诞生有密切关系。① 早在20世纪初,美国便已产生将口述历史运用于教育的案例,但是由于受到技术条件限制,相应的案例比较少。20世纪70年代美国奈库中学教师艾利奥特·威金顿指导学生采访当地老年人,以理解当地历史,并将采访报告以《狐火》为名发表在刊物上,从而带动学生学习历史。艾利奥特·威金顿的做法被其他教师借鉴,曾经风靡一时。② 此后口述历史被越来越多地运用到历史教学当中,并引导学生开展口述历史的搜集与整理工作。同时期,通过发动学

---

① 现代中国教育口述史比现代口述史学的诞生要晚,一般以唐德刚先生翻译并于1981年出版的《胡适口述自传》作为现代中国教育口述史出现的标志。

② 杨立文:《论口述史学在历史学中的功用与地位》,载《北大史学》,1993年第1期。

生对口述历史项目进行研究以培养学生研究能力的教学方式在美国高等教育中得到运用,并获得一席之地。2002 年,旧金山城市学院"讲述他们的故事——城市学校口述历史档案项目"("Telling Their Stories"— Oral History Archive Project of the Urban School),几乎是全美由学生开展的口述历史项目中表现最好的,在这个项目中,学生拍摄、收集、转录,创建了数以百计的档案资料与访谈记录[①],极大地影响了口述历史在教育实践中的运用,拓展了口述历史与教育的视野。

国内对现代教育口述史在教学中的运用相对要晚得多。1993 年北京大学教授杨立文首次在文章中指出:口述史学给历史教学提供丰富、生动的内容,能培养学生对历史学的兴趣,是对年轻一代进行爱国主义和革命传统教育的好教材。[②] 2000 年,宁波大学杨祥银指出,口述历史也是一种极为重要的历史教育方式。[③] 最早在我国高校开设口述历史课程的当首推北京大学历史系杨立文、刘一皋教授,开设时间不晚于 1996 年,此后陆续有一批高校开设口述历史课程。2012 年崔永元在中国传媒大学讲授口述历史课程,使这门课程进入公众视野,高校开设口述历史课程的进程加快。高校除在校内开设专门的口述历史课程外,也与民间组织联合通过开办特训班、短期讲座以及实地开展口述历史采集等形式,进行口述历史教育。2014 年温州大学与中国传媒大学联合开展为期 1 天的深圳口述史公益讲座。2015 年崔永元口述历史研究中心举办为期 4 天的"口述历史国际研习营",邀请包括国际口述历史协会主席英迪拉·乔杜里(Indira Chowdhury)等在内的国内外学者开展相关培训讲座。此外,还有部分高校开展了大学生口述历史采访项目,如"家·春秋"——大学生

---

① "Telling Their Stories"—Oral History Archive Project of the Urban School,http://www.tellingstories.org/index.html/,2018-01-23。
② 杨立文:《论口述史学在历史学中的功用与地位》,载《北大史学》,1993 年第 1 期。
③ 杨祥银:《试论口述史学的功用和困难》,载《史学理论研究》,2000 年第 3 期。

口述历史影像记录计划,面向全国高校学生,征集优秀的口述记录影像项目参赛,聚合全社会力量,共同推动年轻人参与口述历史。不论是正式还是非正式的口述历史教育形式,在教学内容方面都力求实现理论与实践的密切联系,使受教育者既能够开展实地的口述历史采集工作,又能够胜任相关的研究工作。

  国内对教育口述史的运用没有停留在高等教育领域内,在中小学教育中也得到了良好的运用。有学者认为将口述历史引入中学历史教学,有助于学生理解历史研究方法,培养学生探究性学习等多方面能力。[①] 2017年教育部发布的《普通高中历史课程标准》中针对活动主题——"老兵"的故事,提出通过人物探访等形式来对"老兵"事迹进行了解和研究,在对人物进行探访时不可避免地要进行访谈,获取相关口述历史资料,以了解抗战的史实。此外,《普通高中历史新课程标准(2017年版)》中的选修Ⅱ课程的模块2——史料研读部分,包含了口述史料研读,其具体要求为"认识口述史料的价值与局限性,学会使用现代科技手段记录和整理口述史料"[②],这表明无论从国家还是从一线普通教师,都意识到了口述历史在中学历史教学中的重要作用,并积极践行。教育口述史还在党史教学、思想政治课教学等方面发挥着重要作用。中国延安干部学院采取课堂讲授、现场体验、社会实践三种教学组织形式,其中在现场体验教学中增加了观看口述历史影片等教学环节,增强了现场教学感染力。但由于目前我国口述历史建设尚处于初创阶段,口述历史在学校教育中的应用仅存在于小范围内,并且由于对口述历史的认识不清晰,在运用的过程中可能会流于形式,将口述历史的应用泛化。不合理地安排口述历史在课程中的时间分配,以及事先准备措施不得当,都可能会使口述历

[①] 戴玉英:《让口述史走进中学历史教学——作为研究性学习的口述史》,载《中学历史教学研究》,2004年第4期。
[②] 教育部:《普通高中历史课程标准(2017年版)》,人民教育出版社2017年版,第38页。

史在教学中的效果大打折扣。考虑到我国的国情,以及学校自身的物力、财力,口述历史教育在中小学最有可能采用集体讲座的形式开展;部分高校学生将有机会深入一线进行口述历史资料的实地采集,从中获得知识并锻炼能力,而绝大多数的学生只能阅读现成的口述历史相关书籍,以获得对该领域的认识与理解。

◆ (二) 社会、家庭与教育口述历史

教育的领域不仅包括学校,也包括社会与家庭。教育口述史不仅引发了学校教育变革,同样也引发了社会教育、家庭教育的变革。社会教育、家庭教育由于缺乏固定的教学场所、确定的教学内容,似乎无法与学校教育比肩,特别随着我国学校规模的不断扩大,招生人数的不断增加,社会教育与家庭教育的活动空间似乎被挤压,但社会恶性事件、家庭悲剧事件的频繁发生又不断提醒公众必须重视社会教育与家庭教育。审视我国的家庭教育与社会教育的现状,便不难发现目前我国家庭教育的效果明显不佳,大多数家长并不了解如何教育子女,动辄打骂、实施棍棒教育,或失于溺爱,导致子女形成自私性格,父母与子女关系呈现出非正常状态。近年来社会教育发展处于低谷,沿用陈旧呆板的教育形式,教育内容也出现口号化倾向。因此,家庭教育与社会教育都存在诸多问题,其中的关键在于以往的教育内容与实际脱节,使人难以信服;教育方式落后,难以确保教育实效。

教育口述史以声音或视频的形式呈现,避免了以往枯燥乏味的说教。在开展家庭教育时,对家族中德高望重、德才兼备的长者进行口述历史资料的搜集整理,将是一笔恩泽后世的财富,有助于增强家族凝聚力与认同感,弘扬家族文化。同时,家庭成员开展家庭教育口述史的采集,也有助于扩展教育口述研究的领域,从口述历史采访者的角度来实施家庭教育。社会是由家庭构成的,和睦的家庭是社会稳定的基石,良好的家庭教育也是实施社会教育的重要支持条件。教

育口述史通过对社会大众集中播放相关口述历史影片,不但能够丰富民众生活,而且能够以潜移默化的方式使公众得到社会教化。作为社会教育实施机构的博物馆、图书馆,也在积极推进口述资料的搜集与整理工作,并将口述史运用于相关展品的讲解中,以便于更好地发挥教育口述历史对社会教化的功用。就目前而言,口述历史在社会教育中的作用相对而言会比较突出,一方面,这与口述历史的存在形式有密切的关系。口述历史可以存在于不同的传播媒介中,其中视频、音频在传播中的作用更加显著,当把具有教育意义的口述历史资料呈现在特定的场所,如人口密集的商业区、纪念馆,将会获得数量巨大的受众和良好的教育效果。南京大屠杀纪念馆保留大量的幸存者的影像资料,并在场馆中定时播放,将会加深公众对这段历史的认识,提高公众的爱国热情与爱国意识。另一方面,口述历史目前还属于比较小众的话题,考虑到人力和物力,只有国家倡导下的社会教育能够以最小的投入来获取最大的教育效果。因而口述历史教育必然要通过社会教育扩大影响力,这样才能激发公众对口述历史在学校教育中的应用问题的关注。

◆ (三) 口述史教育与教育口述史

但凡读到此处的研究者,不免会对口述史教育与教育口述史学的关系产生困惑,即认为口述史教育与教育口述史,不过是相同的字颠倒顺序,并没有太大差别。这不禁使笔者联想到教育史研究中不可跨越的两位先贤——杜威与陶行知。杜威提出"生活即教育",试图说明教育的内容不能脱离实际生活,因而教育要使学生发现知识、探索知识、培养能力;陶行知面对我国贫穷落后、教育不兴的状况,提出"教育即生活"。认为教育无处不在,不必非从学校接受教育不可,在社会中也可接受教育,并且教育与生活要紧密结合,从而将理论学习与实际锻炼结合。虽然这两位教育家的主要观点均为这五个字,但其内容、其目的乃至于其实施的手段都已有较大差别,陶行知认为其将杜威的理论"翻了半个跟头"。同样,口述史教育与教育口述史也存在很大的差别。这种差别表现在两者的最终取向。同时陶行知似乎也承认其思想、理论仍然未能跳脱出杜威"实用主义"的影响,因而口述史教育与教育口述史的差别之下,也应当看到同样的五个字,无论如何颠倒顺序,都离不开口述史与教育,也就是说口述史教育与教育口述史也具有相似之处。因而,对口述史教育与教育口述史的理解,必须从其区别与联系出发。

◇ 1. 口述史教育与教育口述史之区别

口述史教育,全称为口述历史教育。有关学者认为,口述历史教育,从内容与形式两方面可以划分为两个层次。第一层次认为口述历史教育与类似的"口述历史概论"课程别无二致,立足于纯理论式的教学。这也可以认为是对口述历史教育最狭义的理解。目前许多高校,特别是历史学专业都已经开设相关课程。第二层次,是将口述历史的实际材料、实际操作确定为教育内容,据此可以分为"积极的口述历史教育"与"消极的口述历史教育"。"积极的口述历史教育"是指导学生直接进入口述历史的实际操作中,锻炼学生参与口述历史实际作业的能力,深化对口述历史的理解。"消极的口述历史教育",则是将现成的口述历史成果,展示在一般的课堂教学中,以帮助学生理解相关内容,提高教学质量。[①] 通过对口述历史教育概念的辨析,可以看出口述历史教育既可以成为一门独立的课程,也能够成为一种教学的形式。那么最理想的口述历史教育形式,自然是能够将理论学习与实践操作相结合的形式。

教育口述史,是研究教育的口述历史,其本身就比其他类型的口述历史更加具有教育价值。一方面,由于教育口述史研究的人物是教育名家、教育工作者,其研究成果既可以作为同领域的教育参考指南,也可以作为后辈学习的材料。另一方面,教育口述史研究学校变

---

① 杨祥银:《美国现代口述史学研究》,中国社会科学出版社 2016 年,第 336-337 页。

迁，也是进行文化建设、校史编写的重要材料。教育口述史的教育功能具体表现为一般课堂教学的补充材料、教材编写的拓展材料。但更为重要的是，教育口述史要成为一门学科或研究范式而存在。教育口述史成为一种研究范式，就要更加注重日常研究、生活研究、边缘群体研究，将研究的视角下移到民间；教育口述史作为一门学科而存在，就是为教育学科和历史学科体系的发展、结构的完善做出一定的贡献。因而口述史教育与教育口述史的根本区别，就在于前者更加倾向于改进教学、提高教学质量；后者则更偏重于理论的研究，以建立相应的学科为旨趣，可以认为是口述历史学科的一部分，也可以认为是教育史学科的一部分。

◇ 2. 口述史教育与教育口述史之联系

上述虽说明了两者之区别，但其联系的成分着实更多。无论是口述史教育还是教育口述史，其内在都必然包含理论与实践。因为口述历史教育的最终归属，并不仅仅在于培养学生对口述历史理论的掌握能力，更重要的在于培养其实际操作的能力。教育口述史，虽说以建立相应学科为旨归，但就如同社会学中的社会学理论与社会工作，产生了理论与实践之差别。并非所有学科都一定要强调理论与实践，但是教育口述史作为口述历史的一种，包含了口述历史采集、整理的过程，因而不同于传统的教育学科仅仅以研究理论为旨趣。

口述史教育与教育口述史都关注教育问题。口述史教育以实施口述历史的教育为旨趣，是要培养口述历史方面的相关人才，因而可以认为是口述历史专业的组成部分之一。教育口述史虽然以研究口述历史为旨趣，但其归属乃在于教育领域。这些教育领域的名人本身就可以成为口述历史教育的教材、案例。在这一方面，口述史教育与教育口述具有了最终的一致性，即当口述史教育采用教育口述史作为教学材料时，两者便没有了差别。因而口述史教育与教育口述史两者关系密切而不可分，虽然两者之间存在一定的差别，但笔者认为两者的共通性超过了差别性。如果口述史教育缺乏教育口述史的归宿,将会下降为一种简单的教学方式,而得不到长足的发展。如果教育口述史缺乏口述史教育,将难以获得学科发展所需的人才,也不能够将理论与实践相结合,因而也就不能促进教育史学科从纯理论学科向理论与实践并重的学科转变。

  学科的成长不是一蹴而就的,新学科的诞生也意味着其合理性成分的不断增加。教育口述史就是这样经历了兴旺、衰落、重振的发展历程。教育口述史能够实现从衰落到重振的关键,在于其与生俱来的接近底层民众、靠近边缘群体的特质,代表着未来历史研究发展的走向,因而在推动教育史学科建设、协同信息技术发展、引领教育变革发展等方面发挥着日益重要的作用。教育口述史具有无限的发展前途,但是在发展的过程中也会遭遇诸如公众的误解、自身的缺陷、外部支持的缺乏等坎坷,这就需要教育口述史研究者砥砺精神,迎难而上,以积极主动的态度去迎接挫折和挑战。现代教育口述史作为一门即将崛起的新兴学科,还需要不断提高学科自身的理论积淀,加强研究队伍建设,构建协调合作的团体组织,建设学科标准与规范,积极谋求学科发展。

第六章

教育口述史的实践与个案

　　教育口述史作为一种新的方法在当代中国教育史学科建设中具有重要的史料收集与学术研究价值,吸引了各级各类教育研究者的参与,在不同的教育研究与实践领域中均得到应用。随着实践的丰富,也渐次暴露出一些工作流程与规范非专业化的问题。同时由于受访者的记忆与叙述、记录者的整理与再叙等环节均存在无法规避的主观性,致使口述历史的真实性与客观性遭受质疑。我们认为,不管是文字记叙的历史,还是口头讲述的历史,真实、客观、中立是史学应坚守的基本原则。因而如何在实践中做好教育口述史规范工作,使其尽可能地趋向真实、客观、中立,应是教育口述史实践工作中不断探讨的基本问题。本章从教育口述史实践规范中应注意的原则出发,结合两个教育口述史的案例,探讨了教育口述史工作的具体实践。

一、实践规范

口述历史作为一种方法,在历史研究中得以应用,其基本价值在于给历史当事人提供自己诉说历史的机会,同时口述历史通过口头语言叙述历史的方式更多的是指向历史的细节与过程,能够把日常生活纳入历史分析的领域,能提供更加具体、鲜活的历史。但口述历史更加依赖历史讲述者的记忆,尤其是通过口头语言即时讲述生平经历,由于讲述的生平经历历时时间有的长达数十年,记忆可能会随着时过境迁而发生重组,讲述的历史未必会与当年发生之事完全吻合。因而对于这种口述历史要进行甄别,口述历史应有专业与非专业之分,所谓专业的口述历史是指在讲述前受访者做了充分的记忆整理、文献阅读,讲述后历史研究者通过采访其他当事人或查阅相关文献加以验证而形成的口述历史;非专业的口述历史是指没有经过严格的口述历史前期准备与后期检验的口述历史。非专业的口述历史在生活中普遍存在,然而由于缺乏专业的检验,无法保证其真实、客观、中立,从整体上影响口述历史的质量与口碑。当代史学家章开沅先生在谈到中国史学的前途时指出:"现在有的把人口述历史捧得很高。不重视口述历史是不对的,但是将其功能无限夸大甚至于超过文献,我看也未必正确。不要说研究别人的历史,研究前人的历史,就是研究自己的历史,你自己的回忆也不完全可靠。季羡林老先生就曾闹了个大笑话,他回忆北京快解放的时候胡适在大会上讲过什么话,其实那时胡适根本就不在北京。后来他承认是记错了。所以,历史确实是不容易讲清楚的,但是如果太容易说得清楚,又何必要这么多人来研究它。不过,我认为总还有个比较客观的事实。"①

无论是以文献还是以口述为基础而形成的历史作品,都无法保证绝对的客观,但"总还有个比较客观的事实",这也是史学的基本底色与永远具有吸引力之所在,正是章开沅教授所谓"历史是已经画上句号的过去,史学是永无止境的远航"。口述历史是赋予历史当事人自己言说客观历史的机会,至于究竟客观到怎样的程度,可待其作为史料进入档案馆之后历史研究者去多方求证。因而,对待口述历史应有一个平和的态度,既不应过分拔高,也不应视若洪水猛兽,它们只是为历史贡献了可供研究的文本。随着口述历史日益受到学术界和大众媒体的关注,多种形式的口述历史作品不断产生,要求出台口述历史工作规范的呼声一直很高,中华口述历史研究会秘书长左玉河教授指出:"特别是中国大陆地区口述历史存在的最大问题,就是口述历史研究各自为战、杂乱无章。不仅缺乏一套关于口述历史采访、出版、研究的规范、章程和工作规程,而且从事口述历史访谈及整理者缺乏必要的口述历史常识及基本技能培训。制定口述历史工作的规范,是做好口述历史研究的基础和保障。从口述历史访谈对象的确定,到访谈问题的设计,再到访谈过程及访谈记录的整理和发表,都要有严格的学术规程。"②尽管中华口述历史研究会在 2004 年成立之初,便已经有意识地集中力量制定相关章程、规则与工作手册,然至今仍未有公开出版的较为全面的口述历史工作规范。结合曹幸穗提出的"史学单元原则""回忆性陈述原则""尊重受访者意愿和隐私原则""忠实于口述记录原则""口述资料整体性收藏原则"③,以及我们在编撰"当代中国高等教育改革口述史丛书"和进行其他口述历史工作过程中的心得体会,就教育口述史的工作规范谈几条原则,供学

---

① 章开沅:《走自己的路——中国史学的前途》,载《暨南学报(哲学社会科学版)》,2005 年第 3 期。
② 左玉河:《口述历史急需规范操作》,载《中国科学报》,2017 年 12 月 22 日,第 5 版。
③ 曹幸穗:《口述史的应用价值、工作规范及采访程序之讨论》,载《中国科技史料》,2002 年第 4 期。

界参考。

第一，主题收集原则。教育口述史项目的实施应在鲜明的主题下开展整体性的工作，追求整个结构的完整，通过完整的学术单元呈现某个主题的教育历史，这样更具有历史意义，如人物类口述史可以由教育学科人物口述史、校长口述史、中小学教师口述史等主题单元构成。《创造平等：中国西北女童教育口述史》便是由几十位少数民族女童学校校长、学生和教育行政管理人员构成的口述历史；《抹杀不了的罪证：日本侵华教育口述史》选取50位日本侵华教育亲历者的口述史料，从不同的个体记忆中构筑对日本侵华教育的集体记忆，揭露日本妄图通过侵华教育泯灭被占领地中国民众的民族认同和国家观念的罪行。

第二，充分准备原则。口述历史是对过去的人与事的回忆。不同类型的记忆，在人脑中存储、编码、提取具有差异，为确保受访者所讲述的事件与事实的客观性，在口述前应做好充分准备。作为口述历史的采访者，事先与口述当事人进行良好的沟通是前提，并确保这种沟通贯穿口述作品的选题与策划、整理与撰写、出版与销售的整个过程。在准备阶段，对访谈内容的确定、访谈提纲的拟定，以及口述当事人的生平事迹与社会背景等要做好沟通与文献查阅工作，以便于在访谈过程中完成访谈主题和进行有效的互动。

第三，尊重受访者意愿和隐私原则。口述历史是为更好地获取一手资料而直接与历史当事人进行晤谈。应该说，受访者为留存史料是做出个体的贡献，并不是所有人都愿意或善于分享自己的生平经历与历史见解。口述历史访谈工作的开展必须以尊重受访者意愿为前提，在邀请受访者接受口述访谈工作时，要充分听取受访者的意见，不能强人所难。同时要将尊重受访者意愿贯穿于口述史活动的全过程，访谈内容、记录方式（笔录、录音、录像）、出版刊行、资料使用等都得事先征求受访者的同意，对于一些涉密资料、受访者暂时不愿意公开的资料要遵守保密协议，正式开始口述访谈前应签订合同或协议。

第四,忠实于口述记录原则。口述历史是口述者自己讲述的历史,忠实地记录口述实录是口述史实践的基本要义。左玉河教授认为口述历史具有双主体——访谈者与口述者,"访谈者是口述历史的策划者和引导者,口述者(历史当事人)是口述历史的主角。两者在口述历史中所担当的角色,类似于电影拍摄中的'导演'与'主演'"[①]。口述历史是口述者与访谈者共同完成的结果,口述者是口述历史的第一主体,没有口述者的叙述便没有口述史,忠实地记录口述者所讲述的历史是访谈者的基本任务,但由于口述者受限于生理、心理和社会影响等因素,无法保证所有的历史叙述都是客观的,这就需要访谈者在将口述者的音像转换为文字记录的过程中发挥历史研究者的能动性,将录音、录像转化为文字,同时要对一些由于记忆失真和与史实不符的内容加以纠正,核对口述者讲述的关于历史的时间、地点、人物、事件等细节问题,适当处理口语中的重复、半句话等内容,使之完整,易于读者理解。基本的原则是,受访者口述的原始记录是至为重要的,其后的整理加工都应遵循忠实于口述记录的原则。

第五,口述历史档案整体性收藏原则。教育口述史尽管对于当代教育史研究具有学术价值,但时间流传越久其作为史料的价值越会更大限度地被发掘。建立专门的口述历史档案数据库已经是口述史界的共识,但这一共识长期处于理论层面,在实践层面尚需依据口述历史的档案特性、形式开展教育口述史档案的编辑、建档与存档的规范工作。首先,教育口述史作为一种档案反映的是个体记忆,能够为集体记忆、社会记忆提供参考;其次,教育口述史作为档案有录音、录像还有与内容相匹配的照片、文字等多种形式,这些都可以数字化处理,存储与传播比纸质版的档案更便捷。口述历史档案应整体性收

---

① 左玉河:《"导演"与"主演":访谈者与口述者的角色及职责》,载《江淮文史》,2016年第5期。

藏。当然,相较于文字档案,口述史料的建档工作更加艰难,需要消化录音、录像中的内容,为便于使用,需要编写相应的编目与索引。

目前国内的教育口述史实践尚处于分立、零散的起步阶段,但就发展趋势来看,未来在教育史研究领域必将占有一席之地,上述几条教育口述史实践的操作原则是在口述史界诸多学者讨论的基础上形成的,尚需更多的口述史研究者加入实践中来,不断丰富与完善口述史实践流程与规范,为教育史学科建设做出贡献。

二、章开沅:『我的中学』*

1926年7月8日,我出生于安徽芜湖,6岁时和哥哥姐姐随同父母来到武汉,在胭脂路小学读书。1937年初冬,经过长途跋涉,一家人西迁到重庆。安顿下来不久,我的外祖母病故,接着两个年幼的弟弟也因病离开人世,我们一家人陷入困顿愁苦之中。几位亲人的离去,还有战争带给人类的严重灾难,在我幼小的心灵里烙下深深的印记,这就促使成年后的我坚持不懈地反对战争,维护和平。

儿时,父亲整日忙于自己的工作,很少过问我们兄弟姐妹的学习。这样,我就有了很多自由支配的时间,除了上学和观察周围事物,我把大部分闲暇时间用在了读书上。那时,我看书非常投入,到忘我的地步,如痴如醉,甚至连吃饭都忘记了。长辈们不知道我到底在读什么,但都以为我勤奋好学,亲昵地称我为"书呆子"。

我家的书房名字为"学海书屋",藏书种类很多,除了大人的书籍

---

* 本文为章开沅教授口述历史整理稿,口述者:章开沅;整理者:党波涛。

之外,还有很多有趣的少儿书籍,如开明书店的《小学生》《中学生》等,我都翻阅浏览。冰心的散文、丰子恺的漫画、鲁迅的杂文等,我都喜欢看。特别是鲁迅的文章深深吸引着我,在平时写作中经常模仿这种风格。林纾翻译的西方小说,如《茶花女》《三剑客》等,我也经常翻看,虽然是不大懂的文言文,但也能够看懂基本情节和主要人物性格,这为我以后阅读西方文学作品奠定了基础。

因为知识有限,我对父亲的很多藏书似懂非懂,但其中日本友人宫崎滔天自传性质的回忆录《三十三年落花梦》,我反复阅读多遍,了解其大意。我感觉作者与《隋唐演义》里的虬髯客形貌非常相似,都具有英雄气概。宫崎滔天真诚支持孙中山发起和领导的辛亥革命,所以我很敬佩他的胆略。在后来的辛亥革命研究中,我把宫崎滔天作为主要的一个研究对象。

另外,受哥哥的影响,我也迷恋上了仙侠小说。我读了《彭公案》《施公案》《七剑十三侠》《西游记》《封神榜》等。我痴迷这类小说,常常幻想着自己能够像神仙一样脱离凡尘而逍遥自在,也幻想着自己具备一些特异功能在刀光剑影中叱咤武林惩恶扬善。因为迷恋过度,我曾做过一些荒诞之事。有一次我偷偷把橄榄核含了一整夜"练功",还有一次竟把铅笔头磨碎咽下"炼丹"。幸运的是两次都平安无事,也没有留下后遗症。我的父母直至九泉之下,都不知道我这两段奇特经历。

西安事变以后,我又贪婪地阅读了祖父订阅的《申报》《新闻报》。此外,祖父因为办厂,闲暇时也买卖股票,需要随时了解时局变化、市场情况和股市动态,所以祖父还买了一台很大的收音机。这个新奇的东西,又让我获取了不少书本之外的知识。大人们有时在祖父书房里分析政治形势,我在一旁读书之余不知不觉被长辈们热烈的讨论所吸引,似懂非懂地跟着关心国家大事和时局变化。

1937 年,日本悍然发动"七七事变",开始全面侵略中国,不到半年,上海、南京等城市相继沦陷,安徽省也受到战争威胁。我的家族面临严峻抉择,工厂被迫关闭。除祖父章兆奎留在老宅坚守家业之外,家里其他成员分两批迁往西南地区。正在安徽芜湖萃文中学读书的我也不得不辍学,跟父母一起西迁。

在汉口,我看到很多来自各地的难民,挤在码头等着乘船。我们一家好不容易才挤上民生公司的一艘渡轮,开往长江上游的重庆。1937年初冬,经过一番长途跋涉,我们一家人才终于到达重庆。但安顿下来没有多久,家里接连出现变故,遭遇不幸。先是我的外祖母病故,接着是我刚满8岁的六弟患上伤寒离开人间,更让我心痛的是刚出生不久的弟弟民贵也夭折了。

面对一个接着一个的不幸,一家人满面愁容,极为伤心,我们几个孩子都哭了起来。但我的母亲却坚定地说:"天无绝人之路!谁都不要哭!"我们非常敬重意志坚强而又思想开明的母亲,都强忍着不让泪水流出来。从此,我牢牢记住了母亲这句"天无绝人之路"的教诲。

1938年秋,我和姐姐、三哥被父亲送往国立九中读书。国立九中位于四川江津德感坝,师生以安徽籍为主。德感坝是一个贫穷落后的山村,我先后就读的初一分部和高一分部均在偏远的山上。我们的宿舍就在两座破败的老祠堂里,教室是一大片临时搭建的简易竹篱茅舍。上课条件更艰苦,晚自习时,学生每人各用一个碟子或一个破碗,里面放上灯草和桐油照明。伙食也很差,营养不说,填饱肚子都很难。米饭是掺杂着沙砾、稗子、米虫等杂物的"八宝饭",难以下咽,菜也没有什么油水。

但是,尽管校舍简陋,生活艰苦,国立九中的师资力量却极其雄厚。很多老师原执教于安徽大学,知识丰富且潜心教学。无论是学识还是人品,国立九中的老师给学生留下一辈子的深刻印象。至今,我仍然忘不掉国立九中给我上过课的老师。他们对我的影响是一生的,我很庆幸在国立九中结识了多位好老师,教会了我读书做人的道理。

姚述隐和朱彤两位老师分别教授高一分部的古典文学和现代文学，他们进一步激发了我对文学的爱好和写作才能。正是这两位老师，把我引上了文学青年的道路。姚述隐老师教学深入浅出，严谨而又不失风趣。他的元曲讲得特别生动、吸引人，我们常常忘记下课。因为姚述隐老师的元曲课，我常常沉醉于"枯藤老树昏鸦、小桥流水人家"的优美意境中。

姚述隐老师平时与学生并不交谈。他与学生交流的方式比较特别，主要是每次在学生作业本上留下的简练而饱含深情的批语。有一次，我练习用古文写李白小传，结尾一句是："或曰白酒醉投江捞月而死，岂白之死亦须求一富有诗意之死欤！"没有想到，姚述隐老师非常欣赏我的这篇文章，他不仅用红笔又圈又点，还批上"天才横溢，出手不凡"的罕见批语。

而朱彤老师是所有老师当中最年轻的一位。他刚刚毕业于复旦大学中文系，但已显示出惊人才华，曾把小说《红楼梦》改编成话剧《郁雷》，并且由著名的中国青年话剧团在重庆演出，轰动一时。但他对学生影响较深的，则是非常注重课外活动，多次带领我们走向社会一线。有一次，朱彤老师带学生去一处劳动条件极为恶劣的煤矿。有的工人在长期暗无天日的劳作中已双眼失明，皮肤也被煤灰渗透成灰黑色，但仍勉强背煤，摸索爬行，惨不忍睹。

当时，这幕地狱般的场景刺痛了我的内心，促使我更加同情和关心挣扎在社会底层的劳苦大众。朱彤老师不仅专心教学，还在课余勤奋写作。在他的启发下，我经常在山林之间、清晨薄暮下仔细观察并琢磨，随时写简短日记，记录自己的所思所想。我曾模仿茅盾的《白杨礼赞》写了一篇《春的礼赞》。朱彤老师看后，赞赏之余也提出了中肯的意见："文章写得不错，词汇很丰富，可见你在遣词造句上下了功夫；但是有点过于追求华丽，语言应更贴近自然。"这番话对我影响深远，包括后来的学术写作，我都追求朴实的风格。

此外，朱彤老师也很关心我们学生的生活，经常用自己微薄的工资买些红薯,加点桂花糖煮熟,邀请学生一起品尝。1941年皖南事变后,国民党对国立九中加强控制,性情耿直的朱彤老师毅然随同倾向学术自由的邓季宣校长离开学校,前往白沙女中就职。我也被勒令退学离开国立九中。但在分别以后的很长时间里,朱彤老师仍经常与我通信,继续关心我的健康成长。朱彤老师真是一位好老师啊。

我至今仍能阅读一些英语文献,这完全得益于英语老师赵宝初的启蒙教育。赵老师毕业于南开大学英语系,文化素养较高,英语专业能力过硬。他经常选用英国莎士比亚名作片段作为辅助教材,教学方法也非常生动活泼。受赵老师的启发,我热衷于阅读英国、法国近代文学作品,增强了对西方文学史的了解。同时我还酷爱做英语语法图解练习,以此作为业余消遣,英语学习从此贯穿我的一生。

教音乐的瞿安华老师多才多艺,充满活力,感染力强。在他的带领下,全校抗日救亡歌咏活动热火朝天。他还物色了一批有天分的学生组成合唱团,公演我国近代著名作曲家赵元任的经典合唱曲《海韵》,给战时艰苦而惶惶不安的生活增添了不少情趣。瞿老师还擅长二胡,常在课余辅导学生学琴,我就在这期间学会拉奏了二胡宗师刘天华的名曲《良宵》《病中吟》《光明行》《空山鸟语》等,还学会利用天然竹筒、蛇皮、马尾自己制作二胡。这些丰富多彩的文娱活动驱走了战争的阴霾,淡化了难民学生背井离乡的孤愁。多年以后,在金陵大学读书时,我曾应邀在校广播台演奏一曲《良宵》,令很多同学称羡不已。

毕业于北京师范大学的初一分部数学老师兼班主任,因口头禅"我是一匹老马呀,你们都是小马"而被学生习惯性地叫作"老马",其真名实姓反倒被遗忘。"老马"对学生尤其是背井离乡的难民学生关怀备至,就像父母一样。他不仅管学习,还操心我们的衣食住行乃至健康和娱乐游戏,常常喋喋不休地以自身生活经验劝勉学生。有一次高中部几个大同学与江边船户发生冲突,引得船户联合江津当地帮会和某些歧视外籍人的本地人士扬言要把外省人赶出去,而且聚众持械包围高一分部。"老马"非常担心会殃及自己年幼的学生,连忙关紧祠堂大门,做好各项应急准备,并告诫学生以后不要闯祸,以免吃亏。从那以后,他那慈祥而凝重的面容,永远定格在我的记忆里。

还有一位讲地理的老师,他精彩的授课让我至今都回味无穷。这位老师讲课时就像带学生去神游,一会儿到古巴,一会儿到希腊。讲到古巴时,他就会联想到古巴的雪茄,而且深闭双眼,猛吸一口气,表现一副陶醉模样,引得我们都托着腮帮跟着他沉醉其中;一讲到山河破碎,陆游的诗就从他嘴里脱口而出:"死去原知万事空,但悲不见九州同。王师北定中原日,家祭无忘告乃翁。"接着,仰天长啸,壮怀激烈,令大家为之动容。

实际主持全盘工作的副校长邓季宣也让我至今难忘。他是安庆大书法家邓石如的后裔、陈独秀的挚友,曾偕陈延年、陈乔年兄弟去法国巴黎勤工俭学,专攻西方哲学,思想开明,主张自由学风。在他的领导下,九中学风严谨而又比较开放活泼,教学和文体活动等都开展得有声有色。每逢校本部的总理纪念周全校集合,邓校长必定亲自主持,并且不拘一格邀请一些外地进步学者、左派作家来校做精彩报告,使学生眼界大开。邓校长的办学理念和崇尚自由的精神,使我深受启发,印象深刻。我后来担任华中师范大学校长时,也效仿自己的老师邓季宣,广泛延聘各界精英前来演讲,营造活泼生动的自由学风。

父母不在身边,老师亲如父母。我在国立九中这些优秀老师身上获得了亲情和温暖。悠悠岁月,难忘师恩。如今,这些老师早已不在人世,但薪火相传,他们对学生的亲切关怀和言传身教,在一代又一代为师者身上传承下去。

在时局动荡、物质贫乏的年代,我依然从阅读中汲取了大量精神食粮。国立九中藏书相当丰富,其中,上海商务印书馆出版的"万有文库"最让我迷恋。这套文库侧重介绍基础性知识,内容涵盖文、史、哲、经、天、地、生、化等各个方面。我犹如徜徉于知识的海洋，一本接一本地看，从亚里士多德的哲学思想到爱因斯坦的相对论都有所接触，虽囫囵吞枣，一知半解，却增长不少见识。看到兴致之处，我会和同学们如同古希腊哲人一样激烈辩论，甚至乐此不疲地到大自然寻求印证：或者中午到田间观察小麦叶背的霉菌，或者晚上躺在山坡坟头寻找喜爱的星座，或者在远处水塘边捕捉"鬼火"（萤火虫）。

同学之间淳厚纯朴的友谊，使年幼的我淡化了与家人隔绝的孤寂与乡愁。上高一时，我在班上交了两个好朋友，一位是周承超（后更名为周承昭），一位是马肇新，三人曾长期同住一室。周承超比我大两三岁，出身书香世家，旧学功底非常厚实，并且写得一手漂亮的颜体字，他为宿舍题名"爱居"（一种古代异鸟的名字），这两个遒劲有力的大字引得同学一番热议。我和他一起练习书法，临摹谭延闿的《庐山诗卷》，还跟着他一起系统阅读"四书"，对中国传统文化稍增理解。周承超还带来《曾国藩家书》，我也随他一起认真阅读，从中懂得一点做人处世的道理。

马肇新是回族，出身教师家庭，擅长演讲和交际，且乐于助人，后来在我落难时慷慨相助。每当想起他，我就很感动。闲暇时，我还和同学一起在深山老林寻找桃花源，一起去险恶的黑龙潭游泳，一起在山上小溪中摸鱼虾……

将近五年的国立九中生活在我的人生中留下许多深刻而鲜明的印迹，我把这段生活称为"田园牧歌式的中学生活"。多年后，我不无感慨地说："九中在我心中依然保持着永恒的美好记忆。因为那里留下了我天真无邪的童年和少年的梦。"晚年，我还偕妻子专程回到江津德感坝，回到梦魂萦绕的母校九中旧址，寻访故友和重温那段岁月。我对四川和四川人民同样具有深厚感情。2010年，我赴四川大学开会，演讲结束时饱含深情地说："全面抗战的八年，我一直生活在四川，喝的是川江水，吃的是四川米，所以我对这方土地和土地上的人们，一直怀有感恩和亲切之情，四川就是我的第二故乡。"不过，业已改为直辖市的重庆的友人略有微词,他们说:"其实章开沅当时学习与流浪所到之处都属于现今重庆范围,重庆才是他的第二故乡。"

1941年皖南事变以后,国民党政府加强对各级学校的控制,国立九中校园也横遭宪兵、特务、三青团的监视,学生中不满情绪高涨,多次掀起学潮,一股紧张、恐怖的气氛驱走了往日的宁静与祥和。新任校长邵华的到来更是加剧了校园的骚动与不安。邵华原任国立八中校长,是国民党中委,与地方军队、警察、宪兵和特务均有联系。为树立威信,他经常大白天身着睡衣,带着随从在校园里耀武扬威。邵华还在暑期办学习班,教官可以随便殴打学生,特别是极端仇视多次掀起学潮的高一分部学生。我一直循规蹈矩地用心读书,对于当时的政治形势并无多少了解,却未能幸免于难。

1943年春,我正读高三上。有一天,教授世界近代史课程的高一分部训育主任魏老师一反常态,没有正式讲课,而是拖长腔调大声宣读我的一篇周记。这个魏老师非常崇拜德国"铁血首相"俾斯麦,经常出其不意地对学生使用一些"铁血手腕"。宣读完毕后,他"铁腕"一挥,对我厉声呵斥道:"你认为这里不自由吗?你要自由,什么地方自由?到莫斯科去!"我非常害怕,不知道他是什么意思,因为我的周记无非是模仿鲁迅的某篇散文,描写了一群白鸽不顾某些人的驱赶仍旧快乐遨游于晴空,把悠扬的鸽铃声洒布人间,丝毫没有触及时政之意,况且我根本不知道有什么国共之争。

我刚为自己辩护了几句,班长就起来揭发我对党国不忠不满的"罪状"。"欲加之罪,何患无辞?"我气愤至极以致语塞,说不出话来,这更使得闹事者认为我已"伏罪"。学期末,我被勒令退学。原来,学校早就开始注意我。高一分部的一些进步学生不满学校现状和时政,开辟了一个墙报专栏,常借用文字或漫画来宣泄心中的愤慨。我因文笔冷峭,在同学中享有"小鲁迅"的美名,常受邀为他们写点杂文,画点漫画。

我曾经画过两幅漫画,一幅为一个戴着眼镜的教务主任,凶神恶煞地抱着很多书,书堆下是一个被压得喘不过气来的瘦小学生,意在批评学校教务处施加于学生的课业之重;另外,针对当时粮食紧张,学生经常吃不饱而出现抢饭的情形,我画了一幅学生蜂拥而上抢稀饭的场景。在当时的政治高压气氛下,这种对校方的讽喻自然逃不过特务们的怀疑。此外,我经过冷静分析而恍然大悟:原来此乃班长一手"炒作",他是刚发展的三青团员,因急于立功而把我当成牺牲品。

就这样,我美好的中学生活戛然而止,连一纸肄业证书都没有。衣食住完全无着落的我,不知何去何从。我的父母早已迫于生计而远离重庆,到江西再谋业,由于战争阻隔,已经与子女失去书信联系。万般无奈之下,我只有投奔正在重庆读药专的大哥开平,但开平也是靠"贷金"度日,难以供养衣食无着的我这个弟弟。幸得开平的一个同学热心相助,不仅把宿舍床铺让给了我,还和开平想方设法让我在大食堂"蹭饭"。白天,开平和同学都去上课,我无所事事,就翻阅大哥书架上的书籍。让我获益最大的是大哥珍藏的多卷本中国绘画史,每一幅画不仅蕴含着博大精深的文化内涵,还体现了画家崇高的品格与意境。这些作品及其解说深深感染了我。后来我回忆说:"正是这些书填补了我精神上的空虚,使我从一个浮躁浅薄的少年逐渐成熟起来,开始用较为深沉的理性眼光来观察人生与社会。"

1943年9月,为解决我的生计问题,大哥设法帮我进入重庆乡间一所专门收容沦陷区难民学生的两年制计政人员专修班学会计。期间,除了听课,大部分时间靠自学。我在课余认真阅读了一些会计学、统计学、货币学、银行学的书籍,但更感兴趣的还是阅读19世纪俄国作家高尔基、托尔斯泰、屠格涅夫、陀思妥耶夫斯基的经典文学名著。其中,托尔斯泰的《战争与和平》使我对人道主义有了更深刻的了解,高尔基的三部曲给予我应付困苦、排除迷茫的精神力量。最幸运的是,我在这里竟然遇到了后来的哲学家杨荣国,当时杨老师主讲的是世界经济史,我认真听课记笔记,收益颇丰。

却不料,无妄之灾第二次来临。有一天军训时,素有恶名的教官对学生训话说:"我只要下口令'齐步走',你们就是走到水坑掉下去也得服从命令!"从小就继承了母亲批判精神的我当面顶撞了他,让他非常难堪。不久后,一次做早操时,那个教官故意找碴儿,粗暴地踢了我一脚。我不堪其辱,在全校学生面前批评教官对女生作风不正,对男生管制蛮横。教官颜面扫地,气愤至极,厉斥我思想不纯,并趁第二天其他同学上课时偷偷堵住我,严令我立刻离开学校。就这样,就读未满一年的我第二次被学校开除。事发突然,我什么都没来得及带,连一套换洗衣服都没有,书籍和纸笔都留在学校。为了不再次连累大哥,我独自浪迹川江。

国立九中同学马肇新知道我走投无路,陷入困境,就千方百计联络到一个木船老板,让我到他船上打工。木船老板本不另需帮手,而且我从未干过苦力活,并不是一个得力的船工。但经过马肇新多番解释后,心地善良且同为逃难"下江人"的老板对我产生同情,不但收留了我,还劝慰我说:"人的一生总会遇到这样那样的困难,但困难只是暂时的。你放心,到我这后,有我吃的,就有你吃的。你能做多少,就算多少。"我深受感动,决心以勤苦劳作回报老板。

这条船主要是在重庆、泸县之间运送大米,所经过的那一段川江水路多有险滩、暗礁,还有很多汹涌弯曲的涡流,船工随时面临葬身江底的危险。但迫于生计,同时也为了完成保证战时粮食供应的紧急任务,船工们每天清晨都准时迎风劈浪出船,而且在艰险的劳动中精诚团结,结下生死友情。有一次船逆流而上,遇到大风,帆桅折断,眼看就要翻沉,领唱川江号子的船工高声唱起来,全船人顿时精神振奋,奋力与命运抗争,最终化险为夷。

船工的精神激励着我同恶劣的环境做斗争。我什么都做,悬崖陡壁上拉纤绳、赤身露体下寒水推船、帮伙夫生火做饭……最让我刻骨铭心的是逆水逆风拉纤前行,肩上每每会留下绳子勒过的深深印迹,但划破长空的嘹亮川江号子、悲喜交集的民间歌谣,还有众多船工的粗犷豪放，都缓解了劳累之苦与思乡之情。我最敬重那位老舵手，船上人员称他为"驾长"。老人在江上掌舵几十年，技能娴熟，经验丰富，无须借助任何仪器，仅凭观察江面的水花，就能判断出江水的深浅，而且谙熟河床所有的地形和江上的拐角及险滩，每遇涡流暗礁时能沉着冷静地避开，确保全船人员和货物能安全到达。闷热的夏夜，我会露天卧在船尾，听老舵手讲自己的人生阅历，我从这位善良长者身上领悟到另一种做人和做事的道理：无论做什么样的工作都要兢兢业业；对乘上自己这艘船的人，要保证他们的生命和运输安全。多年以后回忆这段川江航行，从来没有攻读博士学位的我，总是说自己读的是"长江大学"，老舵手就是我的"人生博导"。

在艰苦的流浪岁月里，让我稍得宽慰的是所学会计技能派上了用场。有一次，木船运粮到泸县，当地粮食仓库主任请我帮忙制作账务报表，要求我一天之内完成。殊不知，这点活儿对学过会计的我来说倒是轻而易举，不到半天就完成了。主任也是从江浙一带逃难到四川的，所以对我特别亲切，中午炒了几盘好菜，邀请我喝酒，这是我第一次独自享受尊贵客人的礼遇。但这段时间最大的痛苦是无书可读，而且也并不具备读书的时间与条件。船上仅有的读物是别人抛弃的两张旧报，我每天得空就看，从头版头条读到末版末条，连每则广告也逐字逐句琢磨，以致有的船工以为我得了神经病。峥嵘岁月稠，我晚年回忆起这段经历，倒是颇为欣慰："我是较早利用广告来研究历史的，在撰写《辛亥革命与江浙资产阶级》一文时，充分利用了若干广告，说不定正得益于川江浪迹。"

1944年秋冬之间，我随船回到重庆，停泊朝天门码头时，被焦急万分的三哥开诚寻获。原来，远在江西的父母已经得知我失学流浪之事，唯恐我消极沉沦或寻短见，要求兄长多方寻觅。其实，我早已继承了母亲的刚毅，被开除时不愿委曲求全，更不愿连累家人，独自默默承受着折辱和凄楚。正如我后来回忆这些经历所说："我就像鲁迅著作里描述的森林里的狼，受伤之后，独自到森林里舔吮自己的伤口。"

社会犹如一本大书,是取之不尽用之不竭的知识泉源,我从这段浪迹社会底层的经历收获不少社会阅历,也使得我成为历史学者后更具社会真实感。大哥的同学、马肇新、木船老板的慷慨相助,使我感受到人性的善良和人间的真情;船工们的忠于职守以及对艰难险阻的克服,促使我此后更为勇敢地承受人生中的各种磨难。

1944年底,日军侵占贵州独山,重庆顿时危急,蒋介石发出"一寸山河一寸血,十万青年十万军"的呼号。"天下兴亡,匹夫有责",我于1945年元月也领着辍学前来的弟弟开永"投笔从戎",参加青年远征军①,一来救国,二来解决生计问题。我们兄弟被编入201师603团2营5连2排。该团驻扎于四川铜梁,我因个头瘦小,被列为二等兵,弟弟个头高,反而成为一等兵,地位仅次于班长。部队的训练异常艰苦,大部分是诸如翻单双杠、爬坡、在地上匍匐前进的体能训练。一天训练下来,人困马乏,浑身散了架一样。由于勤奋刻苦,我的筑城、射击、枪械等学科、术科成绩都比较优秀,常常获得上级奖励。在艰苦的训练之余,我仍然坚持读书和写作,积极为部队团刊撰稿,是部队里小有名气的写作快手。

但是在部队里,我仍然难以改变倔强的脾气。服役初期,新入伍的学生兵情绪很不稳定,有的连队出现了反抗体罚的深夜"闹营",我公开表示支持。营长把全营三个连集合起来训话,他直接指着我,厉声说:"章开沅,你这个小学生懂什么,也跟着闹什么闹?"我置之不理,死不认错。这时,一向关心我的张连长②和排长先后委婉规劝我不要顶撞,回归列队,但我仍然不服从。营长顿时火冒三丈,挥手命令两个值班卫兵把我押到团部的重禁闭室。开始几天,我每餐仅以

---

① 青年远征军是国际反法西斯战争转入战略反攻阶段时,国民政府为了在中国战区储备反攻力量而组建的一支以知识青年为主体的现代化武装部队,简称青年军。

② 该连长系张治中的侄子,安徽人,曾任九中教官。他知悉我曾就读于九中,对我们兄弟格外关照,后来帮助我把生病吐血的开永悄悄送出部队到重庆就医。

一碗白米饭度日,幸好同连的好友在张连长的默许下,用水壶藏着辣椒酱送进来,才得以避免因缺盐得浮肿病。禁闭期间,我没受到任何审讯,也没有悔过。直到逢上中秋佳节,加以又是抗战胜利结束,全营在大操场上聚餐痛饮,热闹非凡。我也被临时解除禁闭,回营参加聚餐。排长主动到我所在一桌敬酒,大家都与排长碰杯,只有我不起立也不举杯,排长尴尬万分,愤然离席而去,据说还气得号啕大哭。

1945年8月15日,日本宣布无条件投降,中国人民长达十四年的艰苦卓绝的浴血抗战终于宣告结束。我接受预备军官教育之后,却没有机会奔赴前线杀敌,遂于1946年8月复员回乡。让我至今深感惭愧的是,作为抗日军人却未上前线,而且退伍时竟获得预备役少尉军衔,并且享受保送升学的优待。

两次被学校开除,以及后来的流浪和从军经历,让我从一个懵懂的少年成长为一个多经事变的青年。这些坎坷,成为我人生征程中的宝贵财富,赋予我无穷的进取力量。

三、周洪宇:『我的大学』*

(一) 京山分院

1. 赋诗明志

1978年的春天来临的时候,我的人生也迎来了春天。3月初,从荆门姚河公社新华大队知青点取回行李,在家歇息几天后,我就兴高采烈地到华中师范学

---

* 本文为周洪宇教授口述历史整理稿。时间:2009年1月2日;地点:华中师范大学田家炳楼515室;口述者:周洪宇;整理者:刘来兵。文中所涉及的历史均为此口述时间之前。

院京山分院报到注册,正式成为华中师范学院历史系的一名新生,由此走上"知识改变命运"的人生之路。

可以说,我个人命运的转折是以国家发展步入正轨为前提的,首先有整个民族发展的春天,其次才会有个人发展的春天。1978 年 2 月 26 日到 3 月 5 日,第五届全国人民代表大会在北京召开。时任中共中央总书记的华国锋,代表中央做了《政府工作报告》,提出加快社会主义经济建设和繁荣科学教育文化事业的总要求,拉开了发展文教事业的序幕。3 月 18 日,全国科学大会在北京召开,邓小平强调"科学技术是生产力",指出我国知识分子的绝大多数已经是工人阶级的一部分,是党依靠的一支力量,这就彻底纠正了"文革"时期"读书无用""知识无用"的错误认识。4 月 5 日,中央又批准摘掉"右派分子"帽子,大力消除"血统论"影响。我一直忧虑的家庭出身问题、二十年如影随形的心理阴影也由此一扫而空。特别是 5 月份开展的"实践是检验真理的唯一标准"的大讨论,为党的十一届三中全会的召开准备了思想条件。11 月份,邓小平在中共中央工作会议上提出"解放思想、实事求是,团结一致向前看",这更是影响个人此后命运的最大之事。正是这种解放思想的指导,我们在国际交往上取得了重大的突破,10 月份,邓小平访问日本。12 月 16 日,中美发表联合公报,确定 1979 年 1 月 1 日正式建交。两天后,也就是 1978 年 12 月 18 日,具有重大现实意义和深远历史意义的党的第十一届三中全会隆重召开,我国新时期改革开放的序幕由此拉开。因此,无论是国内各项建设工作,还是国际发展空间的拓展,都显示出国家正在朝着一个健康的方向迈进。1978 年这个特殊的年份,无论是对我个人而言,还是对中国来说,都是一个重要拐点,具有里程碑意义。

1978 年 3 月,刚进华中师院那会儿,正是第五届全国人民代表大会召开之际,我读了会后学院政治部为组织学习编印发行的《中华人民共和国第五届全国人民代表大会第一次会议文件汇编》之后,不禁为国家发生的巨大变化和自己命运的改变感慨万分。刚刚成为一名大学新生的我,就在这份文件的封底即兴写了一首题为《入院抒怀》的诗,以明志向:"春雷惊九州,秋风驱四魅。天恩赖明主,甘霖沐齐辈。一举革旧习,九众依新规。昂首登高堂,潜心研国粹。锐意寻真谛,华泰移本位。利民旨高尚,为党事尽瘁。极目华夏地,四化景美瑰。"大概是由于时间太久,我都忘了自己当年曾经写过这首诗。我弟弟周洪宇 2008 年初在家里整理东西的时候,偶然之间翻出了这本小册子。他看到我 30 年前所写的这首诗,联想到我们的祖父在新中国成立前曾经想当"国大代表"的夙愿,与我后来成为一名全国人大代表的现实联系了起来,写了一篇见证改革开放 30 周年的小文章发在了《湖北日报》上。我看到报纸之后,十分惊讶,问洪宇弟这篇文章中的诗是怎么回事,我还以为是他为吸引读者而自己编造的呢,直到他把原件拿给我看了,我才确定的确是当年自己写的。现在看来,这首诗一是表露了自己当时对党中央粉碎"四人帮"、恢复高考,给我们这一代年轻人带来了学习和改变命运的大好机遇而充满感激之情,同时也反映了个人当时一心向学、努力掌握真才实学,以求日后报效国家的强烈愿望。为了实现这个愿望,当时我还对自己怎么度过大学生活拟了一个行为守则,我个人称之为"十戒":一戒骄矜无忌,二戒浮虚无本,三戒空谈泛夸,四戒自满意足,五戒不懂装懂,六戒自以为是,七戒好为人师,八戒生活浪糟,九戒知一为十,十戒不尚严师。虽然已经过去了 30 年,但这"十戒"现在似乎还没完全失效,还可作为自警自省之语。

◇ 2. 疯狂学习

我是 1978 年 3 月 3 日去华中师院报到的,但是当时上课的地方并不是现在的武昌广埠屯桂子山本部,而是华中师院京山分院。京山分院位于离武汉本部三四百公里之外的京山县郊。这所分院是"文革"期间在"开门办学"的思想指导下,1970 年 12 月 23 日经由湖北省革命委员会决定,将原京山共产主义劳动大学划归华中师院而成立的华中师院分院,是当时华中师院建立的多所分院之一,地点在荆门市（原属荆州地区）京山县城 10 多里外的郊区。1976 年 12 月份，华中师院还招收了 700 名工农兵学员，当时学校也没有做好招生的准备，工农兵学员还没有毕业，本部没有条件让这么多的新生入学。就把工农兵学员原先住的地方重新装修以供我们新生入学后住，开学的时候还没有装修好。当时是理科的新生直接到桂子山本部读书，因为他们的实验室都在这里。我们文科类的中文、历史、政治三个系数百名学生被安排到京山分院去学习，就有了那段难忘的梭罗河畔读书的日子。

作为恢复高考后的第一届大学生，当时我们每个人都踌躇满志，这么多年终于等来了用知识改变命运的大好时机。学习终于是一件可以公开的事情，那种只能偷着学、躲着学的日子终于一去不复返了。本来我们以为进了大学读书，学习就应该有明亮的教室、满屋的图书、众多满腹经纶的教授……没想到学校将我们送到农村的一个学校里去读书，自己刚从农村出来，又到另一个农村来了，有点失落，觉得这哪是大学啊？没有像样的图书室，只有一个很小的篮球场，几个系都挤在一起打篮球，四个篮筐架，只能打两个场子，宿舍也是上十个人挤在一起的大房间，食堂是工厂改建的，教师也很少。办学条件恐怕比有些条件差的中专都不如，但在当时它被称为大学。尽管现实中的学校与自己原本想象的大学校园有一定的差距，当时还是很激动、很兴奋，总算是在大学里读书了。看到我们的失望之情，辅导员老师来安慰我们，说这只是临时过渡的，现在武汉桂子山本部正在抓紧维修，半年后大家就可以回去，让我们不要着急，安心学习。想想就算回去了也没有地方住，没有老师教我们，所以大家不得不安心待了下来。

当年我们就在这种今天大学生无法想象、十分艰难的环境下学习。尽管条件很艰苦，但是每个人的学习积极性都很高，因为我们这届大学生都有一种劫后余生的感觉，抱着不把过去损失的岁月夺回来就誓不罢休的劲头去疯狂学习，对知识的追求可以说是"如饥似渴",没有周末,没有假期。抓住一切时间学习,白天上课,晚上熄灯后个人打着手电筒看书。由于学历史有很多东西需要去背记,历史人物的生平、生卒年代等等,为了不影响其他人,或是躲过老师查房,就在被窝里面看。大家都在"比晚",想法很单纯,就是看谁睡得晚,谁睡得最晚谁才算最用功,谁最用功谁将来才最有可能有出息。

由于晚上在被窝里看书,早上有时就起不来,影响到早操。早上全校要做早操,而且各个系之间还要比赛,看哪个系做得好。记得有天晚上,我们班辅导员,现为华中师大音乐系党总支书记的张洪老师,晚上到学生宿舍查房。我们知道每天这个时候他会来查房,所以大家就按时熄灯睡觉,很安静。但张老师也有对付我们的办法,他过来后,站在门口一动不动,过了一会我们都以为他走了。大家有的就打开灯看书,有的就在一起开"卧谈会"。我是蒙着被窝打着手电筒看书,结果张老师进来后,他们都悄悄地不作声了,灯也都关了。我在被窝里什么都不知道,完全没感觉到变化,张老师就把被子一掀,也没作声就走了。第二天早上出操列队时,他批评说:"昨天晚上熄灯后,有人打着手电筒躲在被窝里看书,自作聪明,以为人家不知道,不守纪律。爱学习是好事,但也不在乎这么一会嘛。集体生活就是要有集体纪律。大学生要讲纪律,不讲纪律,学得再好也不行。"狠狠地训了大家一通,实际上主要是说我。2002年毕业二十周年聚会时,同学们还拿这件事情与我开玩笑,问我记不记得这件事。我说这怎能忘呢?那时好学心切,张老师也是为我们好,可以理解。由此可以看出,首届大学生的学习劲头到了一种何等疯狂的状态,就是拼了命地学,想着时不我待,过去那么多时间都浪费了,整个"文革"十年就没有好好读书,就没有学到系统的知识,现在好不容易有这么好的机会,有这样的一个机遇,有这么多的老师和同学,有了这么多的图书,不抓紧学习怎么行?

到了4月份,天亮得早了,也不需要晚上熬夜打着手电筒看书了,我就改成早起读书。每天早上五点左右起来,天刚蒙蒙亮,就跑到校园里面的梭罗河畔叽里呱啦地读外语、背单词、背古文。这个时候大家改换成比谁起得早了,生怕晚起了读书时河边连坐的地方都没有了。当时确实是一种疯狂的状态,每天想的就是学习,争分夺秒,完全不想别的事情,想学习好就行了,一定要把学习搞好。所以后来很多同学笑话我:"哎呀,周洪宇,你当时真是书呆子、死摆功啊。"

我们就这样在京山分院度过了大学生活的第一个学期,1978年9月回到了武汉桂子山。虽然条件艰苦,但是京山分院这半个学期的学习生活,还是很有收获的,就像是我们从知青生活向大学生活过渡一样,仍然身在农村,而且学院有农场,我们还搞过收割比赛,但是这时劳动已经是生活的调剂了,读书才是生活的常态。当我们从京山分院回到桂子山的时候,每个人都比刚入学的时候成熟了很多。而那些一直在本部读书的理科学生,他们入学的第一个学期与在学校还未毕业的"工农兵学员"之间相处得并不好,互相都不对眼,反倒是我们这些文史哲的同学在京山分院相处得特别融洽,彼此之间建立了很好的友谊,这也算是一种意外的"补偿"吧。1979年7月14日,华中师院京山分院经湖北省革命委员会批准后撤销,结束了9年的办学历史,本部就再也没派学生过去了。

◇ 3. 当了历史课代表

正是由于这样一种近乎疯狂的学习状态,我给同学和老师留下的印象就是比较好学,同时他们觉得我还有点文化基础,年龄也偏小,我们班同学的平均年龄24岁左右,我当时只有20岁。我那时候记忆力很好,甚至有点超常,对于学过的历史事实、事件和人物,包括一些重要不重要的历史年代等,几乎都能做到过目不忘。大家一起闲聊时,发现我在这方面有点特长,问我怎么记得这么清楚,而他们老是忘。因为刚刚自学心理学,知道记忆规律中有条"有意注意"的原则,我就说可能自己形成了"有意注意"习惯,对"有意注意"过的东西记得特别牢,大家只要平时多利用"有意注意"原则就行了。于是老师和同学们信任我,就让我当了历史课代表。

由于担任历史课代表,在京山分院学习时,和老师们接触得比较多,尤其是吕名中、崔曙庭、邹贤俊、徐俊四位老师在学习上给予了我很多帮助。吕名中老师,湖南老乡,武大历史系毕业,中等个头,较胖,和蔼可亲。他主讲中国古代史课程,教学严谨,条理分明。这门课是一门基础课,从先秦讲到两汉、魏晋南北朝,再到唐宋元明清,辅助读的书就是《二十四史》。吕老师原是中南民族学院(现中南民族大学)教师,1970年11月份,湖北省革命委员会("文革"期间省级临时最高领导机构)决定全省29所高校只能保留13所,撤销省函授学院、省教师进修学院和中南民族学院,由华中师院接收办学,包括吕老师在内的部分中南民院老师转到华中师院工作。1981年9月,停止招生、撤销办学达11年的中南民院恢复办学,吕老师重回中南民族学院工作,后来我就再也没有见过他了,只是偶尔听到一些他的消息。崔曙庭老师和邹贤俊老师都是50年代华中师院的大学生,受过钱基博先生的教益,大概是钱先生最后一批学生。崔曙庭老师也是湖南人,湖南第一师范毕业后,被保送到华中师院学习,1956年毕业后留校工作。他是历史文献学的专家,当时给我们讲中国古代的各种重要文献,比如《史记》里的哪一篇讲什么,《汉书》里的哪一篇讲什么,他结合自己的研究心得作解读,讲得很细,湖南口音很重,湖北学生不太好懂,我这个"湖南湖北人"则无所谓。他在中国古代文化典籍的整理和研究上成果丰硕,与人合撰有《中国史学名著题解》《中国古代学者百人传》《百川汇海——三国·两晋·南北朝·隋·唐》等著作。邹贤俊老师主讲中国古代史学理论,从司马迁讲到刘知幾、再讲到章学诚等人,尤其是讲到刘知幾的史学继承了荀子、扬雄、王充等人的唯物主义传统,能够对儒学持批判态度,破除偶像崇拜,帮助我们树立起了唯物主义史观,使我们养成了怀疑、批判的史学研究的基本素养。估计那时他正在构拟后来主编出版的《中国古代史学史纲》和《中国古代史学理论要录》两书大纲,每天课后就闭门不出,沉思于古籍之中。徐俊老师当时正值盛年,教我们古代史。他在省考古队工作过,有实践经验。讲起考古来就眉飞色舞,活灵活现,使人如临其境。当时正逢湖北随州擂鼓墩发现了震惊世界的古编钟,刚刚出土,墓葬的巨大棺椁和陪葬品编钟等都还泡在水中,徐老师不失时机地带我们赶到现场实地考察,现场教学如何发掘和辨识古代文物。还带我们到京山分院附近著名的新石器时代遗址屈家岭,现场发掘文物,在他的指导下,我们细心地拨拉着脚下的泥土,果真陆续发掘到不少新石器时代的纺轮、石斧、陶罐等,大家都高兴得叫了起来,为自己的首次考古实践就成果累累而欢呼雀跃。唯一"不满"的是,徐老师要求大家把考古成果一一上交,称这些都是国家的财产,个人不能私自拥有。徐老师的课给我印象最深的是,他介绍的王国维"文献记载(纸上之资料)与出土文物(地下之新资料)相互印证的二重证据法",是历史研究的不二法门,使我认识到历史研究不仅要重视已有的各种文献记载,也要重视最新出土的文物,两者相互参照比较印证,方能收实效。这四位老师都是学养深厚的学者,我很幸运能够在大学入学的时候就得到他们的教导,为历史学习打下了坚实的基础。四位老师从史学不同的领域为我们打开了学习的门径,并告诉我"师傅领进门、修行在个人",勉励我,让我能够抓住机会,奋发图强,自学成才。

在老师们的鼓励下,我不仅读了他们列出的必读著作,还广泛涉猎历史学之外的书籍,以前在中学的时候读文学类的书籍就是鲁迅和毛泽东的作品,学习西方文学就是学习苏联的文学作品。现在不一样了,可供阅读的书籍的范围极大地扩展了,发现要读的书实在是太多了,每个人都有一种追赶时间去读书的感觉,所以我们77级大学生,包括下面的78级、79级的大学生也是一样,在老师们眼里,我们是最拼命读书的三届学生。

◇ 4. 为中国女排加油

除了疯狂地学习以外,我们还有一些业余的文体活动。我印象最深刻的课余活动就是为中国女排加油。1978年的中国女排已经在袁伟民出任主教练之后渐渐显示出竞争力,在1977年的世界杯、1978年的世界女排锦标赛和曼谷亚运会上,中国女排分别获得了第四名、第六名和亚军,在国际赛事上夺冠应该只是时间问题了。1979年,国际奥委会恢复了中国的合法席位,就在一个月之后,中国女排在亚锦赛中战胜了当时的亚洲和世界冠军日本女排,这是我们当时最开心的事情。随后在80年代初,中国女排正式腾飞了,后来获得了"五连冠",称雄世界,创造了历史。中国女排在当时极大地调动起了全国人民的爱国热情,人们被女排运动员的拼搏精神感动着,我们作为学生,最激动、最为之骄傲的就是看到中国女排战胜日本女排、美国女排、苏联女排。因为那个时候中国体育在世界上除了乒乓球能夺冠军之外,几乎就没有能在各种赛事中夺冠的,女排精神逐渐成为中国体育的一面旗帜,鼓舞着运动员们奋力拼搏、为国争光,带动着跳水、体操在80年代初也渐渐在世界上展露出锋芒。女排精神也成为我们学生刻苦学习的精神动力,北京大学的学生在1981年的时候,喊出了"团结起来,振兴中国"的口号,在高校引起巨大的反响。今天我们在奥运会上能拿50块金牌,成为金牌数排名世界第一的体育强国,我们应该记住当初的女排精神,它曾经对国家各行各业造成积极影响。

  但是当时能看女排比赛的地方不多,所以有电视机的地方总是围满了人。在播女排比赛的时候,校园里是看不见人走动的,我们当时就都挤在一个小房子里面,围着一台小电视看,为女排加油。尽管电视很小,有时候还看不清楚,但是每个人都以此为乐。70年代末80年代初的时候,能买电视的家庭很少,有钱都买不到,需要托人找门路才能买到,买到的还是9寸大的黑白电视机。2008年的时候,黑白电视几乎已经从中国市场上绝迹。奥运会也到北京来开了,我也有幸作为北京市的特邀代表参加了北京奥运会的闭幕式,我们可以在自己的首都亲临奥运赛场为我们的运动员加油。虽然今天我们关注中国女排的热情没有30年前那样高涨,但当我看到中国女排再次站在决赛的场地上的时候,禁不住想起她们曾经"五连冠"时的辉煌,想起我们当年在小小的9寸电视机前为女排姑娘们加油的场景。今非昔比的还有,与中国队对决的美国队,主教练是郎平,当年曾经创造"五连冠"的中国女排核心球员。在现场看球的时候,我们也把掌声送给了郎平。这就是30年的变化,不仅是中国体育的巨大进步,还有国民心态的变化,我们照样为中国女排战胜对手而欢呼,但不再是疯狂。我们更看重的是观看比赛的过程,而不是最终的结果;是体育竞技本身,而不是国与国之间的斗争。我们为自己国家的选手获胜而自豪,也为别国的运动员们的精彩表现而喝彩。

◇ 5. 老少同堂

由于我们77级的学生,可能"文革"前后13届毕业生都有,也就是说,学生中年龄最长的和最年轻的至少相差13岁,所以我们这一级的学生可以说是"老少同堂"。我的年龄在我们班属于中等,班上同学的平均年龄是在24岁左右,我当时是20岁,24岁的时候大学毕业。我们班同学当中,入学时年纪最大的34岁,大我14岁,12年一轮,大我一轮多。大我这么多的同学差不多有七八位,包括好几位女同学,其他同学年龄都普遍比较大。我们班一共44位同学(其中刘聪泉、张淑琴两位属非正式学生,单位推荐学习,一两年后又重新考走或调走),最小的是从西藏那边派过来临时插班读书的孙延霞和陈献利两位,他们当时只有17岁,是班上年龄最小的同学。

"老少同堂"的情况使我们的教学常常充满戏剧性。几位老大哥、老大姐,如杨昶、彭益林、蔡放波、揭书安等人由于夫妻两人都读大学,小孩没人带,就跟着父母到大学里来。有时带着自己七八岁的小孩上体育课,这时的体育课就很有意思,两代人在一起上课。大人跳沙坑,小孩也跟着跳,一跳一脸沙,像过家家似的。我们一些年轻同学喜欢逗小孩玩,要孩子叫自己"叔叔阿姨",孩子嘴很甜,跟着我们屁股后面叫个不停。一晃20多年过去了,现在这些孩子也是三十五六岁的成年人了,有的都早已经在南京大学、武汉大学等名牌大学博士毕业,也当了父母亲,路上遇见,还叫我们"叔叔阿姨"。

我们77级就是这样一种非常特殊的情况,在本科教育中,这样高比例的年龄相差如此之大的现象,是绝无仅有的。这完全是"文革"十年造成的不正常情况。尽管年龄差距很大,学生水平、基础也参差不齐。但是我们同学之间相处得很好,在京山分院的时候,虽然学习的条件比较差,但是所有的同学学习积极性都很高,都持一种把时间再抢回来的心态在学习。杨昶、彭益林、蔡放波、张亚鹏、揭书安、刘伟、邓鸿光、阮荣华这些老大哥、老大姐学习积极性一点也不比我们差,但是因为有家庭或年龄大了,也受点影响,不像我们年轻人精力充沛,而且所有的时间都可以用在学习上。一方面,他们在学习方面给我们树立榜样,因为他们毕竟年长我们不少,比我们这些年轻人更成熟,所以他们一旦有相对完整的读书时间,就很用功,我们看到他们都这样用功,就觉得我们趁着年轻更应该抓紧。另一方面,在生活上也能得到他们的照顾,日常生活中遇到什么自己想不明白或是解决不了的事情,可以向他们请教,所以大家都处得很融洽,同学之间的关系处得很好。

◆ (二) 返回桂子山

◇ 1. "三点一线"

1978年9月份,我们回到武汉桂子山本部。尽管当年的桂子山没有今天这样的规模,但比起京山分院要强上百倍了。我们77级的新生总共只有1073人,还不及2009年全校硕士生招生规模的一半。可以看出改革开放后我们国家高等教育超速发展给华中师大带来的变化。回到本部读书,我们对大学有了新的感觉,这种感觉既来自显在的校园环境的变化,更多的来自隐性的校园文化氛围的不同。这时候才找到自己向往中的大学:明亮的教室、宽敞的运动场、满屋的图书和众多满腹经纶的教授。我们3月份到京山分院读书的时候,"文革"时期遗留下来的问题还没有解决。没有全国通用的统编教材,我们用的都是学院自编的教材。"文革"中被打成"封、资、修"的书籍还在图书馆中封存着,可读的书籍还比较有限。但是回到桂子山本部的时候,图书馆中的全部书籍,包括外文期刊,都开放了。78级的新生也随后入学了,我们77级和78级的学生只隔了半年,我们回来不久就成了学长。这样我们的新生生活只有半个学期,随着回到桂子山就结束了。

虽然在学习条件方面不再有什么不满的情绪了,但大学新生的那种新鲜感、自豪感也随着78级新生的到来而一扫而空了。相比京山分院时期的学习,我这时学习上的变化,就是从心理上适应了自己的专业方向,专注于历史学的学习。学习目标一旦明确,学习就成了一件很有系统的事情,开始过上"三点一线"式的生活:宿舍、食堂、教室(或图书馆),三点一线。不同的时期,不同的学习阶段,都会有很多学生在过这样的生活。可能在别人眼里,这样的生活很枯燥,但是习惯了,也就能把它当作一种生活方式,而且还是自己能乐在其中的生活方式。

当时我们的宿舍就是现在历史文化学院前面的那三栋老房子,我当时住在中间那栋最边上的那个房间,现在还是学生宿舍,但是我住的那间已经改成洗澡间了。历史文化学院就是第一教学楼,是我们系上课的地方,我上自习看书的地方则常常在老图书馆。当年学校共有3座食堂,离我们住的地方最近的是西区学生一食堂和二食堂,它们基本上是连在一起的,只不过一个坡上一个坡下,挨得很近,现在的桂香园餐厅就是在原学生一食堂和二食堂的地址上重建的。"三点一线"式的生活,就是早晨离开宿舍到食堂,饭后到教室上课,晚上12点回宿舍睡觉。中午就趴在桌子上睡会,宿舍里通常都很吵,也没办法回去午睡。因为那时候很多同学都要求晚上宿舍晚关门,想多一点看书的时间,所以一开始学校规定12点才熄灯,早回宿舍,也不能睡觉,很吵。后来有同学向学校反映这个事情,毕竟有的年纪大,他们睡晚了、睡眠时间少了,说已经神经衰弱了,建议改成晚上 10 点半拉闸熄灯,后来很多院系也都自发地组织起来,一到 10 点半,就有同学在走廊吹哨示意大家熄灯睡觉。这样宿舍一般在 10 点半的时候就安静下来了,当然各个宿舍情况不一样。如果大家协商可以晚会儿再睡,那就可以再看会书。我整个大学四年基本上过的都是这种拼命读书的生活,平时也很少回汉口家里。

◇ 2.大师讲学

从京山分院回到桂子山,最大的感受就是师资水平的差异,在大二的时候开始真正接触到许多名师。这样在学习上除了自己"三点一线"式的苦学之外,就是遇到了好老师。在学习的关键期,遇见若干名师那也是一种缘分,得到他们的教诲更是一种幸运。现在这些老师大部分已经不讲课了,我平常也很难见到他们,有的老师已经去世了。当时他们都是已经在某个专业领域成名了的专家,有的在当时都算是"大师"级的人物。

钱基博先生,就是当代最著名的学者、前中国社科院副院长钱锺书的父亲,著名的国学大师,是华中师范学院历史系和中文系的双聘教授。中国艺术研究院中国文化研究所所长、研究国学的著名学者刘梦溪教授主编的"中国现代学术经典丛书",收录了 44 位晚清以来中国近现代的学界大师,其中一本就是《钱基博》,可见,钱基博是与康有为、梁启超、胡适、陈寅恪、钱穆等人齐名的大家。可惜的是,我 1978 年入学的时候,钱先生已经去世多年了,但是一入学我们就听说了钱先生的生平事迹和深厚学问。他是抗日战争胜利后来武昌私立华中大学(华中师范大学前身之一)任教的。新中国成立后,钱先生将 5 万余册藏书全部赠给华中大学,1952 年,他又把历年收藏的甲骨、铜玉、陶瓷、历代货币、书画等文物 200 余件,捐赠给华中师范学院历史博物馆,现在存放在田家炳楼的二楼,我在读书期间曾经参观过几次。钱锺书曾经多次来武汉华中师院探望父亲,在他的著作当中不乏忆及钱先生的文字,我在阅读的时候,感觉钱锺书笔下的钱基博老先生很容易让人联想起旧时埋首读经、不问世事的老学究。其实,钱先生并非钻进象牙塔不出来的冬烘先生,而是一位关心时事、充满使命感和责任心的现代知识分子。尽管余生也晚,无缘受教于钱先生,但他身上体现出来的知识分子所应具有的社会责任感和历史使命感对我有一种潜在的影响。我曾经在学校图书馆查档案时,读到钱先生1957年反右运动前在病榻上写的一封数千字的"上省委书记王任重书",其间的忠告之言、拳拳之心令人动容。关于钱先生这方面的所思、所为,我曾经做过一点小小的考证,并专门为此撰写了《钱基博的使命感和责任心》发表在校刊上,表达我的怀念和崇敬之情。

张舜徽先生是著名的文献学家、国学大师,开创了华中师院的历史文献学学科。刘梦溪教授在回忆他主编"中国现代学术经典丛书"的时候,曾与张舜徽先生有过多次的交流,自称获益良多,并赞誉张先生是"一代通儒";思想史家蔡尚思先生在90年代初也认为新中国成立后能称得上国学大师的,似乎也只有柳诒徵、张舜徽先生等少数人;旅居香港的著名学者曹聚仁更是在70年代初,在其著作《听涛声随笔》中提到"张舜徽先生的经史研究,也在钱宾四(钱穆)之上"。因为当年钱穆到台湾之后,被公认为当代中国的国学大师,台湾的学者就问及大陆是否有可与钱穆的学识水平相当的学者,曹聚仁说大陆研究国学的能够和台湾钱穆相抗衡的只有华中师院的张舜徽先生。但是曹聚仁在说这番话的时候,张先生正在"文革"中接受批判,被打成"最突出的资产阶级反动学术权威",他的大量学术成果还未出版,比如《说文解字约注》《中国文献学》等。曹聚仁当年对张先生的评价应该是以张先生在1963年由中华书局出版的《清人文集别录》为依据的,这本书很多学者评价其水平不在梁启超的《清代学术概论》和钱穆的《中国近三百年学术史》之下。我们77级中文系的一位同学,华中师大文学院戴建业教授2006年在《读书》上发表过一篇文章,其中对梁启超、钱穆和张舜徽先生的清代学术研究的评价,给我的印象很深,他说:"如果说梁、钱二人的学术史只是清代少数著名学者的'特写镜头',那么张氏之书便是清代学者的'集体合影';如果说梁、钱二人只描绘了十几株或几十株清代学术史上的'参天大树',那么张氏之书给读者眼前呈现的便是清代学术史上茂密的'原始森林'。"这样的评价是非常高的。我认为,张先生是配得上这样的评价的。在治学上,张先生主张走博通之路,以小学、经学为根基,博治子史,因而他不以专家自限,而以通人自励,打通了文史哲。他曾经花10年的时间通览了《二十四史》,写了几十本笔记。他写秃了几十根毛笔,完成了200多万字的《说文解字约注》,把历史上关于《说文解字》中每个字的来源,它的本义、转义、引申义以及后人的评点都做一个追溯和分析,然后再提出自己的观点。在教学上,张先生教育我们要"练基本功、读常见书、为畅达文"。他告诫我们学历史要从基本功做起,从《说文解字》学起,经常一个字都能给我们讲一节课。张先生上课不看讲稿,但出口成章、旁征博引,声音洪亮、板书隽秀,因此,上张先生的课是一种享受。张先生是1949年到武汉中原大学(华中师大前身之一)执教的,直到1992年去世,在华中师大执教40多年,创建了华中师大历史文献研究所,在1981年和章开沅先生一起被评为新中国首批博士生导师。1979年,他参与创建了中国历史文献研究会,并任会长达10年之久。张先生说他到北京大学去都可以做一级教授,但是他没有离开华中师大,尽管"文革"时在这里有过不公正的评价,但作为一名历史学家,他深知其中的缘由。所以留在华中师大只能评二级教授,早期评的是三级,后来评了个二级。张先生就是这样的一位令人景仰的老师,他对我最大的影响是他的人才观,他认为作为一个人,最重要的是要有"才、学、识",而"识"是三者之中最重要的。这就是为什么我今天提作为一名合格的教育史学研究者,应该具有"史德""史识""史学""史才",张先生的影响是其中之一。

在这些优秀的老师之中,章开沅先生是我接触最多、最亲密、对我影响最大的老师,无论是在读本科的时候,还是后来读他的博士研究生的时候,章先生都给了我受益终身的教诲。章先生是享誉国际的辛亥革命史、中国教会大学史、南京大屠杀历史文献和贝德士文献研究的专家,是中南地区辛亥革命史研究会(也就是中国辛亥革命史研究会)、华中师大中国近代史研究所和中国教会大学史研究中心的开创者与领路人,先后有一百多个国家或地区都对章先生的学术贡献给予过报道与评价。但是在"文革"中,章先生因为在《光明日报》发表文章,要求实事求是地评价李秀成,被批为"白专典型",并被剥夺了学术研究与发表论文的权利。"文革"结束之后,章先生的学术研究迎来了开放的环境,高质量的研究成果不断涌现。1979年,他发表了《辛亥革命史研究中的几个问题》,提出"解放思想、拨乱反正",在实事求是地评价历史的基础上更进了一步,确立了"解放思想、实事求是"的学术研究理念,他时常教育我们学历史要养成超前的眼光与视野,这在他个人身上有很好的体现。

我们在读本科的时候,章先生系统地给我们讲中国近代史和辛亥革命史。在20世纪80年代初之后,章先生因为行政等方面的事务过于繁忙,便不再专为本科生授课,我们这些"文革"后前几届的大学生算是赶上了末班车。章先生早年就读于金陵大学,后与华中师大结缘一生,从1948年他在中原大学(华中师大前身之一)研究生班学习算起,次年即任教于中原大学教育学院历史系,不经意间章先生已经为华中师大服务了60年。章先生喜欢与学生们交流,虽然从20多年前就不再为本科生授课,但他一直以举办人文讲座的形式与本科生交流,自称是"20后"与"90后"之间的对话,虽然现在我去现场聆听章先生教益的机会不多,但是每一位华师人都能感受到他在学生中的崇高威望。章先生之所以在华中师大享有如此高的威望,是与他竭诚为华中师大服务的拳拳之心分不开的,就像他自己说的那样,他对工作"没有拿它当饭碗,而是以此为乐"。章先生一直以育人为乐,他曾将自己比喻为"一只忙忙碌碌的老鸡,成天到处啄啄扒扒,如发现什么谷粒、昆虫之类,便招呼小鸡前来会餐"。章先生育人首重为人品行,次在思想意识,再其次才是学科知识。章先生对我的指导,就是如此,不仅是学问上的指点,更重要的是在思想上、做人上给我的帮助,他的指导对于我现在从事行政工作也很有助益。他有句话给我印象很深。记得是在20世纪80年代末的时候,当时他还在华中师大校长的任上,他说:"政治家应该有点学术头脑,学者也应该有点政治智慧,应该懂一点政治力学。"政治力学主张各种社会和政治力量的平衡,各种社会和政治利益的平衡。我后来走上学者从政之路,一方面是时代的机缘,另一方面是我一直牢记章先生的那番教诲,希望自己作为一名知识分子,能多尽一点社会责任以报效国家。

涂厚善先生如同他的名字一样,既厚道又善良,同样是我们尊敬的老师。涂先生早年毕业于西南联大,1949年到中原大学继续学习,是章开沅先生在中原大学的校友,毕业后同样在中原大学教育学院历史系任教,直到2007年1月份去世,在华中师大学习、工作近60年。涂先生是我国著名的世界史专家,是为数不多的印度史研究知名学者之一。印度史很少有人研究,但是近些年渐渐热了。涂先生的外语很好,精通数国语言,翻译了很多外国史学著作,其中就有《印度社会》《印度文化史》等印度史著作,分别由中华书局和商务印书馆出版。为了培养印度史研究的人才,他在华中师大创建了印度史研究所,招收印度史研究生。可惜后来他的几个助手有的出国了,有的到中国社科院南亚研究所去了,有的转到别的领域去了,没有接班人留在华中师大。他早期有一位很优秀的学生,比我的年纪还小,是78级的,很有潜力。后来去了北京中国社科院南亚研究所读硕士,然后又到哈佛大学读博士,回国后去香港科技大学做了教授,可惜没有继承涂先生的南亚史研究。涂先生给我们本科生讲的就是印度史,他讲课很平实,不慌不忙,娓娓道来,没有激情,但充满学术的力量。

王瑞明先生,也是最早的一批来华中师院工作的老师,他是复旦大学史地系毕业的高才生。王先生主要的研究领域是中国古代史,以研究宋史著称,尤其是宋史人物研究做得特别好。他的人物研究别具一格。他搜集到了几百本宋代人物的文集、日记、笔记,特别是看了几百本不同人物的笔记,从里面找出了很多的资料,然后加以研究,成就很高,出版了《宋代政治史概要》《宋儒风采》《宋人文集概述》《马端临评传》等著作,在宋史界很有影响。王先生给我们本科生讲的是宋史,同时结合他自己研究宋史的心得,尤其是他通过对笔记、日记这种史料的发掘来研究历史,使我们知道还可以通过人物笔记去找史料,拓宽了我们的研究视野。

熊铁基先生,1958年即任教于华中师院,至今仍在工作。他与章开沅先生是历史系仅存的两位当年给我们讲课而现在还在一线工作、指导学生的老教授,很是难得。他注重身体锻炼,只要有空,下午就到院乒乓球室打球,与小青年们拼杀不休。他身体精瘦,精神矍铄,豁达开朗,令人敬佩。熊先生给我们讲先秦史专题。他是中国先秦史研究会会长,自然对于先秦史实滚瓜烂熟,颇有心得。虽然给我们讲的是先秦史,但是他的课不枯燥、不死板,生动活泼,幽默风趣,现实感极强。他有个特点,上课不看讲稿,天马行空,独往独来,似乎很散,但其实有条主线,前后贯通,收放自如。大家经常听着听着感觉他跑题了,细细一想,就发现原来始终还是在这条道上,只是大家不习惯他的讲法而已。这与熊先生渊博的学识、开阔的视野有关,他喜欢和我们学生交流,他的课堂很轻松、开放,他讲历史也讲现实。他一直强调历史与现实是不可割裂的,研究历史是为现实服务的,所以一定要养成融通古今中外的学术视野。从他的课堂上,我们学到的最重要的就是这点。

除了上述几位本校的名师,我们还有幸接触到校外一批非常著名的专家。刘大年先生是中国近代史和历史学理论问题研究的大权威,1950年中国科学院建立之后,任近代史研究所副所长,1978年任中国社会科学院近代史研究所所长,他对新中国历史学的学科建设有重要贡献,代表性著作是《中国史稿》和《中国近代史稿》。刘大年先生的史学观令我印象深刻,他认为历史学的研究对象是过去,但它提供给人们的认识,则应当与现实生活相关,能够直接间接满足现实生活某种需要。真正的历史学家应该重视历史与现实以至将来的关系,这是关心人类命运的历史学家的职责。陈旭麓先生也是著名的中国近代史研究的专家,当时是华东师范大学的资深教授、华东师大中国近代史研究室主任。他撰写的《辛亥革命》是新中国第一本辛亥革命史专著,其《近代社会的新陈代谢》面世后,风动学林,人人交口称赞,被誉为"力透近代社会风云的精湛之作"。龚书铎先生是北京师范大学历史系主任,他很早在中国近代文化史领域开拓就建树甚多。尤其是培养学生众多,均为一时俊杰,在史学界占有重要位置。林增平先生是中国近代史和辛亥革命史研究的专家,湖南师范学院历史系主任、院长,后来又做湖南师大校长。1958年,年仅35岁的林先生就出版了60多万字的《中国近代史》,是全国高校都在用的教材,这本书的出版奠定了他在中国近代史研究中的地位。1981年,林增平先生与章开沅先生一起合编的《辛亥革命史》出版,该书被学界公认为是辛亥革命史研究中最具有里程碑意义的成果,后来他们又多次合作,亲密无间,共同培养学生,两人也被史学界敬称"章林二公",两人的弟子之间也共称"章林弟子",相互关心支持,成为当代史学界难得的佳话。林先生宽厚、敬业、不善言辞,有洵洵长者之风。1991年底我博士答辩时,章开沅先生正出国在外,委托林先生主持。我那时毕竟学殖不厚,心中无底,面对大考,忐忑不安,一晚上不知第二天是何结局,辗转反侧不能入睡,生怕丢脸不说,还有辱师门。谁知次日答辩会上,林先生不待他人多问,几番回复,就宣布答辩结束,让我喜出望外,甚至隐隐生出准备甚多、可惜未能一展所学的遗憾。可见林先生对待学生是"平时从严、答辩从宽",深得育人之道。宁可先生是首都师大的教授,是研究史学理论和敦煌学的专家,讲起课来,思维缜密,逻辑性极强,使我们对史学理论产生了浓厚兴趣,培养了学生的理论思维能力。毛昭晰先生是杭州大学(现为浙江大学)的教授,是研究世界史前史的专家。他是我们民进的前辈,从1983年至 1992 年做过民进党第七、八、九届中央常委,浙江省第八届人大常委会副主任。他对我国的古文物遗址的保护做出了很大贡献,同时他也是一位喜欢在全国人代会上提建议的学者型人大代表。齐世荣先生是首都师范大学校长,是世界近代史、现代国际关系史研究的权威,他的整体世界史观当时刚刚形成,我们听来受启发很大。此外,还有很多著名史学家,像赵俪生、金冲及、陈铁健、朱宗震、庞卓恒、赵吉惠等,都来我们历史系讲过学,从不同方面影响我们这批学生。

尤其值得一提的是,1980 年 12 月,受教育部的委托,章开沅先生在华中师院举办了第一期中国近代史教师进修班。一批国内外享有盛誉的史学名家,如戴逸(中国人民大学清史所所长、教授,中国史学会会长)、王庆成(中国社科院近代史所所长、研究员,近代史专家)、汤志钧(上海社科院历史研究所副所长、研究员,经学和戊戌变法史专家)、姚薇元(武汉大学教授,鸦片战争史专家)、萧致治(武汉大学教授,辛亥革命史专家)、路遥(山东大学教授,义和团史专家)、胡滨(山东师大教授,义和团史专家)、张磊(广东社科院院长,辛亥革命史专家)、朱士嘉(湖北省图书馆研究员,地方史志专家)、陈辉(华中师大教授,辛亥革命史专家)、刘望龄(华中师大教授,辛亥革命史专家)以及岛田虔次(日本京都大学教授,中国哲学史专家)等先后为进修班学员讲课。全国各大高校,包括重点大学,从事中国近代史研究的优秀中青年教师被选派来汉学习,为近代史研究培养优秀的后备人才。章开沅先生既是组织者又是授课者,他在开班的时候做了《中国近代史教学与研究的几个问题》的专题报告,引起大家的强烈反响。后来主讲的老师基本上也都是结合自己的研究领域,来谈历史学研究中的问题与方法。我们历史系 77 级的同学正好赶上了这么好的学习机会,就跟着这个师资班一起上课,给他们讲课我们就去旁听,给我们讲课他们也来旁听。今天这里面有不少老师已经去世了,但是这些大师的讲学,他们讲授的专业知识,使我受益终生;他们的精神风采、人格魅力,也给我留下了很深刻的印象。可惜的是,现在很多大学中的资深教授都不给本科生讲课了,即使是评上教授、博导的中青年教师,给本科生上课的也越来越少了。我认为大学本科教学应该是由最好的教师来承担,这样才能培养起学生的兴趣,及早地发现、培养专业人才。而不是讲师、副教授给本科生上课,副教授、教授给硕士生上课,教授、博导给博士生上课,这种安排是不合理的。培养出高质量的本科生,不管是对于他们毕业后直接就业,还是继续读研究生、从事学术研究,都有奠基性的作用。

◇ 3."三驾马车"

在当时的班上,马敏、朱英和我,我们三个人被同学们戏称为"三驾马车"。马敏比我大三岁,他入党的时间很早,进大学读书之前就已经入党了,入学后就被选为我们班的党支部副书记。我们不仅在读大学之前有着相同的经历,诸如当红卫兵、上山下乡、插队当知青,连高考填报的第一志愿都是同样的中文系,但我们最后读的都是历史系。马敏很有思想,文笔也好,中学时就是一个才子,他没想到最后被历史系录取了。大约在大二的时候,他患了肺结核,回家休养了半年左右。他学习非常努力,不仅同级的同学知道他学习用功,连外系的、78级的同学都知道他,有人戏称他为"拼命三郎"。他那时学习专心到什么程度呢?他经常把自己的东西和同寝室同学的物品搞错,比如毛巾、牙膏、肥皂之类的,也不管是不是自己的,拿起来就用。开始人家还有意见,后来发现,他主要是在学习上太专心了,完全不拘小节,也就不与他计较了。虽然如此,他在大事上可从不糊涂,担任党支部副书记,与党支部书记黄高健、班长夏安凌搭班子,相互配合很好。他冷静沉着,善于思考,在各种活动中很活跃。经常参加一些学术讨论,他谈的问题都比较深,比如在70年代末80年代初全国青年开展人生观大讨论时,《华中师院报》上连载了六期人生观大讨论的文章,他写了一篇《先秦诸子人生观简介》,相比前几期的那些随感性的小文章,他的这篇文章很有学术味,发表在最后一期上,也算是压轴之作。他现在做华中师大校长了,专长中国近现代经济史和中国教会大学史,是中国历史学会副会长,还是教育部历史指导委员会主任,在学术界地位很高,这些都与当年学习很用功有密切关系。

朱英,也是武汉本地人,比我大两岁,我们都是高中 75 级的学生,我由于踏步半年到 1976 年才下乡,他 1975 年高中毕业就下放农村了,但是他下乡却当上了代课教师。我们俩,加上马敏,我们三个的下放经历相比起来很有意思。马敏下放后招工进城当了建筑工人,朱英在农村当代课老师,我下放后就一直当农民,这与我的家庭出身不好有关系。所幸的是高考及时恢复了,把我们三个分别是工人、教师、农民的人联系在了一起,让我们成了同班同学。朱英的武汉口音比较重,性格有点内向,不爱多说话,但是他的思维很细腻,所以做起学术来很能钻进去,可以就某个点挖得很深。继马敏担任华中师大历史文化学院首任院长之后,朱英是第二任院长,现在是学校国家重点学科中国近代史研究所所长。他和马敏本科毕业之后都继续留校读硕士研究生,后来一起到苏州档案馆搜集到了大量的商会资料,发表了许多成果,确定了他们在商会史和经济史研究中的学术地位。朱英专心学术研究,但也不是不关心政治,他加入了省民革(中国国民党革命委员会),并当了省政协常委,如果继续做下去,还会有很大的发展。但是他觉得党派工作开会太多,没有足够的时间和精力去做学术研究,就逐步从参政议政方面退下来了。他在学术研究上还是很不错的,是知名商会史和经济史专家,其《转型时期的社会与国家》等著作,在学术界影响甚大。他与马敏因同为章开沅先生弟子,又同做商会史和经济史,两人多有合作,在中青年史学家中,马朱齐名。当年读书时,我感觉他和马敏相比,马敏宏观和微观都结合得很好,朱英更偏于在微观的层面做学术,以细致、深刻见长,不过现在他的学术视野也宏观和国际化了,这是他多年学术积淀的结果。

我当时是历史课代表,年龄上我们三个相仿,三个男同学,都很刻苦,都各有所长,当时被章开沅先生寄予厚望。但是毕业考研的时候,我的外语考砸了,差了一点,当年没有考上章先生的研究生。我毕业时被分到了学校从原教育系分出来的新成立的教育科学研究所,教科所不许毕业的当年考研,因为我这时作为基本成员,已经参加了启动不久的《陶行知全集》的编辑工作了,所里说编全集不能考研。我心里一直想着考章先生的硕士生,但1985年时章先生已经不招硕士生,只招博士生了。教科所也刚刚获准建立了教育史硕士点,由董宝良老师负责,董老师说:"算了,你别考了,既然已经在教科所工作三年了,就报教育史的硕士生吧。"这样,我就跟着董老师读教育史硕士研究生,研究陶行知与中国教育现代化,成了我们学校教育史硕士点的第一个研究生。后来机缘巧合,1988年硕士毕业之后,又有幸入章先生门下,跟章先生念历史学博士,总算是圆了自己当初的梦想。而且,更巧的是,十五年后,在董宝良、伍文、任钟印、戴本博、陈炳文等老教授所开创的基础上,我牵头,与熊贤君、余子侠、喻本伐、杨汉麟等同事一道,为学校申请到了教育史博士点,算是给教育史学科做了一点贡献。

当然,"三驾马车"是同学们对我们三个人的爱称,实际上,我们班的同学都很优秀,历史系77级获得过1980年度全校唯一的一个"先进班集体标兵"称号。毕业时,除刘聪泉、张淑琴已先期离开,班上42位同学,武汉市的同学基本上都留在了武汉,其中50%留校任教,后来不少同学又考回母校攻读硕士、博士,一些同学还做了大学校长、院长、国家重点学科主任、国家人文社会科学研究基地主任,成了学校教师中的骨干。历史学专业自然不用说,像马敏做华中师大校长,他还与朱英、王玉德、刘伟、董恩林等同学,做过历史文化学院院长或副院长,杨昶、揭书安、邓鸿光、张全明、顾久辛等人都是历史学各领域的学术带头人。毕业后分配到本校以及校外其他专业的,也都发展得不错,像夏安凌在本校政法学院从事国际政治研究,刘筱红在管理学院从事公共行政管理、妇女问题研究,我在教育学院从事中国教育史和教育政策研究,周采在南京师大教育学院研究外国教育史,林利民在北京中国现代国际关系研究院研究国际政治,贺章容在华南师大历史系研究世界史,蔡放波在中南财经政法大学研究行政学,雷学华、张莓(现改名张彤)、王英英等人在中南民族大学研究民族史、社会学和国际关系,阮荣华在三峡大学古籍所研究古文献,左韦在香港演艺学院语文系教写作,李素玲、陈晓燕在武汉科技学院图书馆和外经贸学院工作,李芝秀在武汉铁路局党校教党史,陈京秋在珠海公安局警察训练学校教学,范存俊在建始一中、李建平在黄石三中、黄朝义在大冶一中、孙延霞在敦煌市一中、郑良碧在新疆库尔勒巴州石油一中等重点中学教历史,黄高健和王哲平夫妇俩在深圳中航集团当领导,刘聪泉在江苏如皋市当政协副主席,张红梅在湖北省发展与改革委员会"世行"项目办公室负责,张淑琴在天津中建公司幼儿园当老师,樊孝振在深圳、陈献利在河南,张亚鹏和蔡薇夫妇俩、彭益林、屠薇君、李旭东在美国西雅图等地,韩一丁在加拿大多伦多,都发展顺利,各有所长。可以说,历史系四年的扎实学习为我们打下了一个很好的底子,大家后来不管是做专业的历史研究,还是做与历史相关的,甚至是与历史没有什么关系的研究,像教育研究、妇女研究、国际关系研究、社会学研究、行政学和管理学研究等,由于有了历史系严格训练这碗汤垫底,再难吃的东西我们都能吃得下。

◇ 4. 团宣传委员

大学时代,我也有幸成为班干部,得到了为同学们服务和锻炼自己能力的机会,为自己日后参政议政做了初步的思想准备和能力准备。我和范存俊、陈京秋两位女同学组成了77级历史系团支部委员会,活泼开朗、小巧玲珑的范存俊任团支部书记,严肃认真、办事泼辣的陈京秋任组织委员,一板一眼、兢兢业业的我任支部宣传委员。在范存俊的领导下,团支部的活动很快就开展起来。先是大力发展团员,除了几位党员,没有入党的一律发展为团员,不到几年团员就达到31位,基本上"一网打尽"。接着组织团员学习理论知识,像马恩列著作、毛选都是必读的书籍,我都买有全套,不仅看完了,还做了笔记、卡片。再次,就是做好班级文体活动的组织工作,诸如组建业余读书组、办黑板报、组织读书会和辩论会、开展社会实践活动等。通过几年的努力，我们班涌现出了很多优秀的团员，如蔡薇，英语成绩好，就义务帮同学学英语；张全明，班生活委员。刚入学那会，学生宿舍的卫生很差，尤其是水房里，倒掉的米饭和着水漫得满地都是，他承担了义务打扫水房卫生的任务。李刚，热心公益，义务给全班同学拿报纸和信件，没有丢失过。韩一丁，理发水平高，班上二十位男同学的头发基本都由他负责打理，帮大家把理发的费用都省下来了。还有像李建华、李旭东、刘聪泉、樊孝振、黄朝义等同学都积极参加团支部组织的活动，我们把团员的活动搞得有声有色，尤其是在文艺表演和读书会这块，做得相当好。同学之间更是相互帮助，像我们班年纪最小的孙延霞和陈献利，是西藏过来插班就读的，学习基础差，我们团支部专门成立了学习辅导小组，帮助他们丢掉了心理负担。我们还成立了中国近代史和世界中古史学习小组，请本系和外系的老师来给我们上课，指导我们交流学习经验。团支部的建设，不仅提高了我们的文体素养，也丰富了我们的文化知识。

我们77级历史系团支部可以说是人才荟萃，有各种各样才能的同学。77级历史系只有一个班，44位同学中，有7位同学是学校文工团的成员。当时学校文工团才40多人，我们历史系77级一个班就占了近五分之一，是学校文工团的绝对主力。这七位77级历史系同学是：周采，身材高挑，容貌姣好，加上一口标准的普通话，自然担任报幕员；邓鸿光，女高音，独唱演员；阮荣华，风琴手，拉得一手好风琴；刘聪泉，才华横溢，聪慧如泉，拉小提琴，担任第一小提琴手；左韦、蔡薇、陈晓燕三位女同学娇柔可爱，舞姿优美，为独舞或群舞演员，左韦，现在是香港的名作家，在港台地区的出版社和中国青年出版社等出版社出版了不少小说集和散文集，笔名叫韦娅，蔡薇是长跑健将，英语也很好，毕业后和班上同学张亚鹏结了婚，夫妻俩后到美国留学，现定居美国，陈晓燕，"唯美主义者"，热情开朗，是我们班的"大夫"，每当同学感冒，她就主动送药上门。

正是由于有这么多优秀同学的积极参与，我们77级历史系团支部取得了骄人的成绩。1979年团支部被评为"湖北省新长征突击队"，后来又被评为"全国新长征突击队"，范存俊代表团支部到北京参加了团中央召开的共青团全国基层工作会议。这是华中师院恢复高考之后，在校大学生获得的第一个全国性荣誉称号，创造了学校的历史纪录。

除了做好班级团支部的工作，我业余的时间就在《华中师院报》上发些小文章，练练笔，介绍一些历史人物和历史事件，属于历史随笔类。记得我曾在院报上发表《略谈我国历代刑法的演变》，这是自学中国法制史之后写的课程作业。系里一位老师看见这篇文章后开玩笑说，凭这篇文章你就可以留校了。我还写了《屈原与端午节》《朱元璋的诏令》《辛亥革命三烈士》等文章，谈不上有什么学术价值，更多只是证明自己还能动动笔。那时候能够提供给我们公开发表文章的期刊很少，能在每周只有一期4页纸的校报上经常发表文章，将手写的文字变成铅字，对刚刚二十出头的自己也是一种莫大的鼓励。如今已成大名的历史学家马敏，政治学家徐勇、宋才发，伦理学家秦在东等人，当年不也是这样从写"报屁股"文章起来的吗？

◇ 5. 李秀成之辩

我们团支部的一项重要任务是组织同学之间的学习交流，先在班级内，后来到年级内、全校，最后觉得还不够，就和外校一起举办这种交流活动。我是历史课代表，又是团宣传委员，就负责联系这件事情。1980年夏，大三时，我通过熟人，找到武汉大学历史系77级团支部，询问他们是否愿意与我们华中师院77历史系团支部举办一次学习交流活动。武汉大学77级历史系有2个班，学生比我们多，也是人才辈出，他们当即就答应了。他们那边就派历史课代表杨卫东，我们这边就派我。讨论的主题是怎样看待太平天国后期将领李秀成的历史功过。

李秀成是太平天国反清斗争晚期时的一位高级将领，他和洪仁玕、陈玉成维持太平天国后期政权达七八年之久。李秀成在军事上有杰出才能,先后攻破清军的江北大营和江南大营多次,在与曾国藩的湘军的前期战争中处于上风,多次给予湘军以沉重打击。但是李秀成对"西征"的消极态度,造成了"安庆保卫战"失利,这是太平天国政权军事斗争的分水岭。之后,李秀成在对待战争的态度上渐趋保守、消极,尤其是两次缓解"天京"之围的失败,再无法力挽狂澜。南京被清军攻陷之后,李秀成被奸细献给了曾氏兄弟,在狱中写下数万言的自述,向曾国藩乞降,但仍遭到杀害,最终晚节不保。总体上看,李秀成有功有过。但是新中国成立后对于李秀成的历史评价,受极左思潮的影响,长期将其定位为"叛徒"。章开沅先生曾在"文革"中因主张实事求是地评价李秀成,不能完全抹杀李秀成在太平天国政权中的历史贡献而遭到批判。"文革"后,关于李秀成的评价问题在史学界仍然没有得到解决,观点不一。我们历史系还外请了知名学者前来讲太平天国的专题,我们团支部的中国近代史学习小组也就这个问题讨论过。所以,李秀成的历史评价问题是个热点问题,我们就辩论它。

双方辩论的具体细节我记不清楚了,但对我们两人辩论的大致情形依然记得清晰。虽没有今天的大学生辩论会这般的规范,我们攻守双方各自仅有1个人,但是程序还是和今天的辩论会很相像。我们两人先各自阐述个人的观点,再相互论辩,然后下面的同学向我们提问,两人各自作答。论辩的气氛激烈而有序,我尽量使自己显得有风度,不卑不亢,侃侃而谈,但由于正值炎炎夏日,高温难耐,加上多少有些紧张,额头还是不断往外冒汗水,又不便老是擦,狼狈是可想而知的。因是第一次组织这样的活动,两校同学们参与的积极性也很高,当然双方的同学都支持自己同学那一方,主要是给对方的同学提难题,对此我也不慌不忙,一一化解,结果这场辩论客观上就演变成了武大与华师两个学校学生之间代理人的辩论。20多年后,有位论辩时在场的武大同学对之记忆犹新,夸奖我当时"镇定自若""舌战群雄",表现得很"成熟老到",令人印象深刻。我闻知只能表示惭愧。毕竟这是"文革"后武汉地区高校之间首次校际学生之间的学术辩论。从此,武汉地区高校同学之间的学术交流就慢慢形成了风气,促进了大学生之间的交往和友谊。我的这次论辩对手杨卫东毕业后在武大读了硕士研究生,专攻鸦片战争史,后来到地方政府工作,结合工作需要主要从事经济研究,特别是国企改制研究等,先后做了武汉市政府副秘书长、市国资委主任,现在担任江汉大学校长。我们两人还时常见面,但对于当年的那场激烈的论辩,他似乎早已忘记得一干二净了。

◇ 6. 与教育系合住

很巧的是,这时与教育系开始结缘,与教育系的学生合住一处,一些现在有名的教育学者,如孙绵涛、喻本伐、杨汉麟、黄欣祥、邓银成等人就是这时结识的。当时教育系是一个什么状况呢?教育系"文革"前就存在,而且办得还不错,国内最早的一本自己编写的《教育学》教材就是教育系的老师杨葆焜、杨汉清等人编写的,在当时影响甚大。但教育系1977年没有恢复招生。因为教育系在"文革"当中被撤销了,老师们都被下放到中小学和幼儿园去从教了。当时学校的领导们认为,"文革"期间教育系元气大伤,教育系现在还没有能力招本科生,所以第一年就没有招生。本来第二年还不准备招,但学校有些老师说,教育系被撤了多年,要培养师资,还是得恢复,可是又有人认为,教育系的老师很多都到中小学和幼儿园去了,他们的教学和研究能力弱化了,因此不能马上招本科生,还是稳妥一点,建议先招专科生,以后等条件成熟再慢慢招本科生。理论上这个决定没有错,但实际上这个决定害惨了教育系恢复后所招的第一批学生,导致1978年这一年入学的首届大学生都是两年制的专科生,与78级本科同学一起参加高考,而且分数很高,许多都是老三届的高中生,但毕业时只能拿到专科文凭,迫使他们中的不少人在后来越来越重学历和文凭的社会挣扎。

孙绵涛、喻本伐、杨汉麟、黄欣祥他们四人入学的时候,年纪相对来说已经比较大了,都在30岁左右。他们是1978年夏入学,因为人数较少,不好安排,就和我们历史系77级学生合住,马敏和他们住一个宿舍,我住他们隔壁,当时大家就已认识,开始有交往。他们在1980年秋就毕业了,比我们晚入学半年,但早我们一年毕业。这样一来,他们几个成绩好的同学就是教育系第一批留校的学生。孙绵涛入学的时候就已经30岁了,但他发愤图强,学习非常刻苦,每天一大早就在我们宿舍对面的食堂门口背英语单词,站在一个角落里,整本整本教材背,外语很快就赶上来了。后来考取了知名教育学家王道俊老师的硕士研究生,又被学校送到日本广岛大学学习,接着考取美国富布赖特基金会高级访问学者项目,赴哈佛大学教育学院深造,专门研究教育管理学,成为国内这方面屈指可数的专家之一。最为难得的是,他在担任华中师大教育学院院长和评上博士生导师之后,又毅然在50岁的年龄,去香港大学教育学院攻读哲学博士学位,给后学树立了可贵的榜样。喻本伐毕业留校开始在教科所资料室工作,后来从事教育史教学和研究。他的功底扎实,文笔很好,写的东西很有见地。他与熊贤君合著的《中国教育发展史》被台湾买去版权,在海峡两岸都有影响。他曾被派到北京师范大学教育系进修一年,跟着教育史专家郭齐家老师学习,但是学校规定进修不算学历,再加上他又不参加职称英语考试,所以后来他评职称一直很吃亏,直到退休时才评上教授。杨汉麟没有孙绵涛那样辉煌,但也没有遭受喻本伐的挫折,他后来考取了外国教育史名家任钟印老师的硕士生,专攻外国教育史,现在担任学院外国教育史方向的博士生导师。黄欣祥则在后来考取王道俊老师的教育学原理研究生,留校任教。1988年调到刚刚建立的海南省,现在是海南师范大学教育学院院长。

◇ 7. 研究朱元璋如何教子

大三的时候,因为学习明史,所以读了一些关于朱元璋的史料,也就这方面的内容写过几篇文章。像有篇关于朱元璋颁发的诏令的小文章刊登在了校报上,还写了一篇万余字的《朱元璋教子》的学术论文。所以,如果说与教育系的学生合住是我与教育结缘的开始,那么,《朱元璋教子》的写成,则是我第一次有了教育史学的研究成果。我当时压根就没有想到教育史竟会是我后来的专业研究领域,历史系学生去研究教育史,当时是很少见的。

这篇学术论文是怎么来的呢?其实它不过是我大三的一篇课程论文。这门课的主讲老师是明清史专家吴量恺教授,他当时是历史系系主任。他东北师范大学历史系研究生毕业,与我后来的硕士生导师、东北师大中文系研究生董宝良老师一道,分到华中师院任教。他的夫人、东北老乡孙玉华老师也给我上过课,他们夫妇俩对我都有好感,觉得我"孺子可教"。他课余花时间指导我读《明史》《明通鉴》和《明太祖实录》等,然后让我整理朱元璋教育太子的史料,进而为皇帝教子这类历史史实做一些深入研究,梳理一下历朝皇室如何教育政权的继承人。皇帝对太子的教育,不是简单的家庭教育,它是一种教育性行为,也是一种政治性行为,这种教育的成功与否直接关系到国运的兴衰。对于像朱元璋这样出身于下层社会的开国君主来说,他的育子方法可能有更多值得人们借鉴的地方,像他的"恤民"教育、重视德行的培养、从实际事务中进行教育等思想,对于培养德行兼备的子女都具有积极意义。其实,这也是属于历史人物评价的范畴,由于受马克思主义阶级斗争思想的影响,"文革"后学界的主流意识对封建王朝及其帝王的评价基本上仍然持否定态度。我在研究朱元璋教子的时候,首次接触到教育学这门学科,也看了一些教育学著作,知道了教育作为一种培养人的社会活动,包含有教育目的、教育内容、教育方法等要素。那么,朱元璋教子属于对教育的历史研究,对于历史人物的评价不能单纯按照阶级思维去评判。所以我在文章的最后,主张应该在马克思辩证唯物主义史学观的指导之下,既要看到皇帝教子有维护封建政权统治的一面,同时也要对其中某些有成效的举措给予肯定。

写完之后,就作为课程论文交给吴老师了。吴老师给予我很大的肯定,使我深受鼓舞,坚定了自己日后走学术道路的决心和信心。同时,我自己试着向外面的学术期刊投寄,发现当时的《四川师范学院学报》还可发表少量学生的论文,也不认识什么人,就试着直接投了过去。当时可以公开发表教育史文章的学术期刊很少,80 年代初的时候,基本上只有各个高校的学报可以发表教师的学术论文,对于一名默默无闻的普通本科生来说,发表一篇学术论文是很不容易的一件事,十分少见。记得当时我们历史系 78 级的罗华庆同学(曾任国务院台办新闻局副局长)读书期间在《北方论丛》上发表了一篇学术论文,一时轰动整个历史系,众学生钦佩不已。我很幸运,自己的第一篇学术论文,第一次投稿,就被正式采用了。虽然这篇论文谈不上什么很大的学术价值,但它毕竟是我的"第一次",至今我还很感谢吴老师的精心指导,感谢那位慧眼用稿、却不知姓名的编辑。由于等候排稿的关系,这篇文章在编辑部放了一年,直到我大学毕业不久才刊登出来。

◇ 8. 确定未来研究中国近现代史

吴老师看了我的课程论文之后,觉得写得还不错,加上平时他对我也有所了解,希望我跟他一起做明清史研究。但是我当时是因为上明清史这门课,最后要交课程论文才研究朱元璋教子的,我的专业志向并不是明清史,更不是教育史。

在历史学科当中有很多研究领域,究竟自己以后从事哪方面的专业研究呢?在大三的时候,我已经在考虑毕业后要继续深造,攻读硕士研究生了,这就存在一个十分迫切的、选择专业研究方向的问题。经过三年的观察与思考,我自己确定未来的专业研究方向是中国近现代史,这主要是因为这三年来我读了不少中国近现代史领域的专业书籍,听了许多专家的课,尤其是在 1980 年的时候,中国近代史教师进修班在华中师院开班之后,一批全国知名近现代史学专家来给我们讲课,近现代史研究已成为历史学研究中的显学;特别是本校的章开沅先生又是全国的权威,我们华中师院历史系因为章开沅先生、陈辉先生、刘忘龄先生等人在这一领域的突出成就,处于国内同行的前列。这些都激起了我对中国近现代史研究的浓厚兴趣。同时,近现代史比起古代史也与自己生活的时代更为接近,更容易将历史与现实结合起来,这样更利于发挥历史为现实服务的功能。所以,我们历史系77级相当多的一批同学后来都走上了中国近现代史研究的学术道路。但是万万没有想到的是,我初次考研失败后,没有因为历史课代表和平时学业优异的缘故留在历史系任教,而是分到了学校刚刚成立的教育科学研究所。

◇ 9. 毕业留校,改换专业

作为一名历史系的首届本科毕业生,虽然留校了,但最后得知被分到教育科学研究所。这个结局,不仅我自己从来没有想到,很多历史系关心我的老师和同学都没有想到。作为一名大学生,我平时"两耳不闻窗外事,一心只读圣贤书",缺乏社会经验,相当单纯,从不打听历史系的各种传闻,也不知道系里老师们之间是有矛盾的,更不知道如何去规避这样的矛盾,以免惹火烧身。我只知道按照自己的学习兴趣去学习,去选择自己未来的研究方向。我觉得章开沅先生的中国近现代史研究很有意思,就决心研究中国近现代史,准备报考章先生的硕士研究生。我没有想到,这样也会招来一些老师的不满。当时章先生在系里还只是一名普通老师,虽然是教授,而且刚刚被评为当时数量极少的博士生指导教师,在学术界威望很高,但他并不是学校或系里的实权派,更不用说担任系主任。没想到有的老师担心章先生会发展起来,始终压着章先生,不让他入党。甚至如果有学生要追随章先生,都会遭到排挤。当时,我在年级里面是历史课代表,又是团支部宣传委员,学习成绩在班上也排在前列,年龄在男生中算比较年轻的,从各方面看,都具有较大的发展潜力,应该说具有留系的足够条件。许多老师也认为我肯定是考研究生或是留校。我当时也想自己肯定能留系,能考取研究生最好。研究生没考好,我多少有点失望。但想着先留在系里工作,第二年接着考研究生,不是一回事吗?谁知拿到留校的派遣书一看,不是留历史系,而是到教育科学研究所。我一下子愣了,教育科学研究所?这是一个什么单位?研究教育学?找人一打听才知道,教育科学研究所是刚刚从教育系分出来的一个科研单位,是研究教育的。那我到那里能做什么呢?想了半天,那就结合历史学与教育学,研究两者的结合点和交叉点——教育史吧。这就走上了今天自己的这条教育史研究的学术道路。

  什么是矛盾?矛盾就是差异。老师之间有矛盾并不稀奇,有人就会有差异,就会有矛盾嘛。但是老师将自己与他人的矛盾带到学生身上,"恨屋及乌",拿学生出气,就很不明智了。学生怎么说都是无辜的,都是老师们共同的弟子,也都是老师们应该共同呵护、扶持的对象。我在无意中成了老师之间斗争的牺牲品。当时留在系里的同学,全是大我10岁的老大姐。她们成绩优异,完全应该留系。我对她们留系没任何意见,因为她们一留下来就可派上用场,顶系里缺少合格教师的岗。但不留我,怕我留在系里成了章先生重用的人,把我赶到外系而不是外校去。如果不让我留校,那就群情共愤了,所以是留校不留系。让我留校,没有人说闲话,但是不让我有条件继续从事近现代史专业研究,实际上是把我"放逐"到教育学这个完全陌生的学术研究领域里去,让我进也不是,退也不是,左右为难。这一招真厉害!真可谓老谋深算啊!所以比起考研暂时失利带给我的失望,留校不留系并迫使我改换专业让我当时几乎有点绝望了。这件事对我是个打击,对关心我的其他老师特别是章开沅先生也是刺激。听说章先生事后在教研室里拍桌子,说周洪宇这样的学生都不能留在系里,可见留人政策有问题。即使有人跟他有矛盾,也不能牵连到无辜的学生。周洪宇不留在近代史教研室,把他留在历史教学法研究室从事历史教学法研究总可以吧。章先生的本意,我揣测是自己当年没有考取他的硕士研究生,留在教研室来年再考也一样。另外,历史教学法教研室只有一个周孝梅老师,确实也缺接班人,他也希望有人接着来做这方面的研究。

这样,我的大学生活就以毕业留校并改换专业而结束了。我的人生自下放农村后,又遭遇到一个大的挫折。这两次挫折是影响我的人生方向的重大事件。今天看来,我都顺利从挫折之中重新找到了生活的方向。所以,我一直很欣赏曾为同事的谢小庆教授当年插队在内蒙古,在冰天雪地里冒着数尺深的大雪艰难跋涉时说过的那句话:"只要不倒下!"只要不倒下,只要不放弃,只要你始终有一颗永不停息的心,踏实地做好每一件事,勇敢地面对挫折,就一定能走好你的人生之路。

30年后,回想这段往事,我已没有任何埋怨与责备。挫折有时也是一种财富。不经过艰辛,怎体会得到幸福?在此,我要深深地感谢当年给我正面支持和负面作用的所有的我的老师们,正是你们的神奇双手的推动,才使我有了今天,并可能还有更美好的明天!

第七章

相关研究文献

一、湘版《陶行知全集》编辑出版前后[*]

◆ 引言

1983年底,经过秘密而紧张的编纂,《陶行知全集》(湖南教育出版社1984年版,学术界称为"湘版",下文简称《全集》)第一卷编纂完成,初稿由全集副主编、第一卷主编董宝良教授亲自送至湖南教育出版社。1984年初正式出版,其后,新华社、《人民日报》、《新华文摘》等媒体发表评论文章,祝贺湖南教育出版社出版《陶行知全集》。《全集》获1986年全国优秀畅销书奖、1988

---

[*] 本文为《陶行知全集》副主编董宝良教授的口述访谈,发表于《南京晓庄学院学报》2014年第2期,收入本书时有少量文字改动。

年全国第一届优秀教育图书特别奖、1994年第一届国家图书奖。值《全集》出版30周年之际,笔者刘来兵(以下简称"刘")通过口述史的方式对第一卷主编、湖北省陶行知研究会原副会长兼秘书长、华中师范大学董宝良教授(以下简称"董")进行采访,求证《全集》编纂的缘起、过程以及背后潜藏的一些鲜为人知的故事。

刘:董先生,人民教育家陶行知先生自20世纪50年代初被批判之后,有关陶行知本人的事迹及其研究成为无人敢碰的禁区,请问陶行知研究是在何种情况下解禁而掀起研究的热潮的?

董:你刚才讲到《陶行知全集》出版之后产生了重大影响,这是事实。为什么《全集》出版之后有这么大的反响,我认为不是因为是我们华中师范大学教育科学研究所主编所造成的。当时教科所是刚成立的单位,主编杨葆焜所长和担任副主编的我当时在学术界也没有什么名气。那么,最主要的原因必然是陶行知本人巨大的社会影响。陶行知是一位卓越的人民教育家,生前起伏特别大。起的时候,就是毛泽东说的,是"伟大的人民教育家",在教育界的位置无人能及。落的时候是在批判武训的时候,打他一棍子,从最高处跌落到最低谷。后来我们才知道,这是江青一手策划的,借批判武训来打倒陶行知在教育界的影响力。在电影《武训传》播出后不久,江青组织了一个调查团到武训的家乡搞调查,写出了几万字的调查报告,给武训扣上"大流氓""大地主"的帽子,目的是打击陶行知。关于这件事情的文章现在网上都看得到,但在当时没人知道江青的用意。不仅陶行知在这次事件中被打倒,所有的陶门弟子,以及搞陶行知研究的都受到打击。这个事件不仅是教育上的、文艺上的,还是政治上的。

"四人帮"被打倒,"文革"结束之后,陶行知得到平反。但陶行知研究在两三年内还是很少有人敢公开研究的领域,也就是虽然解禁了,但没有"破冰"。发生转机是1981纪念陶行知90周年诞辰大会,邓颖超在开幕式上指出:"我郑重地指出,陶行知先生是半殖民地半封建的旧中国爱国知识分子由教育救国走上民族民主革命道路的一个典范。"她承认陶行知是人民教育家、民主战士。邓颖超的讲话,公开给陶行知全面地平反,这为陶行知研究提供了一个很好的信号。所以我认为,陶行知本人的社会影响以及教育贡献是《全集》出版后获得诸多荣誉的根本原因,并不因为是我们编的。我们只是顺应时代潮流,做了一件非常有意义的事情,但我们作为编者,为陶行知研究事业也是做出了一定的贡献的。

刘:《全集》的编纂工作是如何发起的?华中师范大学是如何与湖南教育出版社建立合作编纂出版的意向的?

董:《全集》的编纂工作是在内因与外因的共同作用下发起的。首先,与领导的重视有关。1982年暑假,湖南教育出版社李冰峰社长找到我们华中师范学院(1985年更名为华中师范大学)的领导,他提出想出版《陶行知全集》的计划,想请我们华中师院来负责主编。为什么李冰峰会找到我们呢?可能是知道我们有个陶行知研究的课题。1981年的时候,我和喻本伐到上海等地调研,在上海遇到陶行知的学生杨明远,他当时主编了八套有关陶行知的图片,我们观看了他搞的图片展,他将第八套的图片送给了我。那时候,我们还没有成立湖北省陶研会,只有湖北省教育史研究会,我当时是副会长兼秘书长,因此借教育史研究会搞了一个陶行知图片展览,后又借华中师院高等教育研究会编辑了一本《陶行知先生诞辰九十周年纪念专辑》的小册子。这在当时反响很大,虽有非议,但后来我们才知道正是这本小册子引起了湖南教育出版社的注意,最终决定委托我们来编《陶行知全集》。当时科研处处长是邓宗琦,后来还担任我们学校的副校长,他是学数学的,但他对学术研究的嗅觉特别敏锐,也知道我们所里做过陶行知有关方面的研究。他就把李冰峰请来教科所具体安排编纂工作,跟我们介绍湖南教育出版社要出版《陶行知全集》的事情。后来我才知道邓宗琦出面是有我们校长刘若曾的支持,他是湖北省教育学会的会长,我是副会长。我们就与湖南教育出版社敲定了合作编写出版全集的事宜,我们负责编写,出版社负责出版。这就是

《陶行知全集》编纂的内外因。有了学校领导的全面支持,也有出版社的出版任务,我们就开始着手编全集。

刘:据我了解,当时教育界还没有出版过一位教育家的文集,请问您是如何主持编纂工作的?

董:关于《陶行知全集》怎么编,这是接到任务后第一个需要解决的认识问题。首先,确定编纂体例。我们都没编过全集,不知道按照什么体例来编,当时公开出版的只有《鲁迅全集》《列宁全集》可以参考,这两套全集都是编年体,我主张用编年体来编。杨葆焜所长和我商量后把这个任务交给了周洪宇具体去拟定编辑凡例,他是历史系科班出身,只有他能胜任这个任务。周洪宇在研究了《鲁迅全集》之后,建议从历史的角度,以陶行知思想的演进为基本脉络、以分类体与编年体相结合的方式作为我们主编陶行知全集的编纂体例,我们都认可这个方案。但是陶行知的学生戴自俺和陶晓光的观点和我们不一样。他们说陶夫子生前自己编了一些资料应保持历史原貌,不能拆开重新编辑。我坚持采用编年体,如果原有的资料不拆开我就编不了,不管是《斋夫自由谈》还是《中国乡村教育改造》等,很多陶行知的文章都没编进去。我们通过曹先捷编辑把他们的意见给驳回去了,就按照周洪宇拟定的体例标准来进行编纂。

其次,开始搜集资料。后来成立编纂委员会,这里又有矛盾,陶晓光提出让戴自俺担任总编。我说主编和副主编都不是我定的,是编委会和我们学校领导定的。由我们教科所的所长和副所长分别担任主编和副主编,也就是杨葆焜教授和我,我当时还是副教授,编完才是教授。我说我要向学校汇报,学校领导对我们全力支持。我们请陶行知夫人吴树琴担任顾问,这又引起陶晓光的不满,因为他觉得自己只担任委员。当时我们也不清楚吴树琴不是陶行知的原配夫人,陶晓光和吴树琴之间有矛盾,给他当了编委他有意见。但吴树琴很支持我们,把和陶行知之间的信件都给我们。陶晓光找我们要信件,我们只给了一部分,但陶晓光不依,我给陶晓光做工作,说《鲁迅全集》里就有鲁迅与许广平之间的爱情信件,这也没有影响鲁迅的形象。这样才消除了各种矛盾,使得全集编纂的准备工作就绪。别看编委会成员一大群,但实际做事情的也就是我、周洪宇、喻本伐三人,后来还有李红梅也参与进来。周洪宇和喻本伐当时都是刚毕业没多久的大学生,他们为全集的编纂付出了很多的努力,也做出了很大的牺牲,没有他们的支持与付出,《全集》是很难在那么短的时间内完成编纂出版工作的。

刘:《全集》编纂的过程一定非常的艰辛,能否分享一下其中的故事?

董:我担任第一卷的主编,提出《陶行知全集》编纂的三个步骤:一是搜集资料,二是调查研究与分析整理,三是开展深入的陶行知研究。首先是进行教育调查。我认为不仅是编《陶行知全集》需要调查,任何研究首先都要搞一个历史性的教育调查。我们没有晓庄师范学校、重庆育才学校得天独厚的条件,我们只有我们的人力资源,我们要把晓庄、育才、工学团所有的活动情况和陶行知写的东西都搞来。采取这样两个办法:一个是我们去调研;二是我们做工作,请来一些陶门弟子,让他们验证、分析准不准,也可能他们自己还带来一些材料。具体时间也不清楚,估计是1983年暑假前后,到南京调查。我当时有一个想法,即使调查没有成果,我们心里也有底。陶行知生前在哪儿学习就去哪儿找资料,这样应该没错。我们就去陶行知的母校金陵大学查一下。当时觉得时间紧,可能没办法都搜集齐全,基本原则是我们不能漏掉最重要的文章,包括没有署名的文章。不搞一篇假的,不漏掉一篇重要的,以陶行知的求真精神来编全集。不巧的是,我们去的时候正赶上南京大学(原金陵大学)搬家,不接待。我们就说从武汉来的,等你们搬家几个月后再查,时间上实在接受不了。在我们的坚持下,他们同意将《金陵光》找来,我们一看,有十几篇陶行知的文章,而且都是用文言文写的。陶行知后来都写白话文,大众化的,老妈子都听得懂的,但是从来没人知道他写文言文,连他的学生都不知道。当时我们也没有复印机、录音机,全靠手抄。我们都是风尘仆仆地过来的,管不了其他的,就坐在走廊上抄录。虽然汗流浃背,但是很高兴。全集的前几篇都是这里查到的。这些作品公布出来之后,学术界尤其是陶研弟子都很惊讶。都知道陶行知古文功底好,但都没见过陶行知写古文。这文章里面没有标点,都是我标出来的。为什么我们有贡献?是为研究陶行知提供了丰富的全面的第一手的资料。第二次调查我们还有一个收获,我一个人中途单独到合肥文化馆,把陶氏族谱调出来了,很多争论不休的问题就是靠族谱解决的。

刘:可以看出,您和其他几位编辑人员在《全集》编纂的过程中付出了极大的努力,除了四处奔波查阅资料的辛苦之外,恐怕在精神上还得承受很大的压力吧?以当时的情况,《全集》的编纂工作可以是公开的行为吗?

董:确实是这样,尽管陶行知研究已经解冻,但可能还会出现反复的情况。因而我们编《全集》还是非公开的状态,担心有人揭发,那可是要犯政治错误的,不仅是我们几个编辑,恐怕连学校都要受到牵连,所以只有出版社和校领导知道我们在编《全集》。我们走访调查、搜集好资料之后要集中编纂,在哪里编纂呢?肯定不能在学校里面编。请示过领导之后,领导给我们提供支持,最后确定到武昌火车站附近的一家旅社里面做编纂工作,白天上班,晚上回家,谁也没敢告诉,就这样在旅社里关了几个月。我们当时还有个编辑叫李红梅,也参与了部分编纂工作,从省地方志办公室调回的熊贤君参加了校对工作。到1983年底的时候,第一卷编纂工作宣告完成。

《全集》第一卷编纂工作完成之后,需要将稿件送到出版社。那时候不像今天,发个电子邮件就可以,需要将文字稿送到出版社。1983年底的时候,曹先捷编辑给我打电话,让赶在年底前将稿件送过去。送稿这么重要的事情,我想我必须亲自去。第一次送稿,我觉得书稿比自己孩子还重要,要是搞砸了后面就都砸了。坐火车到湖南长沙,一路上连打个盹都不敢。

刘:《全集》第一卷出版之后,获得社会的认可,是对编纂出版工作的极大认可,您能再谈一下其他几卷的编纂情况吗?

董:《全集》能得以出版,离不开出版社李冰峰社长最初的联系工作,最重要的是我们学校领导所给予的大力支持。"当时的华中师范学院院长刘若曾同志曾在陕甘宁边区做过教育局局长,在解放区大力推广过陶行知的生活教育,对陶行知教育思想甚有好感,所以非常支持我们编纂《全集》。最终,我们以华中师院教科所为主成立了编纂机构,聘请刘若曾院长担任名誉主编,教科所所长杨葆焜教授担任主编,我本人担任副主编兼第一卷主编。"①我们教科所是刚成立不久的新单位,人员极度紧缺,只有喻本伐基本全程参与了八卷本的编纂工作,他主要参与了第一、二、三卷的编纂工作,又参与了第五、六卷的定稿工作,与熊贤君一起主编了第七、八卷。周洪宇是历史学科班出身,功底扎实,也非常勤奋,在《全集》编纂方面做了很多工作,在陶行知研究领域取得了很大的成就,他草拟了"编辑凡例",参加了第一、第三卷的编纂工作,实际主编了第四卷,1985年考取了我的硕士研究生,后来又在章开沅的指导下继续攻读博士学位,做的都是陶行知研究,我听说他近期又主编了《全球视野下的陶行知》(八卷本),这将大力推动陶行知研究的发展。第二卷是陶行知1927年至1935年的著述,主编是王琳、杨明远、张一诚,校注工作是喻本伐完成的。第三卷是陶行知1936年至1946年的论著,主编是夏德清和张达扬,校注工作是由熊贤君、蔡靖芳、喻本伐完成的。第四卷是陶行知的诗歌,主编是戴自俺,校注工作是由周洪宇完成的,第五卷是"书信"卷,主编是楼化篷和肖宗六,校注工作由熊贤君、蔡靖芳完成。第六卷是陶行知编著的课本、儿童读物、英文著述、英文书信、译著(分英译中

---

① 刘大伟:《承继与嬗变:陶行知研究的学术谱系》,华中师范大学博士学位论文,2013年。

与中译英两种）、歌曲，主编是杨葆焜和丁右涵，校注工作由李红梅完成。第七卷为"日记"卷，记录陶行知一生最后十年的经历；第八卷为"增补"卷，补充了陶行知著述的各类佚文494篇，其中有210篇是首次独家搜集到的。这两卷主要是喻本伐和熊贤君做的工作。

我们在1985年的时候出版了前六卷，第七、八卷是在1992年完成出版的，全八卷都是署名华中师范学院教育科学研究所主编，各分卷主编刚才也都列出，实际上很多主编是挂名的，主要工作都是由我们所里的几位同志完成的。刘若曾任院长之后，章开沅继任校长，他对我们搞陶行知研究也是大力支持的，我们还一起合作申报了国家社科课题。后来又支持我们成立湖北省陶行知研究会，他担任会长，我任副会长，我们一起共事了十几年。

刘：非常感谢您在百忙之中给我这个珍贵的采访机会！祝您身体健康！希望您能为当代陶行知研究的发展做更多的学术指导！

二、董宝良先生与湘版《陶行知全集》*

他是《陶行知全集》（八卷本，1984年起陆续出版）的副主编、《杨贤江全集》（六卷本，1991年版）的荣誉主编，《中国教育史纲（近代之部）》（1990年版）、《中国教育史散论》（2007年版）的著者；《陶行知教育论著选》（1991年版）、《陶行知教育学说》（1993年版）、《中国教育思想

---

* 本文根据华中师范大学教育学院董宝良教授口述后整理，并主要参考了他写的《关于编辑湘版〈陶行知全集〉的回忆》（未刊稿）、《回忆我的陶研历程（提纲）》（未刊稿），同时参考了《关于编辑出版〈陶行知全集〉的报告》（未刊稿）和《湖北省陶行知研究会30年大事记》（未刊稿）。本文得到董宝良教授、周洪宇教授的指导和审核，特此致谢。原文刊于《南京晓庄学院学报》2017年第5期，作者黄亚栋，收入本书时有少量文字改动。

通史(第七卷)》(1994 年版)、《从湖北看中国教育近代化》(1996 年版)、《中国近现代教育思潮与流派》(1997 年版)、《中国近现代高等教育史》(2007 年版)和《陶行知教育名篇选》(2012 年版)的主编。改革开放后,他培养并指导了我国教育史专业第一位陶行知研究方向的硕士生。2016 年 10 月 18 日,华中师范大学成立国际陶行知研究中心,他捐赠了一批多年收藏的用于陶行知研究的珍贵文献资料,全力支持国际陶行知研究中心资料库的建设。他向笔者回忆和讲述起编纂《陶行知全集》(以下简称《全集》)的难忘经历时,精神抖擞,兴致高昂,如数家珍,娓娓道来,因为他是编纂湘版《陶行知全集》的实际负责人、编校者和亲历者。他 1953 年毕业于东北师范大学中国语言文学系,后进入东北师范大学教育系研究生班教育史专业深造。1954 年 7 月分配到华中师范学院(后改为华中师范大学)教育系任教,1972—1977 年任教育学教研室副主任,1978 年任教育系副主任,1980 年任教育科学研究所副所长,讲授过世界教育史、教育学、中国教育史等课程。还曾兼任中国教育学会理事、全国教育学研究会常务理事、全国教育史研究会理事、湖北教育学会副会长兼秘书长、中国陶行知研究会常务理事、湖北省陶行知研究会副会长、湖北省社科联委员、湖北省教育史专业委员会理事长。[①]他就是华中师范大学教育学院资深教授董宝良先生。

◆ (一)编纂《陶行知全集》的起因

◇ 1. 时代背景:由"批判"到"纪念"

中华人民共和国成立以后,陶行知的形象大致是两种:一种是被批判的对象,一种是被纪念的对象。也就是说,从 1950 年代初期持续到"文革"期间,批判陶行知是资产阶级改良主义者。1981 年以后,

---

① 姚萍、曹远林主编:《中国当代教育名人传略》,成都科技大学出版社 1994 年版,第 439 页。

转变为纪念陶行知是伟大的人民教育家。时代背景的变化契合了陶行知形象的变化。

1950年代初期，我国兴起了批判资产阶级反动权威杜威的浪潮，1955年下半年，华中师范学院应反美政治斗争需要和清算中华人民共和国成立前杜威来华对中国教育的恶劣影响，学校希望教育系教研组参与批判。董宝良当时是教研组的副组长，与教研组的两位青年教师戴本博、任钟印共同承担了这项任务，他们联合撰写了一篇《杜威反动教育思想批判》的文章，1956年1月发表在《华中师范学院学报》总第3期上。批判杜威必然要研究杜威，他一方面查找杜威教了哪些中国学生，一方面梳理哪些中国学生对传播杜威的教育思想有较大的贡献。他发现有陶行知、胡适和陈鹤琴，而在教育界主要是陶行知。他在研究的过程中了解到杜威主张"教育即生活，学校即社会"，而陶行知主张"生活即教育，社会即学校"，陶行知翻了杜威教育思想的一个筋斗，他称赞陶行知为"才子"，陶行知的主张本是学术创新，这时只能视陶行知是杜威的传承人，应当批判，这是他偶然发现并关注陶行知的开始。

虽然陶行知是生活教育的创立者，中国共产党忠实的朋友、爱国民主的教育家，但是在批判美国教育家杜威时受到牵连，批判《武训传》时又受到批判，在"文革"期间更被打入"另册"。"文革"结束后，全国百废待兴，华中师范学院恢复了教育系，董宝良任教育系副主任，为教育系三年级学生讲授"中国教育史"。陶行知作为近代教育史上一位知名的教育家，研究陶行知，了解陶行知及其教育思想理所应当。当时他带领几位刚刚到教育科学研究所工作不久的年轻教师，热心地进行陶行知教育思想研究，大胆地给学生讲授陶行知教育思想，由此，他开始了真正的陶行知研究。1981年10月18日，《光明日报》刊载了全国人大常委会副委员长邓颖超的《纪念陶行知先生九十诞辰大会开会词》文章，高度赞扬"陶行知先生是半殖民地半封建的旧中国爱国知识分子由教育救国走上民族民主革命道路的一个典范",并且认为"陶行知先生一生光明磊落。他是中国共产党的一位亲密战友"①。国家领导人纷纷公开纪念陶行知,不仅为陶行知恢复名誉,还驱散了弥漫在社会上紧张的学术氛围。时代背景由"批判"到"纪念"的转变,陶行知形象发生翻天覆地的变化,为光明正大地编纂《陶行知全集》(以下简称《全集》)铺平了道路。

◇ 2. 多元力量:由"学校"到"教育科学研究所"

1950年代,董宝良在学校图书馆和教育系遍访有关陶行知的著作,虽然能找到关于陶行知的文献资料较少,但是"功夫不负有心人",学校有一位教逻辑学的齐老师,赠送给他一本方与严编的《陶行知教育论文选辑》(1949年版),这是他第一次见到新中国成立时发行的陶行知弟子编的陶行知教育文选。学校还有一位系负责人赠送给他两本《陶行知先生四周年祭》(上下卷,1950年版),他在这本书中看到关于陶行知"伟大人民教育家""万世师表"等正面评价。他自己还搜集到潘开沛著的《陶行知教育思想的批判》(1958年版)。陶行知主张的生活教育、普及教育、大众教育、战时教育等,给他留下深刻的印象。他发现陶行知不仅是一位抗日爱国的教育家,党和国家领导人以及陶行知先生生前好友都给予陶行知正面的评价(题词),分别有毛泽东、朱德、宋庆龄、何香凝、冯玉祥、林伯渠、马叙伦,高度的赞扬足以说明陶行知在教育上的辉煌功绩。因此,他内心充满了陶行知能够并应该研究的想法,加上寻找到的陶行知研究资料,也为后来《全集》的编纂奠定了资料基础。此外,1983年5月,中央教育科学研究所研究员郭笙同志赠送他一本《陶行知年谱稿》(1982年版),对他编纂《全集》起到重要帮助。改革开放后,华中师范学院教育系刚恢复不久,董宝良分管该系的教学与科研工作,他大胆改革,实施教学与科研工作轮换制度,解决了科研与教学的矛盾。他向学校规划处打了一份报告,准备成立教育科学研究所。教育部还专门下达了批

---

① 金林祥、胡国枢主编:《陶行知词典》,百家出版社2009年版,第484页。

文,同意建所,但只批了10名专职科研人员编制。由于有教育部这一文件,才在张健主编的《中国教育年鉴(1949—1981)》中有以下刊录:"华中师范学院教育科学研究所",成立于"1978年","学术领导人"是"郭抵、董宝良"①。1981年10月,华中师范学院高等教育研究会集体编纂了《陶行知先生诞辰九十周年纪念专辑》,该专辑收录了华中师范学院高等教育研究会陶研小组撰写的《陶行知生平及其思想发展》《陶行知年谱》等重要文章,此时,华中师范学院高等教育研究会的陶研经验已经声名远播,他后来才知道正是这本《陶行知先生诞辰九十周年纪念专辑》引起了湖南教育出版社的极大兴趣,也为华中师范学院承担起《全集》的编纂奠定了基础。1982年6月初,湖南教育出版社社长李冰峰同志专程来华中师范学院,时任科研处处长、后任副校长的邓宗琦同志把李冰峰同志请到教育科学研究所,所以说学校在编纂《全集》时起到关键性作用。而李冰峰和邓宗琦同志"是编辑陶行知全集的发起人。如果没有他们的倡议、组织和具体的帮助,就不会有编辑委员会的产生"②。当时李冰峰又找到教育科学研究所的杨葆焜和他具体商讨编纂出版《全集》的有关事宜。"在出版问题上李冰峰同志态度十分明朗,李冰峰表示,'只要把书编出来,出版社就是赔钱也要出书',这就给全集的编辑工作,做出了有力的保证。"③1982年6月5日,教育科学研究所向学校递交了一份《关于编辑出版〈陶行知全集〉的报告》,学校党委和行政领导十分重视和支持他们的编写计划和工作安排,1982年6月7日,邓宗琦副校长给教育科学研究所的报告签发审批意见:"请张景龄副院长、刘院长审定。"1982年6月21日,刘若曾院长(校长)批示的意见:"经介愚同志等数人个别交换意见,同意《关于编辑出版〈陶行知全集〉的报告》

---

① 《中国教育年鉴》编辑部编:《中国教育年鉴(1949—1981)》,中国大百科全书出版社1984年版,第369页。
② 杨葆焜:《〈陶行知全集〉编辑出版工作的回顾》,载《行知研究》,1986年第2期。
③ 杨葆焜:《〈陶行知全集〉编辑出版工作的回顾》,载《行知研究》,1986年第2期。

及附件。请按此执行。"1982年11月3日,华中师范学院下发红头文件:"教育科学研究所:经研究,同意你们报来的《陶行知全集编辑工作计划》和《陶行知全集编辑委员会名单》。希望你们组织全体编辑工作人员同心协力,团结一致,以伟大的人民教育家陶行知先生一样的实干精神,高质量高水平地按计划完成全部编辑任务。"可见《全集》是经过学校领导讨论同意,用正式文件下达后,由教育科学研究所具体执行的。校长刘若曾同志特别支持编纂工作并担任了《全集》的名誉主编,并拨付2万元经费用于《全集》的编纂。"还要特别提到的,就是我们的名誉主编刘若曾同志。他是名誉主编,但并不只是挂名。从我们制定编辑工作计划,到具体的组织落实,凡是有重大的原则问题,都是经过他的考虑和决断的。刘若曾同志还参加具体的审校工作,在文字方面,也提出很多宝贵的意见。他是我们整个编辑工作的主帅。"[①]湖南教育出版社高度信任具有编辑实力的教育科学研究所,签约教育科学研究所编纂《全集》。可以说,从学校的全力支持到教育科学研究所专业力量的加强是《全集》编纂成功的重要原因。

◆ (二)编纂《陶行知全集》的过程

◇ 1. 编辑成员:由"三主力"到"编委会"

1978年教育科学研究所成立,客观上给《全集》第一卷的编纂提供了初始团队,也为编纂《全集》提供了重要的研究阵地。开始编纂《全集》第一卷时成员较少,只有教育科学研究所的3位同志,由董宝良带队,也就是说他是实际负责人。青年教师周洪宇和喻本伐为骨干,成为《全集》第一卷编纂的"三主力"。最后又调来了他在东北师范大学的年轻校友李红梅同志参与编纂。《全集》第一卷之所以能编纂成功,和他们这个初始团队是分不开的。没有青年骨干亲密无间的全力以赴,编纂《全集》第一卷单靠他一个人是完不成的。董宝良

---

① 杨葆焜:《〈陶行知全集〉编辑出版工作的回顾》,载《行知研究》,1986年第2期。

记得编纂工作和研究工作是同时开展的。如1983年,董宝良、周洪宇、喻本伐和李红梅四同志联合署名,由周洪宇执笔,在《教育研究与实验》发表了《陶行知家世考略》一文。当时,教育科学研究所所长杨葆焜对他们编纂《全集》表示支持,杨葆焜虽然专门从事教育学和教育经济学的教学与研究,但是同时愿意担任《全集》的主编,主要是为了让《全集》编委会更具有知名度和权威性。那时因担心处于乍暖还寒的学术氛围,怕招来非议之声,又邀请了几位陶行知的亲属和陶门弟子进入《全集》编委会,并诚挚邀请了陶行知夫人吴树琴出任顾问。"吴树琴顾问的支援是无私的……她不仅献出自己多年保存的资料,而且帮助编辑人员核对资料,提供线索,解决他们提出的疑难问题。她是一位名副其实的好顾问。"①

1982年6月5日,教育科学研究所开始着手拟定编委会,同时向学校递交了《关于编辑出版〈陶行知全集〉的报告》的申请,草拟了陶行知全集编辑委员会成员名单,而1984年《陶行知全集》出版第一卷时写明由"华中师范学院教育科学研究所主编"。在《出版说明》中更改了最初拟定的编委会成员,变更后是:"在中共华中师院委员会领导下,由华师教科所聘请陶行知先生的亲属,湖南教育出版社和北京、上海、江苏、四川、安徽等地陶行知研究会的有关人士,组成《陶行知全集》编辑委员会,主持编务工作的编委会成员有(按姓氏笔画为序)丁右涵、王琳、邓宗琦、刘若曾、任钟印、伍文、吴树琴、李冰峰、肖宗六、张一诚、张达扬、杨葆焜、杨明远、陶晓光、陶城、夏德清、曹先捷、董宝良、楼化篷、戴自俺、戴本博。顾问:吴树琴。名誉主编:刘若曾;主编:杨葆焜;副主编:董宝良。分卷主编:第一卷,董宝良;第二卷,王琳、杨明远、张一诚;第三卷,夏德清、张达扬;第四卷,戴自俺;第五卷,楼化篷、肖宗六;第六卷,杨葆焜、丁右涵。文字审校:伍文。

---

① 杨葆焜:《〈陶行知全集〉编辑出版工作的回顾》,载《行知研究》,1986年第2期。

编辑人员李红梅、周洪宇、喻本伐、蔡靖芳、熊贤君,等。"①《全集》出版前后编委会成员有 20 多位,后根据工作需要进行了人员调整。《关于编辑出版〈陶行知全集〉的报告》明确了陶行知全集编辑委员会职责。比如,"杨葆焜所长和我商量后把这个任务交给了周洪宇具体去拟定编辑凡例,他是历史系科班出身,只有他能胜任这个任务。周洪宇在研究了《鲁迅全集》之后,建议从历史的角度,以陶行知思想的演进为基本脉络、以分类体与编年体相结合的方式作为我们主编陶行知全集的编辑体例,我们都认可这个方案。"②总之,编纂《全集》的主要工作还是他和周洪宇、喻本伐同志来完成的,《全集》编委会先后在 1982 年 10 月、1984 年 3 月、1986 年 5 月分别召开了第一、二、三次全体会议。还要指出的是,《全集》的出版不仅得到湖南教育出版社的全力支持,还得到陶行知先生的亲属、学生和陶研界各方面人士的积极鼓励、支持和赞助。

◇ 2. 编辑进展:由"秘密编校"到"筹备斗争"

"文革"结束后,当时极左的社会氛围还在。虽不能马上为陶行知平反,但也没有批判陶行知的任务。董宝良作为教育科学研究所副所长担任《全集》副主编和第一卷主编。"尽管陶行知研究已经解冻,但可能还会出现反复的情况。因而我们编《全集》还是非公开的状态,担心有人揭发,那可是要犯政治错误的,不仅是我们几个编辑,恐怕连学校都要受到牵连,所以只有出版社和校领导知道我们在编《全集》。"③可见,秘密编纂《全集》的原因是为了避免可能发生的政治风险。经验告诉人们,凡事有个好的开端就成功了一半,编好《全集》第一卷,搞出样板是编好湘版《全集》的关键。董宝良是第一卷主编,

---

① 陶行知著,华中师范学院教育科学研究所主编:《陶行知全集(第一卷)》,湖南教育出版社 1984 年版,第 2-3 页。
② 刘来兵:《湘版〈陶行知全集〉编辑出版前后——访〈全集〉副主编董宝良教授》,载《南京晓庄学院学报》,2014 年第 2 期。
③ 刘来兵:《湘版〈陶行知全集〉编辑出版前后——访〈全集〉副主编董宝良教授》,载《南京晓庄学院学报》,2014 年第 2 期。

是编委会信任他让他挑起这个重担。实际参与《全集》第一卷编纂的人员,除他之外,只有周洪宇、喻本伐和李红梅几位编辑人员,都是刚到教育科学研究所不久的年轻教师。他虽然年龄大些,讲授过陶行知教育思想,可以负责编纂《全集》第一卷,但是编纂《全集》的首卷还是第一次,由于缺乏经验,怎样才能编好,他更是茫然。当时他为了备课和研究,搜集到了关于陶行知的论文集,可是对陶行知一生出版了多少著作、写了多少论文,他心中无数,尤其是编纂第一卷涉及陶行知的早期论文,他更是心中无底。陶行知虽然来过武汉,但当时据他所能知道的,陶行知的教育活动基地主要是上海工学团、南京晓庄师范、重庆育才学校和社会大学。他们请陶行知亲属和陶行知在各个时期的学生参加编委会,也是为帮助他们了解史实和指出搜集资料中存在的不当之处。当时南京晓庄师范学校已编印出了一本《陶行知文集》,为了尊重南京晓庄师范学校,也为了更好地搜集陶行知原著和资料,特邀请时任南京晓庄师范学校党组织负责人张一诚任编委和第二卷的主编之一。但是后来发现这样安排编委成员,也不可能解决搜集陶行知早期所写的著述问题。他在编委会上向陶行知夫人吴树琴和陶行知的儿子陶晓光及陶城咨询,陶晓光和陶城对陶行知在南京晓庄师范办学活动以前的事情也一概不知,就连陶行知在工学团时期的学生戴自俺等也很茫然。为了编好《全集》第一卷,董宝良对当时有关陶行知的传记进行研读,决心到陶行知的家乡安徽歙县、南京求学地、办学处所、上海教育活动地区,进行全面深入调查研究。除了编委会成立前他们进行的第一次先行调研外,编委会成立后他们还向编委会提出补充调查申请,并得到了编委会同意,又进行了两次集中调研。

《全集》第一卷编校的三次调研经过。1981年9月进行第一次调研,这次调研是在启动编纂《全集》之前,为研究陶行知教育思想开展的调研,也是奠定编纂《全集》的思想基础。这次调研是董宝良同喻本伐两人完成的,他们首先到南京参观了刚恢复的"陶行知纪念馆",

访问了开办晓庄小学的胡同炳、晓庄师范第一期学生王琳等;第二次到上海师范学院访问吕长春(原育才学校学生,毕业后参与办学),他们从吕长春那里得到一本陶行知原著《斋夫自由谈》的复印件;第三次到上海静安区访问陶行知的学生杨明远(时任上海静安区教师进修学院副院长),得到一套杨明远编制的宣传陶行知生平的图片集;最后到安徽歙县参观陶行知纪念馆,了解到陶行知祖籍在歙县西乡黄潭源。在此之前,连陶晓光等陶行知亲属,尚不知道陶家的祖居在哪里。还是董宝良告诉了陶晓光调查结果,陶晓光等后来才去祭祖。1983年暑假进行第二次调研,由董宝良同周洪宇、喻本伐三人共同完成。他们这次调研的目的就是为了更好地编好《全集》第一卷而搜集原著,同时也为其他各卷查找相关资料,力争能找全原著,至少保证重要论文不能遗漏。他们三人在行程中有时分有时合。他们先到南京,又到上海,最后又到合肥,目的是寻访陶行知生前所到之处,查找江苏、安徽两省的博物馆、图书馆等处藏的陶行知书目。之后,他们到了离黄山不太远的陶家巷,看了陶氏祖坟,还访问了陶家巷的老年人,了解有关陶行知祖居的情况。在这次调研中,他们还查到了《陶行知族谱》等珍贵文物。《陶行知族谱》的发现为陶研界考证陶氏族系和祖籍提供了重要的史料依据。在这之前,陶门弟子和亲属都不知陶行知祖籍三代情况。第二次调研还发现了陶行知在金陵大学读书时写的文言文文章。如,最为珍贵的是《〈金陵光〉出版之宣言》,是陶行知的开山之作;《共和精义》表达出了陶行知一生追求的理想。他们遍访陶行知亲属和陶门弟子,可以说没有哪一个人知道陶行知发表过这些文章,更没有任何一个人读过陶先生的这些早期作品。他们调研前研讨了陶行知的求学经历,了解陶行知在1909年秋季考入南京汇文书院,后直接升入金陵大学。陶行知青少年时期在金陵大学读书文思敏捷,董宝良猜测陶行知有可能留下早期墨宝。为使编纂《全集》做到心中有底,他带队到原金陵大学改制后的南京大学调研。可是,当他们到南京大学图书馆去查找陶行知1909年到1914

年这一时期的资料时,正赶上了南京大学图书馆搬迁,不便接待读者借阅资料。经他们耐心说明从武汉到南京调研的来意,如,时间紧迫、不能久留等,总算得到校方照顾。因搬迁致图书馆室内尘土飞扬,他们只好坐在走廊里,汗流浃背地查阅送来的《金陵光》,那时缺乏复印、拍照条件,只能用笔抄录。《金陵光》学报刊载的这几篇陶行知文章,原无标点,由董宝良负责给文言文一一加注了标点。现在读者翻阅《全集》第一卷扉页可见《金陵光》学报四卷一期首页的照片。他们虽然付出了艰辛,却收获到无价之宝,使得《全集》第一卷编纂完成,未让一篇珍贵作品遗漏。第三次调研是到四川重庆,他们参访了育才学校、社会大学。社会大学在重庆市内,育才学校在重庆市与合川县(今为重庆市下辖区)交界处的古圣寺庙内,他们到两校原址进行实地考察。

《全集》编纂的三点争论经过。1983年11月,董宝良应邀参加江苏、安徽两个陶研会在南京举行的学术研讨会。他同喻本伐、周洪宇参加了大会,大会由戴自俺主持,会议主题是研讨《全集》的编纂。他以《全集》副主编的身份参加,名誉主编、主编均未参会,喻本伐、周洪宇两位同志年轻,又只是编辑,不能在会上发言。戴自俺、陶晓光先后提出编纂的几个难解决的问题,想对他形成"合围"。幸亏有湖南教育出版社曹先捷编辑参加,帮了他的忙。第一点是对编纂体例的争论,戴自俺主张陶行知自编著作《斋夫自由谈》等不能拆开,董宝良解释:"必须按照编年体编,因为马克思、列宁、鲁迅全集皆如此。"双方争论不下,最后曹先捷编辑当场声援、大力支持,才使《全集》依旧按"编年体"编纂,按照周洪宇拟定的体例标准进行编纂。曹先捷说:"不按编年体,湖南教育出版社就不出版了。"此后他与曹先捷编辑成为要好的朋友。第二点是陶晓光提出由戴自俺任《全集》主编。董宝良说:"《全集》由华中师范学院教育科学研究所主编,我这个副主编是由学校和编委会任命的,要撤换,我无权,可在散会后,请编委会主任、院长刘若曾拍板。"最后这个提议无果而终。第三点是陶晓光对

《全集》收录陶行知给吴树琴的信件,包括爱情信等持反对意见。董宝良说:"《鲁迅全集》的书信集,将鲁迅与许广平爱情信都公布了,没有带来不好的影响。"吴树琴是《全集》顾问,送来的信件,作为历史文献,编委会如实利用。陶晓光以陶行知亲属的身份,要求查看全部信件,最后陶晓光不同意《全集》收录一些爱情信,能收录的信件只有50封。陶晓光是陶行知前妻的第二子,与吴树琴年龄差不多,陶晓光反对收录一些信件,僵持之下吴树琴也无法。关于一些爱情信使用问题上的争论,在改革开放的初期,陶晓光思想保守、坚持己见是可以理解的,也不能抹杀陶晓光同志对编纂工作的贡献:"陶晓光同志是最熟悉资料、保存资料最多的陶先生亲属,陶晓光不仅毫无保留地提供大量的资料和图片,而且对各卷的注释、年表都做了详细核对,提出很多可贵的意见。"①当时全力支持《全集》编纂的还有陶行知的四子陶城。他们先以华中师范大学陶行知研究室为基地,后以教育科学研究所为依托,进行秘密编纂。为了解决在何处编纂的问题,董宝良请示了学校领导,领导给他们提供了经费支持,最后由他选定武昌火车站附近的一家旅社作为编辑部,他和周洪宇、喻本伐等就住在旅社里。"艰难困苦玉汝于成",就这样在旅社里隐藏了几个月,第一卷编纂工作终于完成了。披荆斩棘编好第一卷,为编《全集》其他卷积累了经验,打下良好基础。他很赞赏当时同他一起编纂《全集》的几位年轻教师,出力最多是周洪宇、喻本伐和李红梅,后来熊贤君调入教育科学研究所,也成为《全集》的编辑之一,参与部分编校工作。他回忆说教育科学研究所的年轻教师做了搜集原作、校勘、注释等大量工作,那种不计个人得失、名位、认真负责的编辑精神是值得发扬的。还要指出的是,湖南教育出版社编辑曹先捷同志"是全力以赴扑在全集编辑工作上的一个主角,他工作认真负责,对每篇文字,无不字斟句酌,力求无误;对每幅插图,精心挑选和编排;对每个表格仔细核

---

① 杨葆焜:《〈陶行知全集〉编辑出版工作的回顾》,载《行知研究》,1986年第2期。

对。六本巨著,各个方面都倾注了他的心血,他是全集出版的有功之臣"①。经过3年多的共同努力,《全集》陆续编纂完成,董宝良作为代表先后几次亲自护送文字稿到湖南教育出版社。他把书稿包好揽在怀中,他认为书稿比自己的孩子还重要,由湖北武昌坐火车到湖南长沙,一路上护送连觉都不敢睡。《〈陶行知全集〉将陆续出版》一文指出:"华中师范学院教育科学研究所主编的《陶行知全集》,由湖南教育出版社从一九八三年四季度起陆续出版。……《陶行知全集》全面地反映了陶行知致力人民教育和民主革命三十年的思想发展、奋斗历程和创业成果。《全集》分六卷,共二百余万字。第一至三卷,论著类,包括教育论述,时事政治论述,演讲记录,会议提案,自撰外文作品中译篇等;第四卷,诗歌类;第五卷,书信类;第六卷,其他类,包括自编课本、科普读物、自撰外文作品、翻译外文作品等。书中附录了作者活动年表、著译系年目录及笔名等。《全集》可望在一九八五年以前出齐。"②本着"全集"求"全"的精神,喻本伐、熊贤君担任执行主编,编纂了《日记卷》和《增补卷》作为《全集》的第七卷和第八卷,《全集》由原来的六卷本变为现在的八卷本,仍是华中师范大学教育科学研究所作为主编,1992年由湖南教育出版社出版。

◆ (三)《陶行知全集》出版后的影响

◇ 1. 推进了陶行知研究

《陶行知全集》出版后推进了陶行知研究,主要体现在以下几方面。第一,培养了陶行知研究的人才。1985年8月,华中师范大学教育科学研究所获得教育史硕士学位授予权。董宝良指导周洪宇攻读教育史硕士学位并撰写硕士学位论文《陶行知与中国近代教育现代化》,这是国内第一篇以陶行知研究为主题的教育史硕士学位论文。

---

① 杨葆焜:《〈陶行知全集〉编辑出版工作的回顾》,载《行知研究》,1986年第2期。
② 佚名:《〈陶行知全集〉将陆续出版》,载《华中师院学报(哲学社会科学版)》,1984年第1期。

第二,1985 年 9 月 5 日,中国陶行知研究会成立,邓宗琦(时任华中师范大学副校长)和董宝良一起被选为第一届中国陶行知研究会常务理事。第三,成立了湖北省陶行知研究会。1987 年 5 月 19 日,湖北省陶行知研究会正式成立,由著名历史学家章开沅教授(时任华中师范大学校长)担任会长,董宝良任副会长,华中师范大学教育科学研究所周洪宇担任秘书长。第四,出版了系列陶行知研究著作。1991 年 8 月,湖北省陶行知研究会秘书长周洪宇编辑的《陶行知研究在海外》由人民教育出版社出版。1991 年 11 月,董宝良任主编、喻本伐和周洪宇任副主编的《陶行知教育论著选》,由人民教育出版社出版。1993 年 10 月,董宝良任主编、周洪宇任副主编,余子侠、喻本伐、熊贤君、黄瑞彩参与撰稿的《陶行知教育学说》,由湖北教育出版社出版。2012 年,董宝良任主编、喻本伐和周洪宇任副主编的《陶行知教育名篇选》,由人民教育出版社出版。第五,增进了与海外陶研专家的交流。1983 年 9 月 2 日,日本陶行知研究专家斋藤秋男专程来华中师范学院访问《陶行知全集》编纂委员会,董宝良同主编杨葆焜同志一起主持接待和交流。现为日本东京大学教育学院教授的牧野笃(时为南京大学留学生)亲自来信同他探讨陶行知研究问题,特选录一信如下:"董宝良先生:在此寄上我的博士论文《中国近代教育的思想发展和其特征——陶行知"生活教育"思想研究》。这本书是 1993 年 9 月 15 日出版的。……我去采访您的时候承蒙了您亲切关照。我认为如果没能够得到您的帮助和关怀,这本书是至今为止尚未能撰写出来的。在此将这本书作为圣诞和元旦礼物而寄上,以表示我衷心的谢意。请笑纳。我今后还要继续进行陶行知生活教育思想研究。我已经看到了您主编的《陶行知教育论著选》,很有参考价值。以后请多联系,请多关照。牧野笃,1993 年 12 月 24 日。"可见牧野笃和董宝良关于陶行知教育思想研究的深入交流。第六,举办了两次国际陶行知学术研讨会。1996 年 10 月 18 日—21 日,由华中师范大学、中国陶行知研究会、全国教育规划领导小组、湖北省社会科学联合会和湖北省陶行知研究会等单位在武汉华中师范大学联合举办了"陶行知研究国际学术研讨会"。会后人民教育出版社出版了由周洪宇、余子侠、熊贤君主编的《陶行知与中外文化教育》论文集。论文集收录 40 篇文章,其中包括来自美国的蔡崇平,德国的黄冬,日本的斋藤秋男、阿布洋、牧野笃、中野光等学者的文章。时隔 20 年,2016 年 10 月 18 日—19 日,由华中师范大学、中国陶行知研究会、人民教育出版社主办,华中师范大学教育学院、湖北省陶行知研究会承办了"陶行知与中外文化教育国际学术研讨会",与此同时,成立了陶行知国际研究中心,中国陶行知研究会常务副会长周洪宇教授担任研究中心主任。会后由人民教育出版社出版了《陶行知与中外文化教育》论文集,收录会议论文 60 篇,其中包括来自美国的苏智欣、德国的黄冬、韩国的金德三和李庚子等专家学者的论文。

◇ **2. 获得了诸多奖励赞誉**

《全集》出版后蜚声学术界,获得的奖励主要有:1986 年全国优秀畅销书奖,1988 年全国第一届优秀教育图书特别奖,1990 年中国陶行知研究会评《全集》为"编辑一等奖",1994 年第一届国家图书奖。此外,《全集》1985 年 10 月获得华中师范大学颁发的"优秀科学研究成果特别荣誉奖",其中,《全集》第一卷还获得湖北省社会科学联合会颁发的三等奖。由于董宝良是编纂《全集》的实际负责人,所做贡献巨大,他于 1992 年获得华中师范大学"终身荣誉奖"。《全集》出版后,他们团队继续进行陶行知研究,成绩斐然,硕果连连。1993 年董宝良任主编、周洪宇任副主编的《陶行知教育学说》,1995 年获得国家教委"首届高校人文社会科学研究优秀成果一等奖",并邀请董宝良作为代表到人民大会堂领奖,还受到国家教委领导的接见。《陶行知教育学说》还获得"1991—1994 年湖北省教育科学研究优秀成果一等奖"。《全集》编辑之一,周洪宇主编的《陶行知研究在海外》获"优秀论著奖"。周洪宇 2010 年所著《开拓与创建——陶行知与中国现代文化》,2012 年被国家新闻出版总署评为"三个一百学术原创奖"。2013年周洪宇所著《陶行知生活教育学说》还获得了"高校人文社会科学研究优秀成果三等奖"。

《全集》获得的赞誉主要有：国务委员张劲夫于1986年4月24日在《人民日报》上祝贺湘版《陶行知全集》出版，发表了《中国近代教育史上的一座宝库——祝〈陶行知全集〉出版》的重要文章，最引人注目。张劲夫赞誉："我认为，这部《全集》的出版是我国近年出版界的一件大事，值得祝贺。……总说一句，《陶行知全集》是一部具有历史价值和科学价值的重要文献，是中国近代教育史上的一座宝库，是我们优秀的民族文化遗产之一。……为了达到提高民族素质，多出人才，出好人才的目的，为了建设具有中国特色的社会主义教育学，《陶行知全集》的出版，具有极大的现实意义。"[①]在川版《陶行知全集》出版时张劲夫再次称赞："湘版《全集》的出版，为抢救我国民族文化遗产、促进我国教育改革、建设具有中国特色的社会主义教育体系等方面作出了有益的贡献，受到了国内外的好评。"[②]以上是张劲夫同志两次高度赞誉《全集》出版。人民教育出版社编审陈侠赞誉："每当我捧这部《全集》阅读的时候，对陶行知的景仰之情便油然而生，他的确不愧我们知识分子的光辉典范，我愿意把这部书介绍给知识界的同志们。"[③]湖南教育出版社曹先捷编辑赞誉："出版《陶行知全集》在我国是首次，在国内外引起了热烈反响。《人民日报》、《中国日报》（英文版）、《光明日报》和用多种外文印行的《中国（画报）》等报刊，或发表书评，或刊登书照，对这部《全集》作出介绍和评价；日本《东方》杂志和《中国研究》月刊，也分别载文加以评价。"[④]华中师范大学副校长邓

---

① 张劲夫：《中国近代教育史上的一座宝库——祝〈陶行知全集〉出版》，载《重庆陶研文史》，2010年第4期。
② 张劲夫：《思陶集》，华夏出版社1994年版，第80页。
③ 陈侠：《知识分子的光辉典范——介绍〈陶行知全集〉兼论陶先生毕生奋斗的道路》，载《群言》，1986年第5期。
④ 华中师范大学教育科学研究所主编：《陶行知全集》（第八卷增补），湖南教育出版社1992年版，第1074页。

宗琦在《〈陶行知全集〉的意义》一文指出:《陶行知全集》"是中国共产党十一届三中全会以来制定的一系列方针、政策在出版阵线上的一颗丰硕的果实。……为当代中国青年提供了一部伟大的生动的爱国主义、共产主义教科书"①。总之,《全集》出版后赞誉不断。董宝良作为编纂湘版《全集》的实际负责人是立了大功的。他说是时代赋予了他机遇,是学校和出版社寄予了他重托,是同志们给予了他力量。他不负使命,他感到无上光荣。

三、周洪宇与教育口述史研究②

教育口述史是口述史与教育史结盟的产物,是记忆史的重要组成部分。在文字出现之前,人类基本使用口述的形式记忆、讲述和传承历史,即便是文本历史出现之后,口述史仍然是历史研究的重要方式,直到法国兰克学派建立起科学、严谨的历史学之后,思想史、制度史成为主流的史学实践范式,口述历史逐渐边缘化。然而长期以来,教育史在思想史、制度史的范式下,缺失大众的、生活的教育史,难以应对当代教育史学危机与回应公共教育史学的社会需要。周洪宇教授自20世纪80年代起,即强调史学研究的方法论问题,呼吁学者应建立多角度、多层次、相互联系并互为补充的立体方法论网络体系,以满足不同类型研究的需要。本文以周洪宇教授在教育口述史研究的工作为主题,同时梳理当代中国教

---

① 邓宗琦:《〈陶行知全集〉的意义》,载《行知研究》,1986年第2期。
② 刘来兵:《周洪宇与教育口述史研究》,选自申国昌主编:《新理念与新范式:周洪宇与文化教育研究》,华中师范大学出版社2018年版,收入本书时有少量文字修改。

育口述史这一学术实践活动的发展概况。

◆（一）作为立体方法论网络体系之中的口述历史

周洪宇教授在课堂上与我们分享做学问要懂得"大处着眼，小处着手"，即既要有大局观、宽视野，关注学术研究的潮流与现实问题的热点，又要注重练好基本功，从具体的问题出发，做好细节工作。在平常与学生们的学术交流中，周洪宇教授总是从本体论、认识论、方法论以及价值论等方面启发我们在某个领域研究的基本问题，在他本人的治学实践中更是如此。作为历史学出身的学者，周洪宇教授并不满足于史学研究方法的单一运用，而是在20世纪80年代初的学术生涯中便呼吁学者建立立体网络化的方法论体系，以适应学术研究的多元化需要。1982年周洪宇教授从历史系毕业留校进入华中师范大学教育科学研究所工作，数月之后参与编纂《陶行知全集》开始走上陶行知研究的学术道路，先后完成国内第一篇以陶行知研究为主题的硕士、博士学位论文，三十余年来的持续研究，已经出版中、英文的陶行知研究著作数十部，独立或指导学生发表陶行知研究论述数百篇。早在20世纪80年代末，彼时陶行知研究在国内学术界回归正常轨道不过数年，尚属于起步阶段，周洪宇教授便已极具战略眼光提出建立陶行知学，并发表《陶行知研究的方法论问题》一文，提出建立陶行知研究的方法论体系，他指出，任何一门学科或学问都有它自己的方法论，每个研究者都受一定的方法论的指导，但是有不少研究者在庸俗社会学方法论的影响下发生方法论的偏差，导致在学术实践中产生"分割研究""注经疏义""假设推理""添冠加冕""循环论证"的不良表现，应该坚决地摈弃这种庸俗社会学方法论，回归到以马克思主义为指导的方法论体系中来。周洪宇教授提出个人的初步设想，他认为这个方法论体系是以唯物辩证法和唯物史观做指导，多角度、多层次、相互联系并互为补充的立体网络结构，它由三个层次构成：一是方法论，居最高层次；二是具体方法，属中间层次；三是研究程序,属最低层次。① 在这个立体网络方法论体系中,具体方法则是根据研究的需要,可以借鉴人文、社会科学的一切研究方法,其中就包含口述历史研究方法。早在1982年开始编纂《陶行知全集》的时候,周洪宇教授即已运用口述历史方法联系陶行知的亲属与弟子们搜集过陶行知的资料,并就陶行知生年问题在1983年的《历史研究》《教育研究与实验》《华中师院学报(哲学社会科学版)》发表多篇文章,其中就有陶行知夫人吴树琴女士的口述资料。

周洪宇教授有关陶行知研究的方法论体系论述,是其整体学术实践中的一个侧影,他在系统的教育史学研究中始终注重对方法论的构建。在1991年发表的《教育史研究改革管抒》一文中,周洪宇教授指出:"在我看来,教育史研究的方法论体系是以唯物辩证法和唯物史观作指导的,多角度、多层次、相互联系并互为补充的立体网络结构。它是马克思主义的根本方法(经济决定方法、阶级分析方法、分析与综合结合的方法、抽象与具体统一的方法、逻辑与历史一致的方法等)、多学科的具体方法(历史方法、比较方法、系统方法、结构方法、计量方法、心理学方法、发生学方法和解释学方法等)、研究程序(事实认识、因果分析和价值评价)三者的有机统一。这三者相互独立又相互依存,相互渗透又相互制约,完整地构成一个方法论体系。"②周洪宇教授在治学与教学过程中,始终强调正确的方法论在学术研究中的重要性。他引用恩格斯的名言教育学生,称没有正确的方法论做指导,"往往当真理碰到鼻子尖的时候还是没有得到真理"③。在理论与方法论方面的持续思考,使得周洪宇教授的研究始终走在学术前沿,他对静止的、庸俗的学术研究总是毫不留情地予以批判,他对国内外学术动态保持饥渴,他对学科发展的未来趋势总是

---

① 周洪宇:《陶行知研究的方法论问题》,载《华中师范大学学报(哲学社会科学版)》,1989年第2期。
② 周洪宇:《教育史研究改革管抒》,载《教育评论》,1991年第2期。
③ 马克思、恩格斯:《马克思恩格斯选集(第三卷)》,人民出版社1972年版,第555页。

提出精准的预设，他致力于构建立体化的研究体系。在《对教育史学若干基本问题的看法》一文中，周洪宇教授提出学科性质史学论、研究对象三分论、研究重心下移论、理论方法现代论、学术传统继承论、学者素养要素论、未来发展多元论七个主要系统论述，从全局上表达了自己对教育史学科建设的基本认识，引起学界的广泛关注，其中在"理论方法现代论"部分，在原有的立体网络方法论体系思考基础上进一步发展为"三维系统方法论"。他指出，"教育史学理论与方法体系，应该是一个由研究方法的理论基础、一般研究方法、具体研究方法三个大的方面及其相关层次构成的研究系统"①，在研究方法的理论基础建设方面，主要以马克思主义的宏观历史理论和中观史学理论的积极因素为基础，吸收其他理论流派的合理因素而形成；一般研究方法是指在研究社会历史现象（包括教育历史）中普遍使用的方法；具体研究方法包括历史学科一般使用的方法和跨学科方法，前者包含历史考证法、文献分析法、口述历史法、历史模拟法，后者主要包含田野调查法、个案分析法、心理分析法、计量分析法。教育史学者普遍运用较多的是历史学科一般使用的方法，而跨学科研究方法的使用则不多见，周洪宇教授一直呼吁学界加强跨学科研究方法的应用，反映出拓展学术领域、丰富研究手段的良苦用心。在他看来，"建立这样一种教育史学研究的系统方法论，有利于研究者在研究时，一开始就可以清楚地知道，自己要解决的问题是什么，要选择的理论是什么，要使用的具体方法是什么，需要运用哪些技术和手段去解决。可以清楚地决定自己的研究步骤和研究程序，判断自己的研究进度，缺少哪些环节和手段，还需要做哪些工作，使研究工作尽量规范化、程序化，具有可操作性"②。正是这种三维系统方法论体系的推动，周

---

① 周洪宇：《对教育史学若干基本问题的看法》，载《河北师范大学学报（教育科学版）》，2009 年第 1 期。
② 周洪宇：《对教育史学若干基本问题的看法》，载《河北师范大学学报（教育科学版）》，2009 年第 1 期。

洪宇教授不仅提出"思想-制度-活动"三分教育史的宏观体系,在活动史研究体系之下,通过推动研究中心的下移与研究领域的深化,又从中拓展出教育生活史、教育身体史、教育情感史、教育旅行史、教育口述史、教育记忆史的新领域,这些领域的开辟都具有跨学科的背景,是跨学科研究方法应用所结出的硕果。

◆ **(二)周洪宇与教育口述史研究的实践**

教育口述史是教育史与口述史结盟的产物,教育史与口述史两者都具有悠久的历史,然而教育口述史作为一门新兴的学术潮流的兴起还是20世纪尤其是21世纪初的事,这与当代生活哲学、实践哲学以及大众史学对学术潮流的影响有关。

2008年9月,笔者成为周洪宇教授的入室弟子,攻读教育学博士学位。周洪宇教授在对我的知识背景和学术兴趣加以了解后,与我谈到着手开展口述史研究工作,初步的计划是完成北京师范大学出版社邀请出版一部教育口述史的约稿工作。再以华中科技大学原校长朱九思、武汉大学原校长刘道玉、华中师范大学原校长章开沅先生在各自学校主持改革为主题,应用口述史研究方法来做笔者的博士学位论文。笔者自那时起,便开始在周洪宇教授的指导下,关注口述史研究方法,搜集相关研究资料,并完成了对周洪宇教授的教育口述史初稿的整理工作,在此过程中,聆听了周洪宇教授的成长经历以及在学术与行政方面取得的成绩与心得体会。

周洪宇教授1977年参加高考并被华中师范学院(现华中师范大学)历史系录取,在历史系学习期间,除了自身勤奋苦读、饱览群书之外,还受益于名师讲学,融会贯通各路名家学说。周洪宇教授告诉笔者,早在20世纪60年代,中央就组织全国政协文史委员会对辛亥与民国老人开展口述史工作,并整理出版了"辛亥革命回忆录""辛亥革命口述史料"等一批史料,华中师大前校长、著名史学家、翻译家、教育家杨东莼先生赴京担任全国政协副秘书长与中央文史馆馆长后,曾受命与刘大年先生领导组织此事,他还将当时华中师院青年教师章开沅借至北京协助自己做此事。口述历史对周洪宇教授来说,并不是新的研究方法,他本人对口述史研究方法的接触与运用,最早是在20世纪80年代初。周洪宇教授告诉笔者,1980年在华中师院历史系77级读大学三年级时,章开沅先生请了国内一批史学名家(如刘大年、戴逸、毛昭晰、宁可、陈旭麓、林增平、李时岳、汤志钧、胡滨、萧致治、齐世荣等先生)为他们讲授中外历史,这些名家讲学时就提到过口述史研究方法的重要性。章开沅先生后来在给学生们讲中国近代史和辛亥革命史时,也积极鼓励他们运用口述史方法去采访武汉地区的一批辛亥老人,以抢救史料。周洪宇教授是近代史课代表,曾与同学们组成一个口述史工作小组去隔壁的学校——武汉建筑材料工业学院(今武汉理工大学)采访在该校任教的辛亥老人、十八星旗设计者赵师梅老教授并整理其口述史资料,后来还将这一口述采访经过整理成文发表。1982年1月大学毕业后,周洪宇教授5月开始编纂《陶行知全集》,出于陶行知史料整理与收录编辑的需要,便想找陶行知的亲属与弟子们做此项工作,以抢救史料。在研究陶行知家世与生年问题时,还采访过陶行知夫人吴树琴女士,并运用其口述的资料(她谓陶行知告诉她大她两轮,即24岁),在《陶行知生年考》(《历史研究》1983年第2期)以及当时其他几篇关于陶行知生年及家世有关问题的论文中,说明陶行知生年传统说法1891年以及后来的1892年说都有不准确、不可信之处,应该是陶行知自己在1914年秋赴美留学入境时填写的"1893年"。此处数项实践证明,口述历史在当代史研究工作中具有重要价值。其实,口述历史作为一项实践一直存在于每个人的日常生活中,无论是在课堂上,还是在课堂外,教育无处不在,口述无处不在。

2019年我们将迎来新中国成立70周年,而2018年也已是改革开放40周年。新中国所取得的教育成就亟待做阶段性的总结,需要每一位参与教育改革发展的教育人提供个体的声音与集体的回忆,尤其是那些年事已高的教育重要事件的见证者的记忆更是亟待抢救的。周洪宇教授自2008年与笔者提出开展著名大学校长口述史工作的计划后,一直积极筹备寻找合适的合作学者与出版单位开展当代中国教育口述史的搜集、整理与出版工作。北京师范大学出版社以知名教育学者为对象,开展了卓有成效的口述史工作,周洪宇教授也是他们邀请的口述传主之一。2009年,我们完成了周洪宇教授的口述历史初稿整理工作,积累了如何做口述历史的基本经验,也形成了一些对于教育口述史的基本认识。2014年,华中科技大学出版社周晓方联系周洪宇教授谈出版选题的计划,初步确定"当代中国高等教育改革口述史丛书"的出版计划,并在报出版社选题汇报后得到出版社的大力支持。随后,我们联系了国内多所大学的原任和现任校长及其入门弟子,也得到了他们的广泛支持,通过大家数年的共同努力,我们于2018年计划出版"当代中国高等教育改革口述史丛书"第一辑8本,并为后续的出版工作做了一定的准备。周洪宇教授与笔者合作撰写的《教育口述史研究引论》一书,是国内第一部以教育口述史为主题的理论著作,其中有我们这些年在教育口述史研究领域的一点心得与认识。口述历史以日常生活和个人的经历为对象,长期被学术界所忽视,而西方新马克思主义学者列斐伏尔指出:"哲学家总是把日常生活拒之于门外:始终认为生活是非哲学的、平庸的、没有意义的,只有摆脱生活,才能更好地进行思考。我则与此相反,努力把日常生活纳入哲学的研究范畴,使它成为哲学思考的对象。"①口述历史在教育史学中地位犹如日常生活史在史学研究中的地位一样,亟待学界的共同推动。周洪宇教授在"当代中国高等教育改革口述史丛书"的总序中论及开展口述历史研究工作的必要性时指出,口述历史的必要性关涉的是历史本质、功能与意义的讨论。历史是什

---

① [法]H.列斐伏尔、[匈]A.赫勒:《让日常生活成为艺术品——列斐伏尔、赫勒论日常生活》,云南人民出版社1998年版,第125页。

么？谁是历史的叙述者？怎样的档案资料才能呈现最客观的历史？在历史学的研究中，此类问题的解答通常被视为专业的缄默知识体系构建。口述历史研究者认为人民应该享有话语权，通过人民的声音，把历史交还给人民。正如意大利历史学者克罗齐所言，"一切历史都是当代史"，口述历史的基本功能在于留存当代历史参与者的口述档案资料。收集口述历史资料的必要性在于：一是能提供档案资料的补充与印证，弥补档案资料中某些重大事件过程与细节的缺失；二是口述历史资料可以发挥历史研究和社会教育功能，那些重要历史事件的决策者、参与者通过口述历史能够提供更为丰富的历史细节，而对于一般公众来说，通过阅读这些口述资料更具有社会教育意义。

◆ （三）周洪宇对教育口述史研究的理论思索

◇ 1. 口述历史研究应注意的几个问题

在编撰口述史丛书的过程中，周洪宇教授对教育口述史研究的原则、宗旨、价值、程序与分类等都做了阐述，笔者在此就周洪宇教授对教育口述史研究应注意的几个问题简述如下：

第一，力求复原史实、保全史料、深化史学。要做好口述历史研究工作，应明确"历史"的三层含义，即客观的事实（史实）、主观的记载（史料）、主客观结合的研究（史学）。与传统的单纯以文献为依据进行的历史研究不同，口述史研究是史实、史料与史学三层历史的融合。口述者叙述的是史实，但首先是属于口述者自己认定的事实，还需要通过记载的史料去印证，整理者通过比对口述材料与文献材料也能得到最终的口述历史作品。

第二，力求形式与本质的结合。口述历史作为一种史学实践在近年来颇为兴盛，源于社会大众对历史的关注热情显著增强。大众在获得一定的物质保障之后，会转向对精神、文化的追求以提升自身的素养，人们开始去关注历史的、过去的、传统的东西，而不只是当下的日常生活。口述历史能很好地满足大众了解当代社会生活中某些重要事件的需要。"口述"是形式,是特色,"历史"是本质,是根本。既要遵从口述的"形式"和"特色",更要坚持历史的"本质"和"根本",使之与一般历史著作区别开来,具有口述历史的风格和追求。

第三,口述力求鲜活、生动、可读。口述者有自己的语言风格,善述者引人入胜。口述历史与平常的对话不一样,需要整理者在前期做好一定的准备,把要了解的内容提前告知口述者,口述者需要一定的时间去回忆,甚至是查阅资料去印证。对话的过程要尽可能做到问题有来由、事情有曲折、过程有细节、结果有悬念、语言口语化。问题有来由强调的是口述历史有自己的主题,是带着问题开展的研究工作,而不是日常生活中的漫谈。问题可以是整理者在前期准备的,也可以是口述者根据主题提出的。事情有曲折强调重要历史事件的发生发展均是螺旋式前进,其过程大多是循环反复,通过不懈的坚持与努力才能最终取得成功。过程有细节强调的是在事件的重要节点与关口,某些重要决策与行动所带来事件方向的根本性转变,在结果之前所发生的细节过程仅仅是少数参与者才知晓的,而这也正是需要通过口述历史公之于众的。结果有悬念强调的是叙述的引人入胜,不是故作惊悚,而是增加可读性,使人们意识到任何一次成功的改革实践均是特定时期不同主体博弈的最终结果。语言口语化强调的是口述历史不是文本写作,是日常生活中口述者的自我呈现,这种表述更容易被大众所接受。

◇ 2. 为教育活动史研究提供史料

保尔·汤普逊认为:"更根本的是,访谈还意味着教育制度与生活世界之间的界限,专家与普通公众之间的界限。历史学家开始学习访谈了:他们之所以要拜人为师,是因为人们来自不同的社会阶级,或者所受的教育比较少,或者年纪比较大,他们可能了解更多的事情。"① 从这个意义上说,教育口述史不仅仅是恢复过去的工具,还应该被视为一种不被遗忘、不被忽略,反映教育生活世界声音的策略。教育口述史提供给研究者的,不止是一种社会记忆或是过去的声音,还应是当代人重建扭曲的、忽略的、遗忘的教育生活世界的机会,从官方的历史叙述、学术性历史研究之外寻找具体的、生动的教育生活叙事。

教育口述史以口述史为基本方法与手段,专门搜集教育历史的参与者的声音,他们讲述自己的教育经历以及社会教育发展变革的个体见证,是教育活动、教育生活的直观体验。呈现具体的教育生活,不同于一般的文字史料,口语化的呈现更多的会讲述事件的经过,而非事件本身。它给教育口述史提供的价值既在于作为口述史料对于传统文字史料的突破,更在于提供这一史料的过程。这对口述历史的叙述者提出一定的口述语言技巧的要求,可以说一个善于讲述故事的口述者所提供的史料更切合教育口述史的史料要求。正如美国南佛罗里达大学加乐思克(Valerie J. Janesick)教授所言:"口述历史的力量就是讲故事的力量。因为口述历史捕捉了一个人或一群人的生活经历,当那些处在社会边缘的人的故事被叙述之后,社会公正的目标便会更加明确。口述历史为局外人和被遗忘的人讲述他们的故事提供一种可能路径。"通过口述的路径寻找历史参与的个体,从微观、基层的视角提供民间的声音,通过声音、话语、影像这种活的资料来建构历史,正是当代全球范围内史学研究兴起的一种新势力。因而,口述历史作为一种历史的证据已经产生传统的文献史料所无法比拟的影响,正如保尔·汤普逊所言:"当历史学家们从一段距离之外去研究历史的行动者时,他们对这些行动者的生活、观点和行动的刻画将总是要冒进行错误描述,将历史学家自己的经历和想象投影到对

---

① [英]保尔·汤普逊著:《过去的声音——口述史》,覃方明等译,辽宁教育出版社 2000 年版,第 12 页。

象之上的风险：一种学术形式的虚构。口头证据，通过将研究的'客体'转化为'主体'，有利于一种不仅更丰富、更生动和更令人伤心的，而且更真实的历史的形成。"① 这就是为什么我们要去进行少数民族女童教育口述史研究、日本侵华教育口述史研究等工作的原因，这些历史的主体人物所经历的磨难远比文字资料的叙述更为深重。

◇ 3. 与教育记忆史共同构建公共教育史学

在口述历史作为一种专业的学术实践诞生之初，是被当做记忆史研究的范畴，甚至被视为挑战公共记忆的秘密通道。"来自人类感知的每一种历史资料来源都是主观的，但是只有口头资料来源容许我们向这一主观性提出挑战：去拆开一层层记忆，向后挖掘到记忆的深处，希望达到隐藏的真理。如果是这样的话，那么为什么不把握住我们那在历史学家中独一无二的机遇，让我们的被访者放松躺在床上，并且像精神分析家一样，轻叩他们的下意识，抽出他们最深层的秘密？"② 在口述历史学家们的推动之下，口述历史撕开了公共历史专业化堡垒的口子，使得非专业人士乃至任何一位普通民众都可以发出声音。在这种高歌猛进的现实面前，借助于自媒体时代的来临，"人人都是自己的历史学家"成为一种口号已是理所当然。口述历史在特定的背景下崛起，在 20 世纪 60 年代的学术氛围中获得大规模的实践机会，用来解释口述历史价值的修辞被冠以"揭露未知的故事"而使那些不为人知的事件能够发出声音。然而，在历史学的学术王国中，有研究者认为，"实际上，这是一种暴露或证据没有其他可用的地方"③，二者之间的对抗也就此拉开，究竟其中发生了怎样的分歧？个体记忆、经验为何就不能构成历史？有学者提出这样的思考："使

---

① [英]保尔·汤普逊著：《过去的声音——口述史》，覃方明等译，辽宁教育出版社 2000 年版，第 124 页。
② [英]保尔·汤普逊著：《过去的声音——口述史》，覃方明等译，辽宁教育出版社 2000 年版，第 184 页。
③ Paula Hamilton, Linda Shopes. Oral History and Public Memories. Philadelphia：Temple university press, 2008：8.

之成为一种揭露或证据的形式在经验成为记忆的过程中究竟发了什么？在经验成为历史的过程中发生了什么？随着一个强烈的集体经验时代的到来，过去的时代已经过去了，记忆与历史归纳的关系是什么？"[1]没有人能给予这些问题以正面的学术回应，有人提出以公共历史来重新定义历史，试图迫使学院派屈服与接受。他们认为，公共历史就是一个竞技的市场，口述历史与记忆研究可以在这里完美地共存。当口述历史学者在为以提供个人记忆进入公共历史而欢呼时，记忆研究者却主动撇清二者之间的关系。"作为研究和写作领域，口述历史和记忆研究已经有了非常不同的史学轨迹……而且，虽然口述历史是一个成熟的领域，但它的起源和多样化的做法是其持续被学院派边缘化的原因所在，正如他们被草根阶层所热情拥抱一样，所有这些都是为了将口述历史从记忆研究中排除。"[2]然而，随着公众对历史的需要不断增长，口述历史在当下却获得极大的发展，这是学院派史学家所始料不及的。在市场的驱动之下，口述历史因为自身所具有的易进入性成为公共历史学者们广泛使用的工具。它能够接触到数量众多的观众，并且轻松呈现多个观点且不需要表达立场，同时为公共历史学者试图呈现的故事提供丰富的色彩与生活细节。经过半个多世纪的发展，事实证明，口述历史是一个强大的工具，用于发现、探索和评价历史记忆的过程：人们如何理解过去，如何连接个人经验与社会背景，如何让过去成为现在的一部分，如何使用口述历史来解释他们的生活和周围的世界。个体的记忆因此成为口述历史的主题和来源，口述历史学家开始在他们的历史分析和口述历史采访实践中使用一系列令人振奋的方法：语言、叙述、文化、精神分析和人类学。

---

[1] Robert Perks, Alistair Thomson. The Oral History Reader Introduction. London：Routledge, 2016:4.

[2] Paula Hamilton, Linda Shopes. Oral History and Public Memories. Philadelphia. Temple university press, 2008:8.

口述历史为个体和集体的教育记忆呈现提供了工具。近年来,随着记忆史研究的兴起,教育口述史所具有的呈现教育记忆的价值使得教育口述史与教育记忆史在公共教育史这个场域相遇。我们可以这样来理解教育记忆史以及它与个体记忆、集体记忆、教育口述史之间的关系:"教育记忆史是专门研究教育参与者对于过往的教育人物、活动、事件等的个体记忆和集体记忆。所以,教育记忆史首先要研究教育参与者的个体记忆,这一研究的载体也就是所谓的'记忆之场',多以日记、回忆录、口述材料等方式呈现,通过对上述材料的爬梳整理尽可能重现教育历史的现场。其次,教育记忆史要研究教育活动中的集体记忆,这一研究的载体多以教科书、考试、课堂教学等方式存在于集体的记忆当中,通过对集体记忆中的教育行为的考察,分析上述教育活动对构建社会记忆、公共记忆的价值,甚至于其在国民意识形成中的深层次影响作用。"①

记忆理论的发展为口述历史工作提供了理论基础。教育口述史以采集教育领域有关学校、教师、学生的记忆为主要工作,通过个体记忆与集体记忆共同构建社会记忆。为什么需要教育记忆,在后现代主义者看来,记忆与历史是如下一种关系:"记忆"代表着人类过去所有被抑制、被忽视和被压制的东西,从而依其性质从来没能进入被集体认知和承认的公共领域——这一直都是传统意义上"历史"的正当领域。② 这也是口述历史不被专业的历史学家接受的原因所在,他们认为口述历史都是主观产物。然而随着记忆理论的发展,个体记忆应被放置在集体记忆的大背景下去考察,二者可以互为补充。如某位教育人物呈现了口述史之后,整理者在编撰的过程中,应该先行做过文献研究加以考证,公开出版之后又成为学术界研究的资料,专

---

① 刘大伟、周洪宇:《教育记忆史:教育史研究的新领域》,载《现代大学教育》,2018年第1期。

② Frank R. Ankersmit. The Postmodernist "Privatization" of the Past, Historical Representation, Stanford: Stanford University Press, 2001:154.

业的教育史研究人员可以通过口述史料与该时期其他史料相比对、印证,进而去证明该口述史料的真实性。在得到充分的证明之后,口述史料所蕴含的过程性、鲜活性、生动性的个人记忆便为社会记忆提供了重要参考。

周洪宇教授主张历史研究应打通古代、现代与当代,当代史的建设为未来研究提供基本的史料参考,因而教育口述史的工作功在当代、利在千秋,教育史学者应勇于肩负学者的责任与担当,以专业的手段开展口述历史的整理工作,服务于当代教育史学科建设。

参 考 文 献

◆ (一) 著作类

[1] Barbara W. Sommer, Mary Kay Quinlan. oral history of Manual [M]. New York:Altamira Press,2009.

[2] Frank R. Ankersmit. The Postmodernist "Privatization" of the Past. Historical Representation [M]. Stanford: Stanford University Press,2001.

[3] Jan Vansina. Tradition as History[M]. Wisconsin:University of Wisconsin Press,1985.

[4] Ken Plummer. Documents of Life 2: An Invitation to A Critical Humanism[M]. California:SAGE Publications,2000.

[5] Paula Hamilton, Linda Shopes. Oral History and Public Memories [M]. Philadelphia: Temple university press,2008.

[6] Peter J. Rabinowitz. Truth in Fiction: A Reexamination of Audiences[M]. Critical Inquiry 4,no. 1. 1977.

[7] Robert Perks, Alistair Thomson. The Oral History Reader Introduction[M]. London : Routledge,2016.

[8] Valerie J. Janesick. Oral History for the Qualitative Researcher: Choreographing the Story [M]. New York: Guilford

Publications, 2010.

[9] Wayne C. Booth. The Rhetoric of Fiction[M]. Chicago: University of Chicago Press, 1961.

[10] [德]哈贝马斯. 公共领域的结构转型[M]. 曹卫东,等,译. 上海:学林出版社,1999.

[11] [法]皮埃尔·诺拉. 记忆之场:法国国民意识的文化社会史[M]. 黄艳红,译. 南京:南京大学出版社,2015.

[12] [法]马克·布洛赫. 历史学家的技艺[M]. 张和声,译. 上海:上海社会科学院出版社,1992.

[13] [美]唐纳德·里奇. 大家来做口述历史:实务指南(第二版)[M]. 王芝芝,姚力,译. 北京:当代中国出版社,2006.

[14] [美]唐纳德·里奇. 牛津口述史手册[M]. 宋平明,左玉河,译. 北京:人民出版社,2016.

[15] [美]戴维·波普诺. 社会学(上册)[M]. 沈阳:辽宁:辽宁人民出版社,1988.

[16] [英]阿诺德·J.汤因比,G.R.厄本. 汤因比论汤因比:汤因比-厄本对话录[M]. 北京:商务印书馆,2012.

[17] [英]保尔·汤普逊. 过去的声音——口述史[M]. 覃方明,等,译. 辽宁:辽宁教育出版社,2000.

[18] 《口述精仪》编委会主编. 天津大学精密仪器与光电子工程学院文化建设丛书:口述精仪(第1辑)[M]. 天津:天津大学出版社,2015.

[19] 《中国教育年鉴》编辑部. 中国教育年鉴(2015)[M]. 北京:人民教育出版社,2015.

[20] 北京大学历史系. 北大史学[M]. 北京:北京大学出版社,1993.

[21] 陈东原. 中国教育史[M]. 福州:福建教育出版社,2009.

[22] 郭志坤. 陈绛口述历史[M]. 上海:上海书店出版社,2016.

[23] 陈墨.口述历史门径(实务手册)[M].上海:上海人民出版社,2007.

[24] 陈默.口述历史门径(实务手册)[M].北京:人民出版社,2013.

[25] 陈平原.中国现代学术之建立[M].北京:北京大学出版社,1998.

[26] 陈向明.质的研究方法和社会科学研究[M].北京:教育科学出版社,2006.

[27] 陈仪深,黄克武.南港学风:郭廷以和中研院近史所的故事[M].北京:九州出版社,2013.

[28] 陈兆肆.中小学教师的三十个口述故事[M].北京:人民出版社,2014.

[29] 陈子丹.少数民族口述历史档案研究[M].云南:云南大学出版社,2015.

[30] 程中原.再谈有关口述史的一些问题[M]//当代上海研究所.口述历史的理论与实务:来自海峡两岸的探讨.上海:上海人民出版社,2007.

[31] 大邑县政协文史资料委员会.大邑文化今昔文史资料专集之三[M].成都:大邑县政协文史资料委员会,1999.

[32] 当代上海研究所.口述历史的理论与实务[M].上海:上海人民出版社,2007.

[33] 定宜庄,汪润.口述史读本[M].北京:北京大学出版社,2011.

[34] 定宜庄.最后的记忆——十六位旗人妇女的口述历史[M].北京:北京大学出版社,1998.

[35] 房立民.交通大学西迁亲历者口述史(2)[M].西安:西安交通大学出版社,2016.

[36] 李敏谊.顾明远教育口述史[M].北京:北京师范大学出版社,2007.

[37] 贵阳市文史资料研究委员会.贵阳文史资料选辑第23辑(抗

战中贵阳文化活动)[M].贵阳:贵阳市文史资料研究委员会,1987.

[38] 何兆武.上学记[M].上海:三联书店,2008.

[39] 郑艳.黄培云口述自传[M].长沙:湖南教育出版社,2011.

[40] 黄希庭.心理学导论[M].北京:人民教育出版社,2007.

[41] 王萍.贾馥铭先生访问记录[M].台北:中研院近代史研究所,1971.

[42] 姜琦.西洋教育史大纲上[M].上海:商务印书馆,1928.

[43] 姜莹,律竹.长大不容易:现代中学生口述实录[M].北京:北京少年儿童出版社,1999.

[44] 李克平.回忆与怀念[M].梅州:中共梅县县委党委研究室,2001.

[45] 李麟,永福.走向博士:中国博士暨中国高考第一名自述[M].大同:北岳文艺出版社,1998.

[46] 李玺.追寻她们的人生——学前和初等教育女性工作者卷[M].北京:中国妇女出版社,2014.

[47] 李向平,魏杨波.口述史研究方法[M].上海:上海人民出版社,2010.

[48] 李小江.让女人自己说话:独立的历程[M].上海:三联书店,2003.

[49] 李昭醇.我与图书馆[M].广州:广东人民出版社,1995.

[50] 梁士杰.寄志在小学教育者[M].上海:儿童书局,1932.

[51] 刘来兵.视域融合与历史构境——中国教育史学实践范式研究[M].武汉:华中科技大学出版社,2013.

[52] 胡国台.刘真先生访问记录[M].台北:中研院近代史研究所,1971.

[53] 杨立文.创造平等:中国西北女童教育口述史[M].北京:民族出版社,1995.

[54] 肖海涛,殷小平.潘懋元教育口述史[M].北京:北京师范大学出版社,2007.

[55] 齐红深.流亡:抗战时期东北流亡学生口述[M].郑州:大象出版社,2008.

[56] 齐红深.抹杀不了的罪证:日本侵华教育口述史[M].北京:人民教育出版社,2005.

[57] 钱焕琦.金女大校友口述史[M].南京:南京师范大学出版社,2015.

[58] 沙景荣.西北地区少数民族教育发展口述史研究[M].北京:科学出版社,2014.

[59] 沈秋农.铁蹄下的江南名城:常熟老人口述日军暴行[M].北京:中国社会科学出版社,2017.

[60] 汤涛.丽娃记忆:华东师大口述实录[M].上海:三联书店,2015.

[61] 汤一介.我们三代人[M].北京:中国大百科全书出版社,2016.

[62] 邢建榕,魏松岩.汪观清口述历史[M].上海:上海书店出版社,2016.

[63] 王东亮.学路回望:北京大学外国语言文学学科史访谈录[M].北京:北京大学出版社,2008.

[64] 王尔敏.史学方法[M].桂林:广西师范大学出版社,2005.

[65] 王俊义,丁东.口述历史(第4辑)[M].北京:中国社会科学出版社,2006.

[66] 王晴佳.新史学讲演录[M].北京:中国人民大学出版社,2010.

[67] 吴喜编.民国时期云南彝族上层家族口述史[M].北京:社会科学文献出版社,2014.

[68] 武宇林.宁夏回族女教师口述实录[M].银川:宁夏人民出版

社,2013.

[69] 西南联大《除夕副刊》.联大八年[M].北京:新星出版社,2013.

[70] 郭金海.席泽宗口述自传[M].长沙:湖南教育出版社,2011.

[71] 辛厚文.少年班三十年[M].北京:中国科学技术大学出版社,2008.

[72] 熊承涤.秦汉教育论著选[M].北京:人民教育出版社,1986.

[73] 杨贤江.杨贤江教育文集[M].北京:教育科学出版社,1982.

[74] 杨祥银.美国现代口述史学研究[M].北京:中国社会科学出版社,2016.

[75] 吴晓玲,吴芳芳.叶瑞祥教育口述史[M].北京:大众文艺出版社,2012.

[76] 于述胜.中国教育口述史(第1辑)[M].重庆:重庆大学出版社,2011.

[77] 张斌贤.教育是历史的存在[M].合肥:安徽教育出版社,2007.

[78] 张建平.华大往事——口述实录[M].武汉:武汉出版社,2017.

[79] 张力,吴守成,曾金兰.海校学生口述历史[M].北京:九州出版社,2013.

[80] 唐德刚.张学良口述历史[M].北京:中国档案出版社,2007.

[81] 彭剑.历史记忆:章开沅口述自传[M].北京:北京师范大学出版社,2015.

[82] 赵国弟.两岸同胞共同文化追求的见证:上海市进才中学口述历史[M].上海:复旦大学出版社,2016.

[83] 政协天津市河东区委员会学习文史资料委员会.天津市河东区文史资料第十七辑[M].天津:政协天津市河东区委员会学习文史资料委员会,2005.

[84] 中共中央马克思恩格斯列宁斯大林著作编译局.马克思恩格

斯全集(第23卷)[M].北京:人民出版社,1972.

[85] 钟义信.信息技术[M].上海:上海科学技术出版社,1994.

[86] 周洪宇.学术新域与范式转换:教育活动史研究引论[M].武汉:华中科技大学出版社,2011.

[87] 朱启臻.守望与回望:中国农业大学社会学系口述历史[M].北京:社会科学文献出版社,2015.

[88] 邹放鸣.回忆高考:1977年的那个冬季[M].徐州:中国矿业大学出版社,2007.

[89] 王辉耀.那三届:77、78、79级大学生的中国记忆[M].北京:中国对外翻译出版有限公司,2014.

[90] 王辉耀,苗绿.那三届:77、78、79级,改革开放的一代人[M].北京:中国对外翻译出版公司,2017.

◆ (二) 期刊类

[1] Alice M. Hoffman, Howard S. Hoffman. Reliability and Validity in Oral History: The Case for Memory[J]. Today's Speech, 1974(1).

[2] [美]诺亚·索贝.教育史中的情感与情绪研究[J].周娜译.华东师范大学学报(教育科学版),2016(4).

[3] [英]保尔·汤普逊.拉斐尔·塞缪尔(1934—1996):一种欣赏[J].口述史,1997(25).

[4] 陈刚.韦慕庭的中国口述史研究[J].档案建设学术园地,2011(2).

[5] 程中原.谈谈口述史的若干问题[J].扬州大学学报(人文社会科学版),2005(2).

[6] 崔金贵.大学的卓越灵魂:通识教育、教学改革与管理——哈佛大学哈佛学院前院长哈瑞·刘易斯教授访谈录[J].高校教育管理,2014(4).

[7] 戴玉英.让口述史走进中学历史教学——作为研究性学习的口述史[J].中学历史教学研究,2004(4).

[8] 窦秉钧.访谈摘要[J].道德学志,1930(1).

[9] 顾颉刚.圣贤文化与民众文化[J].民俗,1928(5).

[10] 赖晓兰.试论口述成果在博物馆中的运用[J].湖南省博物馆馆刊(第9辑),2013.

[11] 雷县鸿,陈伟.口述家史:从百姓心里流淌出的历史[N].西安日报,2016(5).

[12] 李涛.论口述档案的搜集[J].档案学研究,2008(5).

[13] 廖久明.回忆录的定义、价值及使用态度与方法[J].当代文坛,2018(1).

[14] 刘朝阳,邹玲.基础教育口述史研究的可行性[J].内蒙古社会科学(汉文版),2007(4).

[15] 刘大伟,周洪宇.教育记忆史:教育史研究的新领域[J].现代大学教育,2018(1).

[16] 刘来兵,周洪宇.实践品性视域下的中国教育史研究[J].河北师范大学学报(教育科学版),2010(1).

[17] 刘来兵,周洪宇.视域融合境:实践活动取向的教育史研究[J].教育研究,2011(2).

[18] 刘训华.近代学生课堂生活的多维呈现[J].教育研究,2013(9).

[19] 庞玉洁.从往事的简单再现到大众历史意识的重建——西方口述史学方法述评[J].世界历史,1998(6).

[20] 钱茂伟.公众史学视野下的个人史书写[J].南开学报(哲学社会科学版),2014(4).

[21] 莎莉莉.浅谈口述史在农村教育史研究中的运用[J].山西师大学报(社会科学版),2013(9).

[22] 申国昌,周洪宇.全球化视野下的教育史学新走向[J].教育研

究,2009(3).

[23] 申国昌.明清塾师的日常生活与教学活动[J].教育研究,2012(6).

[24] 王海晨,杜国庆.影响口述史真实性的几个因素——以张学良口述历史为例[J].史学理论研究,2010(2).

[25] 王丽媛.作为历史的科学家记忆——读〈我的气象生涯:陈学溶百岁自述〉[J].中国科学报,2018(8).

[26] 王铭铭.口述史·口承传统·人生史[J].西南民族大学学报(人文社科版),2008(2).

[27] 王希.把史学还给人民——关于创建"公共史学"学科的若干想法[J].史学理论研究,2014(4).

[28] 王希.谁拥有历史——美国公共史学的起源、发展与挑战[J].历史研究,2010(3).

[29] 吴康茹.论萨特自传和访谈录中的自我形塑[J].首都师范大学学报(社会科学版),2015(2).

[30] 杨立文.论口述史学在历史学中的功用与地位[J].北大史学,1993(1).

[31] 杨祥银.试论口述史学的功用和困难[J].史学理论研究,2000(3).

[32] 杨祥银.走向跨学科与跨领域的口述史[J].中国社会科学报,2016.

[33] 佚名.采访学规[J].画图新报,1880,1(1).

[34] 张晶晶.老科学家学术成长资料采集工程:保存珍贵活历史[J].中国科学报,2017(2).

[35] 张俊华.社会记忆研究的发展趋势及探讨[J].北京大学学报(哲学社会科学版),2014(5).

[36] 张伦.雅克·勒高夫:《历史与记忆》[J].中国学术,2001(4).

[37] 张原.口述历史:社会生活的历史闪现[J].西南民族大学学报

（人文社科版），2008(5).

[38] 章开沅.参与的史学与史学的参与论纲[J].江汉论坛,2001(1).

[39] 赵显通.再谈教育目的——约翰·怀特教授访谈录[J].高等教育研究,2016(2).

[40] 郑刚,余子侠.高等教育口述史研究的实践与发展路向[J].高等教育研究,2015(8).

[41] 周华山.女性主义田野研究的方法学反思[J].社会学研究,2001(5).

[42] 左玉河.中国口述史研究现状与口述历史学科建设[J].史学理论研究,2014(4).